Hugo Kastner

Das Alphabet

Für Linda und Gerald

meinen Begleitern bei der Suche nach den Ursprüngen der Schrift
und dem Charakter der Buchstaben

Hugo Kastner

Das Alphabet

Die Geschichte der Schrift

marixverlag

Inhalt

Vorwort

Vielleicht ist die Erschaffung der Schrift die größte Erfindung der Menschheit überhaupt. Sie macht es möglich, Geschichten zu Geschichte werden zu lassen, sie gibt uns ein zeitloses Medium der Kommunikation, über alle Epochen und über alle Regionen der Erde hinweg. Und das Alphabet, diese zirka zwei bis drei Dutzend Zeichen, stellen die Kronjuwelen dieser wahrlich königlichen Geistesleistung dar, egal mit welchem der bekannten Alphabete geschrieben wird. Verstreut wie Fürstentümer im Reich der Sprache führen die einzelnen Buchstaben ein Eigenleben, schlagen kuriose und überraschende Kapriolen und zeichnen sich doch durch kulturübergreifende, kollektive Wirkungskraft aus.

Schon oft bin ich mit Fragen zum Alphabet konfrontiert worden, wie etwa: Wieso ist das A der erste Buchstabe im Alphabet? Warum steht nach dem Q immer ein u? Weshalb steht das X für das Unbekannte? Warum hat das i einen Punkt? Welche Buchstaben kamen als letzte ins Alphabet? Warum sagt ein Baby zu allererst „Mama" und „Papa"? Wieso können die Chinesen ein R nicht aussprechen? Warum heißt es „von Alpha bis Omega", gleichzeitig aber „von A bis Z"? Woher kommt das Sprichwort „etwas aus dem FF können"? Wieso haben wir nur fünf Vokale im Alphabet? Wann sind die Umlaute in die Sprache gekommen? Warum haben die Griechen ein Alpha, Beta, Gamma, wir aber ein ABC? Die Liste ließe sich beliebig fortsetzen, und all die Fragen werden in diesem Werk auch zufriedenstellend beantwortet.

Doch dieses Buch möchte mehr sein als eine Unterstützung im Frage-Antwort-Spiel um unsere Schriftsymbole. Der Darstellung des Charakters jedes einzelnen Buchstabens unseres lateinischen Alphabets, seine Entwicklung auf dem nahezu viertausend Jahre langen Weg der Schrift, sowie das Sichtbarmachen der Zusammenhänge von Laut und Zeichen – diesen großen Themen unserer Kultur widmet sich das vorliegende

Werk. Von den Ursprüngen als Hieroglyphen über die proto-
kanaanäischen Zeichen, die Schriftzeichen der handelsreisen-
den Phönizier und kopierwilligen Griechen bis zu denen der
mysteriösen Etrusker und weltbeherrschenden Römer zieht
sich die Spur der Buchstaben. Aber dies war noch keinesfalls
der Endpunkt, ganz im Gegenteil: Als vor zweitausend Jahren
alles fertig und komplett schien, eingemeißelt in den Sockel
der monumentalen Trajansäule (113 n. Chr.), gab es noch nicht
einmal einen einzigen der Kleinbuchstaben, war das Alphabet
erst 23 Buchstaben lang, fehlte vielen Buchstaben ihre heute
allgegenwärtige Botschaft – etwa das AAA für Top-Qualität.
Jeder Buchstabe entwickelte sich in den folgenden zwei Jahrtausenden zu einer ganz eigenwilligen „Persönlichkeit", jedes
Zeichen lebte und lebt von der Interpretation seiner Sprecher,
von seiner Symbolik, von seiner Wirkung im geschriebenen
und gesprochenen Wort.

Die Zeit der Recherche war für mich als Autor ungemein
spannend. Kaum war eine Antwort auf eine Frage gefunden,
drängte sich schon ein neues Rätsel auf. Wieso war es überhaupt möglich, dass simple Zeichen so einfach weitergegeben
werden konnten? Antike Sprachen wie Phönizisch und Griechisch unterschieden sich voneinander immerhin mindestens
ebenso stark wie heute etwa Deutsch und Arabisch. Und
doch sind es immer die gleichen Grundsymbole, die ein Meer
mit Millionen von Wörtern füllen, ohne je Gefahr zu laufen,
sich völlig zu erschöpfen. Ich habe versucht, den Leserinnen
und Lesern ein Buch in die Hand zu geben, in dem Übersicht
und Lesbarkeit ebenso geboten werden wie wissenschaftlich
fundierter Inhalt. Die Freude an den Geheimnissen der Buchstaben ist es, die hier zum Ausdruck kommen soll. Vorange-
stellt habe ich dem Hauptteil der 26 „Fürstentümer" – sprich:
Buchstaben – eine kurze allgemeine Einführung in das Thema
„Alphabet". Spezialkapitel wie *Die Wiege des Alphabets, Phönizier – Griechen – Etrusker – Römer, Meilensteine der Typografie*
und *Buchstabiertafeln* sollen einen allgemeinen Überblick und
eine leichtere Orientierung ermöglichen. Ein Glossar sowie

ein Verzeichnis der verwendeten Literatur mag für die interessierten Leserinnen und Lesern eine Hilfe bei der weiterführenden Beschäftigung mit diesem großen Thema sein. Jeder einzelne Buchstabe wird mit einem Vorspann vorgestellt, und aus hunderten kleinen Informationen wird ein ganz eigenwilliges Puzzle zusammengesetzt. Egal wo Sie zu lesen beginnen: Sie werden das Wesen der geschichtlichen und symbolischen Seite der Buchstabens in vollen Zügen erfassen und genießen können. Mit einem *Wussten Sie, dass ...?* und einer Abspannzeile aus typischen Fonts wird zudem jedes Kapitel über einen Buchstaben in lockerer Form abgerundet. Bitte stürzen Sie sich nun hinein ins Vergnügen, vielleicht beginnend mir Ihren ganz persönlichen Initialen!

Dank sage ich meinen Manuskriptlesern Linda Kastner und Gerald Folkvord, ohne deren Hilfe und Feedback die Entstehung dieses Buches in dieser Form nicht möglich gewesen wäre. Dank auch an Frau Zöller vom Marix-Verlag für die Bereitschaft, sich auf das „Abenteuer Alphabet" einzulassen. Und abschließend möchte ich nun einen schönen Gedanken des schottischen Historikers und Essayisten Thomas Carlyle aufgreifen: „Certainly the art of writing is the most miraculous of all things man has devised." Frei übersetzt: Zweifellos ist die Schreibkunst das Wunderbarste, was der Mensch je erschaffen hat. Dem bleibt nichts hinzuzufügen!

Wien, 1. August 2012
Hugo Kastner

Einführung

Sprache und Schrift sind untrennbar miteinander verbunden; unübersehbar ist hierbei die Abhängigkeit des geschriebenen vom gesprochenen Wort. Diese elementare Tatsache verhindert, dass der Traum eines Wilhelm Leibniz, eine universelle Schriftsprache zu erfinden, die überall auf der Welt verstanden wird, jemals wahr wird. Diese müsste nämlich aus Bildzeichen bestehen, wie etwa Hieroglyphen oder chinesische Schriftzeichen. Doch diese Piktogramme (Bilder) und Logogramme (Symbole für Begriffe) „sprechen" nicht für sich; sie brauchen einen Vermittler, einen Interpreten, kurzum den menschlichen Geist. Auf den Begründer der modernen Linguistik, den Schweizer Ferdinand de Saussure (1857–1913), geht der schöne Vergleich der Sprache mit einem Blatt Papier zurück: „Der Gedanke ist die eine Seite des Blattes, der Laut die andere. So wie es unmöglich ist, eine Seite des Papiers zu zerschneiden, ohne die andere zu zerschneiden, ist es auch unmöglich, in einer Sprache den Gedanken vom Laut und den Laut vom Gedanken zu trennen." Schriften geben als Ausdruck der Sprache, als Hilfsinstrument der Gedanken, Worte wieder, und diese Worte bestehen aus Lauten *und* Zeichen. Mit dieser Erkenntnis stehen wir auch schon am Beginn unserer Reise durch das Alphabet.

Ungefähr um 2000 v. Chr. wurde das Alphabet in Ägypten erfunden (siehe das Kapitel *Wiege des Alphabets*), und zwar mit der klaren Intention, den Klang von Worten wiederzugeben. Und vermutlich formten die Lippen der Sprecher beim lauten Lesen diese Wortzeichen. Doch ist das Alphabet, um das es in diesem Buch geht, keinesfalls die älteste bekannte Schrift. Ägypten, Mesopotamien und vielleicht auch China kannten bereits seit 3300 v. Chr. nicht-alphabetische Systeme, wie etwa die sumerischen Tontafeln von Uruk (heute: Irak). Und der rätselhafte, 1908 durch einen italienischen Archäologen auf Kreta entdeckte Phaistos-Diskos, eine beidseitig beschriftete, 16 cm große Tonscheibe, stellt, wie der Spezialist für Früh-griechisch, John Chadwick, es ausdrückt, „die erste gedruckte Urkunde der Welt" dar. Die Beschriftung dürfte aus der Zeit um 1700 v.Chr. stammen, doch bleibt jede weitere Aussage zu Sprache, Symbolik, Schöpfungsgrund und sogar Echtheit dieses Fundstücks Spekulation. Jedenfalls fehlten allen Schriftsystemen bis zu dieser Zeit Effizienz und

Phaistos-Diskos, um 1700 v.Chr.

Anpassungsfähigkeit – zwei Merkmale, die Alphabete so konkurrenzlos werden ließen. Mehr als fünf Milliarden Menschen verwenden eines der zirka dreißig bekannten Alphabete, mit den drei weltumspannenden Riesen lateinisches, kyrillisches und arabisches Schriftsystem. Die Hälfte dieser Menschen lebt in einer Kultur, die von lateinischen Buchstaben geprägt wird; sie umfasst mehr als einhundert wichtige Sprachen in über 120 Staaten der Erde. Die Geschichte der Entdeckungen, der frühen Industrialisierung sowie der Kolonialepoche hat zur weltweiten Verbreitung von Sprachen wie Englisch, Französisch, Spanisch, Portugiesisch und mit Abstrichen Deutsch beigetragen. Wenn auch die Zahl der Buchstaben von Sprache zu Sprache schwankt – im Englischen 26, im Finnischen 21, im Kroatischen 30 –, wenn auch ganz unterschiedliche diakritische Zeichen verwendet werden, wie etwa Umlaut, Çedille oder Hatschek, so sind es doch unsere 26 lateinischen Buchstaben, denen wir in diesem Buch die volle Aufmerksamkeit schenken wollen.

Eine weitere Überraschung bietet der Stammbaum dieser bekannten Alphabete: Mit Ausnahme der koreanischen Hangul-Schrift (in der Mitte des 14. Jahrhunderts entworfen) haben alle anderen Buchstaben gemeinsame Ahnen bzw. einen Stammvater: das proto-kanaanäische (proto-semitische) Alphabet, das um 2000 v.Chr. entstand. Die engen Familienbande werden klar, wenn man bedenkt, dass das lateinische Alphabet ein entfernter Cousin des arabischen, ein naher Cousin des kyrillischen und ein Enkelkind des griechischen Alphabets ist. Der Vater unserer römischen Buchstaben, das Etruskische, überlebte hingegen nur in Inschriften, die sich bis dato gegen jede Entzifferung stemmen. Wenn auch alle Alphabete augenscheinlich sehr unterschiedlich aussehen, so folgen sie mit dem Prinzip der Lautwiedergabe doch der genialen Grundidee dieser Schriftform – wobei diese Übereinstimmung zwischen Laut und Buchstabe keineswegs lückenlos erfolgt. Von allen Sprachen verwendet allein das Finnische ein nahezu rein phonographisches Zeichensystem (Laut = Buchstabe). Die Weltsprache Englisch ist vergleichsweise schwer zu lesen, da die Buchstabenkombinationen historisch bedingt völlig unterschiedliche Laute repräsentieren können. Klassisches Beispiel: *U(-Turn)*, *you*, *ewe*, *yew* werden allesamt [ju:] gesprochen. Alle drei Wörter klingen exakt wie der Buchstabe in *U-Turn*. Eine etymologische Anmerkung sei an dieser Stelle erlaubt: Das Wort „Buchstabe" steht vermutlich für die zum Los (Orakel) bestimmten germanischen Runenstäbchen (*bōks), die als Schriftzeichen (Runen) in schweres Buchenholz punziert wurden. Eine andere Theorie erklärt den Ausdruck „Stab" mit dem charakteristischen kräftigen Zentralstrich der Runen.

An dieser Stelle soll auch ein Blick auf die fehlenden zwei Milliarden Menschen geworfen werden, die nicht-alphabetische Schriften verwenden. In erster Linie leben diese in China, Taiwan und Japan, das um zirka 600 n.Chr. das chinesische System übernommen hat. Was nun unterscheidet diese Schriften von Alphabeten? Einfach gesagt, wird im Mandarin-Chinesisch durch jedes Symbol ein ganzes Wort wiedergegeben, und zwar durch ein sogenanntes *Logogramm* (griech.: Wort-Buchstabe). Und diese Symbole sind in der Regel nicht phonetisch angelegt. Wenn wir im Deutschen das Wort „Blume" als Bild wiedergeben, haben wir ein *Piktogramm* vor uns, wenn wir „Blume" mit einem beliebigen Symbol belegen, z.B. ⊙, sprechen wir von einem Logogramm. Wenn wir aber „Blume"

Artikulationsort

Artikulationsart			bilabial	labio-dental	dental/alveolar	palatal	velar	uvular	glottal
OBSTRUENTEN	Verschluß-laute (Explosive)	stimmhaft /lenis	b		d		g		
		stimmlos /fortis	p		t		k		
	Reibe-laute (Frikative)	stimmhaft		(>w<) v	z lenis	j	ʁ		
		stimmlos		f	s fortis (>sch<) š dorsal *	(ich) ç	(ach) x		h
SONANTEN	Nasale		m		n		(>ng<) ŋ		
	Liquide	dauernd/lateral			l				
		intermittierend /vibrierend			r			R	

Konsonanten, dt. Lauttafel   * und mit Lippenrundung

mit fünf Buchstaben schreiben, bilden wir den Klang dieses Wortes ab, denn wir setzen fünf winzige Laute, sogenannte Phoneme, kleinste Einheiten, zusammen. Nun die gute Nachricht. Alle Sprachen tendieren zu einer sehr kleinen Zahl von Lautfarben – zwischen zwanzig und vierzig, grob gesprochen –, und die Buchstaben repräsentieren diese Laute. Egal nun, wie viele – Tausende oder Hunderttausende – Wörter eine Sprache benötigt: Alle können mit diesem Minimalinventar gebildet werden. Ja, genau genommen sind nicht einmal alle Laute einer Sprache im Buchstaben-Setzkasten enthalten. Wir helfen uns einfach mit freien Kombinationen wie ei oder sch. In wenigen Jahren können Kinder das Alphabet bequem erlernen, und zwar mit allen Feinheiten, die in der Schreibung zu beachten sind. Wie mühselig ist dagegen der Prozess des Spracherwerbs im Chinesischen, wo mindestens zweitausend Symbole memoriert werden müssen – mit einer Vielzahl an Homonymen, Wörtern also, die mehrere Bedeutungen tragen, aber in der offiziellen phonetischen Umschrift Pīnyīn (am 6. Feb. 1956 beschlossen) gleich wiedergegeben werden: *Ma* kann *Mutter* [mā], *Hanf* [má], *Pferd* [mǎ] oder *schelten* [mà] bedeuten, je nach Tonmodulation (hoch, steigend, fallend-steigend, fallend). Als chinesisches Schriftzeichen bestehen dagegen klar erkennbare Unterscheidungen, die es – und hier liegt wohl einer der Vorteile nicht-alphabetischer Sprachen – möglich machen, Texte zu lesen, die Hunderte Jahre alt sind. Außerdem konnten diese Zeichen leicht von Völkern, die irgendwann Teil des chinesischen Reiches wurden, übernommen werden. Damit wurde schriftliche Kommunikation möglich, ohne dass alle Mandarin beherrschen mussten. Eine Folge davon ist, dass die meisten Minoritäten in China (Ausnahme aus politischen Gründen: Uiguren und Tibetaner) relativ geringem Assimilierungsdruck ausgesetzt sind. Fazit: Logogramme sind eben nicht an Laute gebunden, logographische Schriftsysteme daher für die Ewigkeit erstellt.

Auch die Keilschrift kann nicht als vollwertiges Alphabet verstanden werden. Vielmehr handelt es sich um eine Silbenschrift, die aus Syllabogrammen besteht. Das Wort „Al-pha-bet" würde mit drei Silben geschrieben werden, die ebenso wie Buchstaben für immer neue Wörter herangezogen werden können. Doch daraus ergeben sich Schwierigkeiten. Erstens braucht man Hunderte von Silben, um ein halbwegs reichhaltiges Vokabular abzubilden, und zweitens sind manche Silben wie obiges pha nahezu überflüssig, da nur wenige Wörter damit gebildet werden können. Hindi und Koreanisch sind zwei moderne Sprachen, die Silbenschrift und Alphabet miteinander vereinen. Für Deutsch oder Englisch wäre dieses System zweifellos äußerst unpraktisch.

Also bleiben wir bei der schon mehrfach wiederholten Feststellung, dass nichts die Flexibilität des Alphabets überbieten kann. Ein paar Beispiele sollen dies verdeutlichen: Phönizier, Griechen, Etrusker, Römer – die Hauptträger der Buchstaben-Stafette – verwendeten völlig unterschiedliche Sprachen, doch alle wurden mit denselben Buchstaben glücklich. Eroberungen, missionarischer Eifer und kulturpolitische Entscheidungen mögen zweifellos der Motor für diese Verbreitung gewesen sein, doch um sich erfolgreich durchzusetzen, müssen

Buchstaben diese unglaubliche Anpassungsfähigkeit bereits in sich tragen. Die neuen asiatischen Staaten Aserbeidschan, Turkmenistan und Usbekistan zeigen ganz drastisch die ewige, phänomenale Kraft des „Alphabets". Alle drei sprechen zwar Turksprachen, sind jedoch Anfang der 1990er-Jahre wieder zum lateinischen Alphabet zurückgekehrt, das unter Stalin 1940 durch Kyrillisch ersetzt worden war. Vor 1920, das heißt vor der Abschaffung durch die Sowjets, wurde in allen drei Staaten sogar die arabische Schrift verwendet. Was für ein gewaltiger Sprung in nur einem Jahrhundert! Die Türkei entschied sich 1928 unter Kemal Atatürk, arabische Buchstaben gegen lateinische zu tauschen. Rumänien gab bereits 1860 Kyrillisch für Lateinisch auf, Vietnam wurde 1910 vom französischen Kolonialherrn auf lateinische Buchstaben umgestellt. Serbokroatisch, die frühere Sprache Jugoslawiens, wurde in Serbien mit kyrillischen Buchstaben geschrieben, in Kroatien mit lateinischen. Entscheidend war allein der kulturelle Hintergrund. Jiddisch ist nahe verwandt mit dem Deutschen, verwendet jedoch hebräische Schriftzeichen. Hindi und Urdu haben grundsätzlich die gleichen Wurzeln, die Schriftzeichen jedoch sind komplett unterschiedlich (Devanagari bzw. Arabisch). Arabisch wird von weit entfernten Völkern wie den Berbern (Marokko), Farsi (Iran), Kurden (u. a. Iran), Nubiern (Sudan), Paschto (Afghanistan), Uiguren (China) oder Malayen (Malaysia) gepflegt, deren Sprachen kaum miteinander verwandt sind. Selbst die in Afrika von mehr als achtzig Millionen Menschen gesprochene Bantu-Sprache Swahili (Suaheli, Kisuaheli) wird in Arabisch ebenso geschrieben wie in Latein.

Das eigentliche Wunder des Alphabets ist zweifellos die Tatsache, dass die gleichen Buchstaben von Sprache zu Sprache springen können, quer durch Raum und Zeit, über alle geografischen und historischen Grenzen hinweg. Anders ausgedrückt könnte man sagen: Das Alphabet ist der erste Schritt der Menschheit zu einer wahrhaft globalen Welt.

Abkürzungen

Vokale

a: / ā	dunkles (langes) a / dt.: sah, eng.: father		i	offenes i / dt.: Sinn
a	helles (kurzes) a / dt.: Matte		ĩ	nasaliertes i / frz.: fin
ɐ	abgeschwächtes a / dt.: Ufer		o: / õ	geschlossenes o / dt.: Rohr
ã	nasaliertes a / frz.: grand		ɔ	offenes o / dt. Sport, eng.: hot
ʌ	dumpfes (tiefes, kurzes) a / eng.: cup		ɔ:	offenes (langes) o / eng.: born
æ	Umlaut ä / dt.: Äpfel		õ	nasaliertes o / frz.: mon
e: / ē	geschlossenes (langes) e / dt.: Fee		ø	Umlaut ö (geschlossen) / dt.: Höhle
e	offenes (kurzes) e / dt.: Bett, eng.: get		œ	Umlaut ö (offen) / dt.: Hölle
ə	abgeschwächtes e (Schwa) / dt.: Amme,		ɜ:	offenes (eng.) ö / eng.: burn
i: / ī	geschlossenes i / dt.: Riese		u: / ū	geschlossenes (langes) u / dt.: Uhr
			u	offenes u / dt.: Mund
			y	geschlossenes ü / dt.: süß

Konsonanten

ç	velares ch / dt.: ich		θ	stimmloses th / eng.: thing
ŋ	ng-Laut / dt.: Ding		ð	stimmhaftes th / eng.: the
s	stimmloses s / dt.: Liste		ɥ	konsonantisches ü / frz.: Suisse
z	stimmhaftes s / dt.: Rasen		v	stimmhaftes w / dt.: Wein
ʃ	stimmloses sch / dt.: Schule		w	halbvokalisches (eng.) w / eng.: well
ʒ	stimmhaftes sch/dt.: Garage, frz.: jour		x	palatales ch / dt.: Ach

Diphthonge

ai	ei, ai / dt.: Wein	oi	eu / dt.: Heu
ei	ei / eng.: say		

Sonstiges

*	erschlossen / *g.: hæra (Haar)	[ ]	phonetische Klammer

Sprachen

ae.	altenglisch	idg.	indogermanisch
afrz.	altfranzösisch	it.	italienisch
ahd.	althochdeutsch	lat.	lateinisch
aind.	sanskrit	lett.	lettisch
air.	altirisch	lit.	litauisch
am.	amerikanisch	malay.	malayisch
anord.	altnordisch	nl.	niederländisch
bask.	baskisch	öst.	österreichisch
dän.	dänisch	pol.	polnisch
eng.	englisch	por.	portugiesisch
fin.	finnisch	russ.	russisch
frz.	französisch	sp.	spanisch
g.	(gemein-)germanisch	splat.	spätlateinisch
got.	gotisch	swa.	swahili
griech.	griechisch	tsch.	tschechisch
haw.	hawaiianisch	ung.	ungarisch
hebr.	hebräisch	viet.	vietnamesisch

Die Wiege des Alphabets

Die Suche nach der Wiege des Alphabets ist selbst heute, nach zwei Jahrhunderten der intensiven archäologischen Forschungen, noch keinesfalls abgeschlossen. Manche Gelehrte datieren die ersten Ansätze zur Entstehung unserer Buchstaben um ca. 2000 v. Chr., andere sehen die Zeit um 1500 vor unserer Zeitrechnung als eher wahrscheinlich an. Letzte Gewissheit wird vielleicht noch im trockenen Fels Mittelägyptens, der Sinaihalbinsel oder im heutigen Israel und Libanon zu finden sein, doch dies wird erst die Zukunft weisen.

Jedenfalls haben zwei ungemein spektakuläre Funde am Beginn und Ende des 20. Jahrhunderts unseren Fokus auf Ägypten als den Ort dieser großartigen Schöpfung der Buchstaben gelegt. Schon Mitte des 17. Jahrhunderts wurde von europäischen Sprachforschern das Land am Nil mit seinen Bildsymbolen, den Hieroglyphen, als mögliche Quelle der Inspiration vermutet.

Stein von Rosette, führte zur Entzifferung der Hieroglyphen

Doch Beweise blieben bis ins vorige Jahrhundert aus. Und nach der Entzifferung der Hieroglyphen mithilfe des Steins von Rosette, der unbestreitbar berühmtesten Inschrift der Welt, durch den genialen Jean-François Champollion im Jahr 1823 schien wegen der gänzlich unterschiedlichen Strukturprinzipien der ägyptischen Bildsymbole und unserer Buchstaben ein direkter Zusammenhang mehr als unwahrscheinlich zu sein. Dennoch lenkte das folgende Jahrhundert bei der immer intensiveren Suche nach dem Anfang des Alphabets alle Augen auf ein Handelsvolk, das zumindest im Nahbereich des Pharaonenreiches seinen Geschäften nachging: die Phönizier. Doch davon später.

Der erste Durchbruch

Der erste große Durchbruch kam im Jahr 1905, mit der Entdeckung von dreißig geheimnisvollen Inschriften, die nie zuvor ein moderner Wissenschaftler zu sehen bekommen hatte. Zunächst war unklar, wie diese Zeichensymbole einzuordnen wären, doch waren intensive Bemühungen der Entzifferung schließlich von Erfolg gekrönt. Es handelte sich – so wusste man ein Jahrzehnt später – offensichtlich um ein proto-phönizisches Alphabet, also um früheste Spuren einer vom Treibsand der Zeit fast vollständig verwehten Buchstabenschrift. Der Ort dieses sensationellen Fundes im südwestlichen Teil Sinais nannte sich Serabit el-Khadem. Der örtliche Sandstein, bar jeder Vegetation, sowie die trostlose Abgeschiedenheit dieser Gegend ließen diese krude gekritzelten Zeichen fast vier Jahrtausende überleben. Eine Randnotiz sei an dieser Stelle angebracht: Lina Eckenstein stellt in ihrem Werk *A History of Sinai* die Theorie zur Diskussion, dass es sich bei Serabit el-Khadem um den biblischen Berg Sinai handelt, wo Mose dem Alten Testament zufolge die Zehn Gebote erhielt. Heute ist dies nicht schlüssig zu beweisen. Doch zurück zu unserem Fund.

Der Entdecker dieser sensationellen Zeichen, der britische Archäologe William Flinders Petrie (1853-1942), war ein Autodidakt im wahrsten Sinne des Wortes. Als Sohn des Landvermessers und Ingenieurs William Petrie und seiner Frau Anne Flinders 1853 in Charlton nahe London geboren, wurde Petrie zeitlebens nur privat unterrichtet – galt er doch schon von Kind auf als gesundheitlich angeschlagen. Trotz der fehlenden formalen Schulausbildung war der Junge enorm bildungshungrig und lesebegierig. Vor allem die Geodäsie hatte es ihm angetan, und so trug Petrie zusammen mit seinem Vater auch zur bis dahin exaktesten Vermessung von Stonehenge bei. In den Jahrzehnten danach sollte Sir William Flinders Petrie zu einem der ganz großen Ägyptologen und Archäologen werden und enorme gesellschaftliche Anerkennung genießen. Aber zurück zu den Tagen in Sinai.

William Flinders Petrie (1853-1942), Entdecker der Inschriften in Serabit el-Khadem

Schnell erkannte Petrie zwar die Wichtigkeit seines Fundes, doch sah er sich außerstande, die Zeichen zu lesen. Noch Jahre später glaubte Petrie, der ja mit der Absicht der Suche nach den Schätzen Ägyptens nach Sinai gekommen war, dass es sich keinesfalls um Schriftzeichen handeln könnte. Die Zeichen waren ohne Zweifel bildhaft, in groben Reihen und Spalten in den Sandstein gekratzt. Aber es fehlten Wortabstände, die Schreibrichtung war unklar – von links nach rechts oder umgekehrt, beides schien gut möglich, und sogar von oben nach unten war denkbar. Sinnverwirrend blieben diese Zeichen vorerst für jeden, auch den

Serabit el-Khadem, Inschrift, früher Vorläufer eines Alphabets

19

bestgebildeten Betrachter, doch musste eine Systematik dahinterstehen. Immerhin waren 27 wiederkehrende Formen zu erkennen: Fisch, Strichfigur mit ausgebreiteten Armen, Wellenlinie, Schlange und Ochsenkopf waren darunter, und überrascht, ja verblüfft, erkannten Schriftexperten die Ähnlichkeit mit den bereits hundert Jahre zuvor entzifferten Hieroglyphen. Doch alles blieb ein Rätsel, denn das Schreibsystem war ein anderes!

Schreiber der Asiaten

Im historischen Kontext betrachtet, musste es einen Grund dafür geben, dass diese Zeichen gerade in dieser wüsten Gegend aufgefunden worden waren. Es ist bekannt, dass Serabit el-Khadem in antiken Zeiten, zwischen 2200 und 1200 v. Chr., eine Stätte des Türkis- und Malachitbergbaus und ein Ort mit zahlreichen Porphyrsteinbrüchen war. Ägyptische Händler waren zuhauf mit dem Abbau des Halbedelsteins beschäftigt, allerdings unter Hilfeleistung von „Gastarbeitern" und Sklaven aus der nördlich von Sinai anschließenden Levante. Die meisten dieser Fremden – Bergarbeiter, Soldaten, Händler und wohl auch Konkubinen – sprachen einen semitischen Dialekt, und es sollte sich letztlich herausstellen, dass diese geheimnisvollen Zeichen semitischen Ursprungs waren. Wodurch lässt sich diese Annahme untermauern? Einfach durch den Hinweis auf die Menge an „Asiaten", also fremden Schreibern, die notwendig waren, um die Verwaltung und Organisation all dieser Menschen sicherzustellen. Ein in Berlin aufbewahrter Papyrus lässt deutlich die Worte „Schreiber der Asiaten" erkennen. Nun, die Ägypter selbst – das „Volk", wie sie sich selbstbewusst nannten – waren sich für mindere Schreibarbeiten einfach zu gut. Es war zudem verboten, sich mit „Asiaten" an einen Tisch zu setzen, was auch in der Josefsgeschichte der Bibel (Gen 37–50) belegt ist. Und so dürften begabte Fremde aus der Not heraus die vereinfachte, kursive Hieroglyphenschrift, die zirka 600 hieratischen Zeichen, pflichtbewusst übernommen und für ihre Verwaltungs- und Handelszwecke adaptiert haben. Um die vielen semitischen Wörter und Namen zu schreiben, war zweifellos einige Übung in der Verwendung ägyptischer Einkonsonanten-Silbenzeichen nötig. Und es lag wohl nahe, diese Zeichen so weit umzufunktionieren, dass der Schreibvorgang möglichst erträglich und effizient geschehen konnte. Eine zufällige Parallele zwischen dem Ägyptischen und dem Semitischen betreffend die Namengebung der Zeichen kam den Schreibern zu Hilfe: Beide Sprachen kannten nur Wörter, die mit Konsonanten beginnen. Daher konnten die Schreiber die passenden ägyptischen Hieroglyphen aus dem riesigen Zeichenschatz herauspicken und zu ihren eigenen „Buchstaben" machen. Das akrofonische Prinzip, demzufolge sie Zeichen wählten, deren semitische Namen die passenden Anfangskonsonanten lieferten, sollte vor allem beim Memorieren und Lernen helfen. Das „Wie" der Entstehung des Alphabets können wir also heute erahnen, das „Wer", also die Frage nach dem Genie, dem bei seiner mühevollen Arbeit die Idee zur vollen Konsonantenschrift kam, bleibt jedoch im Dunkeln der Geschichte verborgen. Doch die entscheidende Sternstunde der Menschheit hatte geschlagen!

Das erste Wort

Aber nun zurück nach Serabit el-Khadem. Inmitten Hunderter von konventionellen ägyptischen Hieroglyphen sowie Überresten eines der Göttin Hathor geweihten Tempels – das sollte sich später als entscheidend erweisen – standen da diese „proto-sinaitischen" Spuren, unbeholfen in Stein geritzt, stumme Zeitzeugen des menschlichen Genies. Offensichtlich bestand auch inhaltlich ein Zusammenhang mit den ägyptischen Hieroglyphen, waren doch einige Zeichen neben ägyptischen Gravuren auf Steinfiguren erkennbar. Als Schlüssel zum endgültigen Nachweis, dass hier ein Alphabet benutzt wurde, diente eine unscheinbare Sphinx-Statue, die aufgrund ihrer künstlerischen Ausgestaltung zwischen 1800 v. Chr. und 1500 v. Chr. datiert werden muss. Heute sehen viele Archäologen das ältere Datum als das wahrscheinlichere an, doch fehlen eindeutige weitere Belege.

Ein Jahrzehnt konnte niemand diese uralten Zeichen wirklich bewerten, bis dann im Jahr 1916 der britische Ägyptologe Sir Alan Gardiner (1879-1963) einen brillanten, aufsehen-

Sir Alan Gardiner (1879-1963), Ägyptologe

erregenden Artikel publizierte: *The Egyptian Origin of the Semitic Alphabet.* Gardiners Schlussfolgerungen kurz zusammengefasst: Es handelt sich um ein Alphabet; jedes Zeichen steht für einen Buchstaben; als Vorlage dienten ägyptische Hieroglyphen; richtig ausgesprochen, werden alte semitische Wörter erkennbar. Und dann folgte auch gleich Gardiners Beweis: die Entzifferung eines einzigen Wortes. Mehrere Dutzend Zeichen einer „Viererkette" waren auf diesen Inschriften auszumachen. Gardiner nannte diese *box* (Haus), *eye* (Auge), *cane* (Stock) und *cross* (Kreuz). Und einmal fanden sich diese auch auf der Sphinx-Statue, zusammen mit einer auf der Schulter eingeritzten, leicht lesbaren hieroglyphischen Inschrift: „Geliebte Hathor, Dame des Türkises." Gardiner hatte nun einen Geistesblitz. Was wäre, wenn die beiden Schriftzüge den gleichen Inhalt ausdrückten? Elektrisiert ging er an die Überprüfung dieser Annahme. Und in der Tat konnte er die vier Zeichen Haus, Auge, Stock

Baalat – das älteste bekannte, von Gardiner entzifferte Wort

und Kreuz (B-Kehlkopflaut-L-T) als eine Darstellung des semitischen Wortes „baalat", Dame oder Göttin, entziffern. Diese mit Ehrfurcht eingeritzte weibliche Namensform des Gottes Baal konnte im semitischen Kulturkreis für den Titel oder den Namen einer Göttin stehen. Die Sphinx-Statue musste, so schien es, von den Menschen, die die Schriftzüge geschaffen hatten, dem Tempel der Göttin Hathor geweiht worden sein, vermutlich als Dank für ihren Schutz in den gefährlichen Türkisminen. Das älteste Wort, das bislang je als alphabetisch entziffert werden konnte, ist demnach „Dame" oder „Göttin", mit den drei Buchstaben „b", „l" und „t". Wie für semitische Sprachen üblich, wurden nur Konsonanten geschrieben; das vierte Zeichen, das „Auge", ein für uns kaum hörbarer gutturaler Kehlkopfverschluss, blieb bei der Transliteration meist einfach unberücksichtigt. Manche Linguisten geben es aber mit einem ' wieder: ba'alat. Mit seiner 1927 veröffentlichten ägyptischen Grammatik, die neben einem Wörterbuchteil auch die berühmte *Gardiner's Sign List* (Gardiner-Liste), eine Zusammenstellung der mittelägyptischen Hieroglyphen, enthält, legte dieser großartige Wissenschaftler den Grundstein zum späteren Ritterschlag (1948). Zudem wurden bald Alan-Gardiner-Ehrentitel der prestigeträchtigen Universitäten Durham, Oxford und Cambridge verliehen.

Nun zur brennenden Frage, die sich schon Gardiner stellte: Konnte das erste Alphabet auf der Sinai-Halbinsel entstanden sein? Die Spekulation ist ohne Zweifel reizvoll, doch die 27 Zeichen auf den dreißig Inschriften zeigen bereits einen gewissen Reifegrad. Daher sehen namhafte Linguisten diese Inschriften als Frucht einer bereits mindestens hundert bis zweihundert Jahre langen Entwicklung an. Unsere Buchstaben könnten also in der Tat nahe dem Beginn des zweiten Jahrtausends vor Christus auf Sandstein geschrieben worden sein – so interpretierte das zumindest Gardiner. Doch vielleicht geschah dieses „Wunder" nicht unbedingt auf Sinai.

Die frühe Keilschrift

Die archäologischen Grabungen im Orient blieben nicht auf das frühe 20. Jahrhundert beschränkt. 1929 machten weitere überraschende Funde Schlagzeilen, diesmal in der kanaanäischen Stadt Ugarit, nahe dem nördlichen Abschnitt der Mittelmeerküste des heutigen Syrien. Mehr als tausend Inschriften mit geometrischen Ausformungen (Grundelemente: waagrechte, senkrechte und schräge Keile), von Sprachforschern als Keilschrift bezeichnet, zeugten von einem weiteren möglichen Geburtsort des Alphabets. Diese Formen entstanden offensichtlich dadurch, dass mit Schreibgriffeln Kerben in den noch weichen Beschreibstoff Ton geritzt wurden. 1300 bis 1200 v. Chr. mussten diese keilförmigen Zeichen entstanden sein – so weit ist die Datierung sicher. Handelskorrespondenz, Steuerbücher und zahllose behördliche Notizen, jeweils mit dreißig Zeichen geschrieben, sind der Ausdruck der wirtschaftlichen Zentralstellung dieser Stadt. Mit nur 27 „Buchstaben" wurden dagegen religiöse Texte geschrieben, die, wie sich später herausstellte, sowohl in der Wortwahl wie auch in den Geschichten eine große Ähnlichkeit mit denen des Alten Testaments zeigen. Haben wir hierin vielleicht sogar die frühesten biblischen Texte zu sehen? Zu verneinen ist diese Frage keinesfalls, klare Beweise sind allerdings auch nur schwer zu finden. Ein nahe der türkischen Küste gehobenes Schiffswrack brachte zudem die damals über Ugarit gehende Handelsware zutage: Werkzeuge aller Art, Kupfer und Zinn, Glasbarren, Fayence- und Bernsteinperlen, Schmuck, vor allem aus Elfenbein, Tonwaren, Textilien und Bauholz. Zehn Sprachen und mindestens fünf Schriften waren in dieser Stadt bekannt, doch schien bis zur Schaffung der ugaritischen Alphabetschrift die akkadische Keilschrift verwendet worden zu sein. Möglicherweise war diese für die immer mehr an Bedeutung gewinnenden semitischen Händler zu umständlich und unsicher geworden. Jedenfalls entstanden im oben angegebenen Zeitraum völlig neue, aus exakt dreißig Buchstaben bestehende Keilschriftzeichen, und damit war ein vollwertiges Alphabet geschaffen. Für die Ausformung unserer heutigen Buchstaben hat diese Linie der Alphabet-Geschichte allerdings nur geringe Bedeutung.

Weitere Funde im heutigen Israel sowie im nördlich angrenzenden Libanon, die stark an die Sinai-Zeichen erinnern, zeigen Buchstaben, die mit Tinte auf Haushaltsgegenstände und Waffen gemalt worden waren. Ein Dolch, der auf 1650 v. Chr. datiert wird, sowie weitere (mehrere Dutzende) Gegenstände wechselnden Alters, jedenfalls vor 1200 v. Chr., vermitteln eine Vorstellung von der Verbreitung des Alphabets im damaligen Kanaan. Denn je weiter südlich – also im heutigen Israel – ausgegraben, desto älter sind die Fundstücke. Ein Bruchstück enthält gar eine Liste von 22 Buchstaben – eine mit dem späteren phönizischen Alphabet identische Anordnung. Das wusste man allerdings erst, nachdem vergleichende Studien mit dem Hebräischen diese Reihenfolge bestätigten. Mehr dazu in einem späteren Kapitel. Sprachforscher bezeichnen all diese Funde heute als proto-kanaanäische Inschriften. Wie schon die Funde auf der Halbinsel Sinai ist auch dieses Alphabet das Werk eines semitischen Volkes. Da die Phönizier als direkte Nachkommen der Kanaaniter anzusehen sind, schien bis zum Ende des 20. Jahrhunderts vielen Linguisten die Levante als Wiege des Alphabets wahrscheinlich; als Entstehungszeit wurde etwa 1750 v. Chr. angenommen.

Der zweite Durchbruch

Das Bild vom Ursprung unseres Alphabets um 1750 vor unserer Zeitrechnung schien also seit Gardiners Artikel unveränderlich, gleichsam „in Stein gemeißelt". Dann jedoch die Sensation – ein neuer Fund! Im letzten Jahr des 20. Jahrhunderts werden alle bisherigen Spekulationen zum Ursprung des Alphabets neuerlich über den Haufen geworfen. Wie seinerseits Petrie war ein weiterer Ägyptologe, im Auftrag der Yale University, auf den Spuren des altägyptischen Straßenbaus. John Coleman Darnell führte in Begleitung seiner ebenfalls als Ägyptologin tätigen Frau Deborah eine breit angelegte Feldforschung durch, um die Landverbindungen der Städte am Nil untereinander und die Zugangsstraßen zum Roten Meer zu untersuchen. Immerhin war diese Infrastruktur für Karawanen, Soldaten und Boten aller Art enorm wichtig. Schon im Herbst 1992 machte das Ehepaar Darnell eine interessante Entdeckung im von Wüste umgebenen Hügelland, ca. 45 km nordwestlich von Luxor, dem antiken Theben: ein sehr gut erhaltenes Stück einer fast viertausend Jahre alten Straße. Offensichtlich war es ein Teil einer Verbindung zwischen dem königlichen Theben und der nördlich gelegenen Stadt Abydos. Das Tal, in dem dieser Straßenabschnitt lag, dürfte in den letzten Jahrtausenden weitgehend unberührt geblieben sein. Zumindest ließen die vielen kleinen Bruchstücke, die allerorts zu finden waren, diesen Schluss zu. Jedenfalls konnten hier noch keine „Räuber" ihr Unwesen getrieben haben. Dennoch stellten die Darnells bald anhand von wenigen Fotos und Notizen fest, dass bereits 1936 ein britisches Archäologenteam durch dieses Tal gezogen sein musste. Da dieser Platz so trostlos und gottverlassen schien, hatte man ihm den Namen Wadi el-Hol gegeben, arabisch für „Tal des Schreckens". Was für ein Name für einen Ort, an dem eine wahre Weltsensation auf ihre Entdeckung wartete! Auf den glatten Felswänden (Darnell sprach von „blackboard-like sheets of rock"; dt.: tafelgleiche Felswände) waren sogenannte Felsinschriften im Stil von Gedenk-Botschaften des altägyptischen Militärs zu sehen: eine Mischung aus Hieroglyphen und hieratischen Symbolen, einer vereinfachten Schreibweise, die im Mittleren Königreich zwischen 2000 und 1600 v. Chr. immer mehr Anhänger fand. Da Ägypten zu dieser Zeit immer wieder feindlichen Angriffen ausgesetzt war, wurde gerade im Bereich dieser Fundstätte ein starkes Patrouille-System auf Kamelen aufgebaut. In der einsamen, von Sand- und Felswüste geprägten Gegend entstand eine nur allzu verständliche Tradition, nämlich Erinnerungs- und Gedenk-Botschaften in den Fels zu ritzen, frühe Graffiti sozusagen, wie der moderne Jargon unserer Zeit diese bezeichnen würde. Fast wirkten diese Worte wie Grabinschriften für noch lebende Menschen. Name, Titel, Danksagungen an eine Gottheit, und vielleicht kurze Gebetsworte – das war es, was zukünftige Generationen an Militärpatrouillen an diesem öden Dienstort in der Fels- und Sandwüste Ägyptens an ihre Vorfahren erinnern würde und womöglich den Seelen der Betroffenen im Jenseits helfen sollte.

Bei seinem dritten Besuch 1994 bemerkte Darnell zu seiner völligen Verblüffung zwei seltsame Inschriften, aus sechzehn und zwölf Zeichen bestehend und in Schulterhöhe im Sandstein angebracht. Er, der erfahrene Ägyptologe, konnte diese nicht entziffern, nicht einmal im Ansatz erahnen, welche Gedanken dem Schreiber vor undenklichen Zeiten durch den Kopf gegangen sein mussten. Ungläubig identifizierte Darnell das Bild eines Ochsenkopfes, das Zeichen für eine Wellenlinie, ein Strichmännchen mit ausgebreiteten Armen, Kreuze, und einige weitere Zeichen. Und sofort dachte Darnell an die seit fast einem Jahrhundert bekannten Sinai-Inschriften. Doch welche Botschaft verbarg sich hinter diesen Zeichen? Die Ähnlichkeit mit den Sinai- und Kanaan-Funden war verblüffend, doch trotz aller Bemühungen internationaler Experten konnte bis heute keine Entzifferung gelingen,

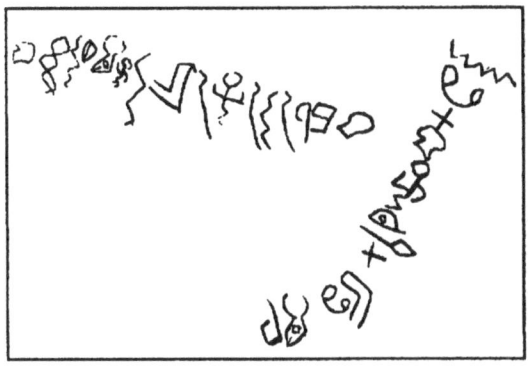

Wadi el-Hol, älteste bekannte Spuren eines Alphabets

vor allem wegen fehlender Schlüsselwörter. Was allerdings diese Inschrift so sensationell macht, ist das mit ziemlicher Genauigkeit festgestellte Alter. Die Hauptaktivität auf den Schutzstraßen bei Wadi el-Hol lag um 1800 v. Chr., und damit dürften auch diese Zeichen um diese Zeit entstanden sein. Wie schon bei den anderen Entdeckungen zum Alphabet, ist auch hier eine gewisse Vorlaufzeit von 150 bis 200 Jahren anzunehmen. Die Entstehung des Alphabets könnte daher sogar rückdatiert werden und somit um das Jahr 2000 v. Chr. anzusetzen sein. Jedenfalls spekulierte die Schlagzeile auf der Titelseite der *New York Times* im November 1999 mit dieser Möglichkeit: „Finds in Egypt Date Alphabet in Earlier Era." Darnells persönlich geäußerte Vermutung, die auf genauen Vergleich der wenigen Zeichen mit Hieroglyphen baut, ist nicht so ohne weiteres vom Tisch zu wischen. Die Erfinder des Alphabets hatten zweifelsfrei bei den Hieroglyphen An-leihe genommen, und zwar bei exakt den Ausformungen, die um ca. 2000 v. Chr. üblich waren. Besonders verräterisch schi-en ihm dabei das M, die Wellenlinie, die insgesamt viermal in der Abbildung zu sehen ist. Normalerweise wurde diese, später „mem" genannte, Hieroglyphe horizontal geschrieben, mit Ausnahme einer kurzen Zeitspanne um 2000 v. Chr. Und dieser „Wadi el-Hol"-Buchstabe war eindeutig vertikal ori-entiert! Hatten die beiden Darnells also als erste Menschen seit Jahrtausenden die frühesten Zeugen unseres Alphabets erblickt? Die Vermutung liegt nahe, doch bleiben viele Rätsel offen. Nicht klar ist auch, wer die Erfinder dieser Buchstaben waren. John Darnell jedenfalls hatte auch dazu seine ganz persönliche Vermutung. In der damaligen ägyptischen Armee verdingten sich semitische Söldner, die Amu (frei übersetzt: „Asiaten") genannt wurden. Ursprünglich des Lesens und Schreibens nicht mächtig, könnten sie von den ägyptischen Vorgesetzten in die Kunst der „Felsschriften" eingeführt worden sein, vielleicht mit der Absicht, die Schlagkraft der Truppe durch diese Fähigkeit zu erhöhen. Diese Annahme geht selbstverständlich von den Vorfahren der Soldaten, die sich in Wadi el-Hol verewigten, als den wahren Schöpfern des Alphabets aus. Und wie schon auf Sinai, waren auch hier gewisse Anpassungen der Hieroglyphen zum Ausdruck semitischer Sprachschöpfungen notwendig gewesen. Doch weiter in der Spekulation: Nahe dieser unbekannten Inschrift finden sich Hieroglyphen, die einen gewissen Bebi, Anführer der Amu, ehren. Ist es nicht denkbar, dass sich Bebi mit seinen ägyptischen Schriftzeichen verewigte, zwei von ihm befehligte, semitische Söldner dagegen mit den eigenen, semitisch geprägten Zeichen? Sind die ältesten bis dato gefundenen Alphabet-Inschriften daher Namen von Soldaten? Wir werden es vielleicht nie wissen, doch ist dies durchaus im Bereich des Denkbaren. Was bleibt, ist die große Frage: Hatte man hier, im südöstlichen Ägypten, im „Tal des Schreckens", endlich die Wiege des Alphabets gefunden?

A Aleph – Ochs

Francesco Torniello da Novara (* um 1490, †1589), Franziskaner- mönch aus Mailand, Typograf und Schriftsteller, definierte in seinem 1517 in Mailand von Gotardo da Ponte gedruckten und veröffent- lichten Werk „Opera del modo de fare le littere maiuscole antique" als erster in einem 18 x 18-Raster

Francesco Torniello da Novara, erstmals gedruckt 1517

den Punkt als typografische Maßeinheit und schuf damit eine geometrische Grundlage der Schriftform. Die antiquiert wirken- de Beschreibung der Buchstaben illustriert Torniellos Akribie: „Der Buchstabe A wird vom Quadrat geformt. Die Dicke des rechten Beins sollte ein Neuntel der Vertikalen betragen; es sollte außerhalb des Quadrats beginnen, wo es den Kreis berührt, der durch die oben liegende Horizontale einen halben Punkt links vom Mittelpunkt durchgeht, und in der unten liegenden Ecke des Quadrats enden mit den Kreisen, wie du sie eingezeichnet siehst. Alle äußeren Kreise haben einen Radius von einem Punkt und die inneren einen Radius von einem halben Punkt, gemessen von dem Mittelpunkt eines Kreises bis zu seinem Umfang. Das linke Bein sollte die halbe Dicke des rechten haben, und die Innenlinie sollte einen Startpunkt haben, der mit der Mitte der oberen Linie des Quadrats zusammentrifft, und einen halben Punkt vor der Grundlinie enden, einen Punkt innerhalb der linken Vertikalen des Quadrats. Die Querlinie sollte ein Drittel der Dicke des rech- ten Beines aufweisen, wobei die obere Linie mit der Horizontalen in der Mitte des Quadrats zusammentreffen sollte."

Am Anfang stand das A. Und in der Tat hat das A die lange Buchstabenreise durch die Geschichte immer als Gast erster Klasse mitgemacht. Es war die Nummer 1 im proto-semitischen Alphabet, bei den Phöniziern, den Griechen, den Etruskern, den Römern und danach in praktisch allen aus dem Lateinischen entstandenen Alphabeten. Das A öffnete uns das mächtige Tor zur Schriftsprache. Auch Jacob und Wilhelm Grimm zollten diesem Buchstaben in ihrem berühmten Deutschen Wörterbuch Respekt: *A, der edelste, ursprünglichste aller Laute, aus Brust und Kehle voll erschallend, den das Kind zuerst und am leichtesten hervorbringen lernt, den mit Recht die Alphabete der meisten Sprachen an ihre Spitze stellen.* Das A auf der Kreidetafel kann wie ganz selbstverständlich zugleich die Idee des ganzen Alphabets repräsentieren, wie ein General, der an der Spitze stehend für seine Truppen spricht. Keinem anderen Buchstaben wird dieser Glanz zuteil. Das A bedeutet in der angelsächsischen Welt Erfolg in der Schule, ist es doch die höchste Auszeichnung im sogenannten Grading. A repräsentiert Qualität, Erstklassigkeit, dauerhaften Wert. Die bestimmenden Rating-Agenturen Moody's, Standard & Poor's und Fitch verwenden sogar ein AAA, sprich Tripel-A, für die Top-Wertpapiere oder für die Spitzenratings von Staaten und Unternehmen. Wehe der Gesellschaft, die nur auf AA+ oder gar auf B oder C abgestuft wird! Ein Währungsdrama ist die unausweichliche Folge. Die Stufe D steht überhaupt nur noch für „Junk" (dt.: Müll). In Wissenschaft und Technik ist die Assoziation immer die des „Ersten", „Stärksten", „Besten". Aldous Huxley hat in seinem zeitlosen Roman *Brave New World* die „Alpha plus"-Klasse als das höchste Ziel aller Vererbungshoffnungen beschrieben. In der Biologie ist das Alphatier immer der Führer der Gruppe. Und in der Offenbarung des Johannes sagt der erhöhte Jesus Christus: „Ich bin das Alpha und das Omega, der Erste und der Letzte, der Anfang und das Ende." Diese beiden machtvollen Randbuchstaben, das Alpha und das Omega, stehen in alter Tradition für das Umfassende, das Ewige, die Totalität, und letztlich für Gott, unseren Schöpfer. Gerne wird daher das A für zahllose Abkürzungen gewählt, wie weiter unten noch im Detail ausgeführt werden soll. Unterschwellig wird dabei für alle dahinter stehenden Organisationen hohe Qualität sug-

31

geriert. Das im englischsprachigen Raum häufig verwendete Gütesiegel „A-1", erstklassig, wiederum, ist der nautischen Sprache des 18. Jahrhunderts entlehnt. Die weltberühmte Versicherungsgesellschaft Lloyds of London – ein in der Gründerzeit als Kaffeehaus dem Geschäftsklatsch dienender Ort – entschied sich für A und B als Qualitätsmerkmale von Schiffsrümpfen, für 1 und 2 als Gütesiegel für die Ausrüstung. Eine weitere Sprachschöpfung, das „A-okay", wurde mit dem ersten bemannten Raumflug eines Amerikaners geschaffen. Alan Shepards Radiomeldung „okay" dürfte missverstanden und die überschwänglichen Berichte über den Allbesuch demzufolge mit einem „A-okay" ausgeschmückt worden sein. Statt „in Ordnung" wollte die gestresste Bodencrew wohl nur zu gern ein „hervorragend" aus dem Mund des populären Astronauten vernehmen.

Eine der wenigen negativen Verwendungen dieses Buchstabens findet sich im mittelalterlichen Europa und vor allem im puritanischen England. Wer des Ehebruchs bezichtigt wurde, dem wurde zusätzlich zu körperlichen Strafen ein degradierendes Erkennungszeichen, ein rotes A bzw. AD (lat. *adulterium,* „Ehebruch"), auf die Kleidung genäht. Der 1850 erschienene Roman Nathaniel Hawthorns *Der scharlachrote Buchstabe* (*The Scarlet Letter*) macht diese demütigende Praxis zum Thema seiner Betrachtung der puritanischen Gesellschaft Bostons im 16. Jahrhundert.

Von Linguisten wurde das A als „der einfachste und reinste Vokal" bezeichnet, der durch volle Öffnung des Mundes ohne störende Blockaden gebildet wird. Kein Wunder, dass auch ein Baby diesen Laut als allerersten in die Welt hinausschreit. Und auch beim Arztbesuch begleitet ein gedehntes „aaa" die Kontrolle des entzündeten Halses. Zusammen mit E, I, O und U, vielleicht noch zwischenzeitlich dem Y, bildet das A die Gruppe jener machtvollen Buchstaben, mit denen sämtliche Vokallaute symbolisiert werden. Kein leichtes Unterfangen, da etwa im Englischen mehr als zwanzig Laute vorkommen, doch nur eine Handvoll passender Buchstaben zur Verfügung steht. Eine Demonstration der Vielseitigkeit, die schon unserem ersten Vokal abverlangt wird, zeigt der folgende Satz: „Was Allan's pa all pale?" „Sechs mit einem Streich" – unterschiedliche a-Laute sind gemeint ([ɔ] [æ] [ə] [aː] [ɔː] [ei]). Oder ein Beispiel aus dem Wiener Dialekt, das zunächst in der phonetisch-transkribierten Wiedergabe nahezu unverständlich wirkt. Szene: Kasse im Supermarkt: Die Kassiererin fragt den Kunden: „Und was ist das?" Kunde: „… ä aa a ö." Dreimal ein [a]-, einmal ein [o]-Laut. Ins Hochdeutsche übersetzt bestätigt der Kunde, dass das Objekt, nach dem die Kassiererin fragt, „ohnehin [ä] auch nur [aɐ] ein [a] Öl [ø]" ist. Selbst das simple A kann es ganz schön in sich haben.

Der prominente Buchstabe A steht nicht nur am Anfang nahezu aller Alphabete, sondern ziert noch dazu die ehrwürdigen Kalksteininschriften der uralten Fundstätte Wadi el-Hol in Mittelägypten, nahe Luxor. Seine semitisch sprechenden Schöpfer waren möglicherweise fremde Söldner, Bergleute oder auch fahrende Händler, die um 1800 v. Chr. das gut erkennbare Piktogramm eines Ochsenkopfes in das weiche Gestein eines Flussbetts entlang der Militär- und Handelsrouten zwischen Theben und Abydos ritzten. Der

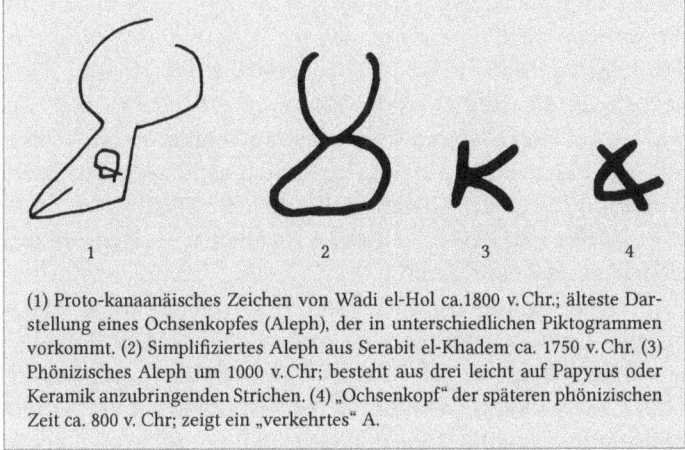

(1) Proto-kanaanäisches Zeichen von Wadi el-Hol ca.1800 v. Chr.; älteste Darstellung eines Ochsenkopfes (Aleph), der in unterschiedlichen Piktogrammen vorkommt. (2) Simplifiziertes Aleph aus Serabit el-Khadem ca. 1750 v. Chr. (3) Phönizisches Aleph um 1000 v.Chr; besteht aus drei leicht auf Papyrus oder Keramik anzubringenden Strichen. (4) „Ochsenkopf" der späteren phönizischen Zeit ca. 800 v. Chr; zeigt ein „verkehrtes" A.

diesem Buchstabensymbol zugeordnete Knacklaut, durch das explosive Lösen des Kehlkopfverschlusses beim folgenden Vokal zumindest für das geübte Ohr hörbar, wurde Aleph („Ochs") genannt. Heute wird dieser ungewohnte Knacklaut im internationalen phonetischen Alphabet durch das Zeichen ' charakterisiert, mit dem Namen 'Aleph oder 'Alef. Um sich diesen Laut vorzustellen, müssen Sie nur kurz Micha-el sagen und den gebrochenen Übergang zwischen den zwei Vokalen erspüren. Dem Verständnis der Zeit entsprechend begann übrigens jeder semitische Buchstabenname mit einem Laut, der eben diesen Buchstaben symbolisierte. Dieses akrofonische Prinzip, so der Fachjargon, wurde im gesamten Uralphabet nahezu lückenlos durchgehalten. Mit letzter Sicherheit lässt sich die erste Position des Buchstabens A im Alphabet jedoch erst um 1300 v. Chr. nachweisen, da archäologische Ausgrabungen aus dieser Zeit komplette kanaanäische Buchstabenlisten zeigen. Ebenso wiederholt sich dieses Muster in späteren phönizischen Funden sowie in der bis heute verwendeten hebräischen Schrift. Hier ist sogar noch der alte Name Alef erhalten geblieben, allerdings ohne den in der Frühzeit des Alphabets prägenden Knacklaut. Die große Frage jedoch, warum gerade der „Ochsenkopf" die Spitze der Buchstabenreihe bildet, bleibt bislang reine Spekulation. Vermutlich wird die Antwort auch niemals mit letzter Sicherheit gegeben werden können. Manche Erklärungsversuche, wie die der Hervorhebung der Heiligkeit des Stiers im mediterranen Raum und im Nahen Osten, oder der mnemotechnische Effekt, der mit der Platzierung eines „Tierbuchstabens" gegeben war, können mit keiner wissenschaftlichen Beweisführung aufwarten. Wir müssen einfach das A als altehrwürdigen Anfang aller Alphabete akzeptieren.

Der Stammbaum unseres ersten Buchstabens beginnt also mit einer in Stein geritzten Urgroßmutter als „Ochsenkopf" und führt über die phönizische Großmutter Aleph zum griechischen Alpha, dem bis heute fast mystisch verklärten Zeichen für Qualität. Was den Griechen fehlte, nämlich eine

brauchbare Alphabetschrift, kopierten sie um das Jahr 800
v. Chr. ganz ungeniert aus dem Phönizischen und modifizier-
ten es. Das Erstaunliche dabei ist jedoch die Tatsache, dass
dieses Schaffenswerk trotz der gewaltigen Fremdheit der
beiden Sprachen überhaupt zustande kam. Doch die alten
Griechen waren schon immer erfinderisch. Mit lockerer Hand
fügten sie dem Buchstabenstrang fünf Vokale hinzu, wobei
man einfach die für das Griechische überflüssigen Laute
durch neue ersetzte. Und so ging es auch mit dem Kehlkopfverschluss des Aleph. Die Position Nummer 1 wurde zwar
beibehalten, doch der Laut war ab nun ein klar vernehmbares [a:]. Vermutlich wurde diese Entscheidung durch den
irgendwie ähnlich klingenden Anlaut im 'A-lef beeinflusst,
doch ist es auch durchaus denkbar, dass der alte Knacklaut
dem griechischen Ohr einfach entgangen war. Vergessen war
auch die eherne, für Griechen fremdländische Regel, die vom
Phönizischen übernommenen Laute mit realen Objekten in
Verbindung zu setzen. Damit wird es verständlich, dass ab
nun im antiken Hellas das bildhafte Alef dem zwar im Wortsinn bedeutungslosen, doch zumindest griechisch klingenden
Alpha weichen musste. Auch die Hörner im Symbolzeichen

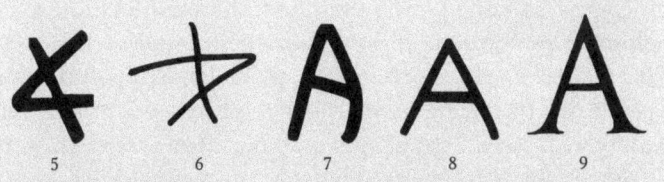

(5) Phönizisches Aleph ca. 800 v. Chr. zur Zeit der Übernahme der Buchstaben
durch die Griechen; die Schrift lief von rechts nach links, daher zeigt auch das
Kinn des Ochsenkopfes nach links. (6) Frühe griechische Inschrift mit einem
Alpha, um 740 v. Chr; im Gegensatz zum phönizischen Vorbild zeigen die
„Hörner" in die Schreibrichtung. (7) Inschrift um ca. 720 v. Chr. mit einer der
frühesten Darstellungen des „aufrechten" Alpha. (8) Etruskisches „weites" A, um
500 v. Chr. (9) Römisches A am Sockel der Trajansäule (113 n. Chr.); der rechte
Fuß wurde verstärkt und Serifen an die Enden des Buchstabens angehängt.
Diese Schrifttype, die sogenannte Capitalis Monumentalis, ist die älteste, die
bis heute in Gebrauch ist.

waren keinesfalls mehr starr zu sehende Bedeutungsträger.
Und so tauchen bereits um 720 v.Chr. die ersten „aufrecht"
stehenden A-Buchstaben auf Inschriften auf.

Doch weiter auf der langen Reise mit einer Station im
westlichen Teil des Apenninenstiefels: Um 700 v.Chr. übernahmen die Etrusker, ein Volk mit einer bis heute weitgehend
unbekannten, zweifellos nicht indogermanischen Sprache,
griechische Kulturelemente, darunter auch das inzwischen
gut etablierte Alphabet. Schon hundert Jahre später gaben sie
dann die Buchstaben an die Latiner weiter, nicht allerdings
ohne vorher einige ganz spezifische Adaptationen vorgenommen zu haben. So wurde der Name des Alpha auf den
einfachen Laut reduziert, und von nun an hieß der erste Buchstabe des Alphabets A [a:]. In praktisch allen romanischen
Sprachen, aber etwa auch im Deutschen oder Tschechischen,
wurde diese Benennung bis heute beibehalten. Die Weltsprache Englisch folgte vermutlich in altenglischen Tagen ebenso
dieser Praxis, übernahm sie doch nach der Invasion durch die
Normannen 1066 fast lückenlos die altfranzösischen Buchstabenbezeichnungen. Die großen Vokalverschiebungen im
14. und 15. Jahrhundert jedoch führten auf den britischen
Inseln zur Abschwächung auf ein [ei] und somit zur bekannten, heute im Zeitalter der drahtlosen Kommunikation so oft
gehörten Aussprache des englischen Anfangsbuchstabens.
Eine weitere Facette der Schreibung brachte die spätrömische
Epoche im Übergang zum frühen Mittelalter. Um mit dem
Federkiel größere Schreibgeschwindigkeit zu erreichen, wurde das handgeschriebene „kleine a" mit einem linkslastigen
„Bauch" versehen, gerade so wie die a-Buchstaben im vorliegenden Text. Vielleicht ist Ihnen diese seltsame Umformung
noch gar nicht bewusst geworden. Der Name für diese Schrift,
Karolingische Minuskel, deutet darauf hin, dass sich dieses a
bei Mönchen am Hof Karls des Großen um 800 durchsetzte.
Parallel existierten ab nun a und ɑ, wobei der Buchdruck ab
ca. 1470 mehrheitlich das „bauchige a" als Nachfolger der
bereits im 13. Jahrhundert ausgestorbenen Karolingischen

Minuskel für seine Lettern bevorzugte, mit Ausnahme einiger Sans-serif- und Kursivfonts. Die Schulschrift jedoch favorisierte das einfacher zu schreibende ɑ. Außer dem A kann nur das ɢ mit solch einer überraschenden Doppelexistenz der Kleinbuchstaben (Fachjargon: Allografe) aufwarten.

Interessant ist im Zusammenhang mit der prominenten Position dieses Buchstabens die mystische Tradition des Judentums, die Kabbalah (wortwörtlich: „Tradition"). Hier wird dem Alef die göttliche Energie, die der Schöpfung vorausging und diese letztlich erst ermöglichte, zugeschrieben. Zudem steht das hebräische Alef für die Zahl 1, das ewige Symbol der kosmischen Einheit. Ehre wem Ehre gebührt! Auch im Arabischen dient der Alif als Modell für alle anderen Buchstaben, wobei Kalligrafen ausschließlich seine Länge variieren, zwischen drei und zwölf Punkten. Die Breite dagegen beträgt immer einen Punkt. Gemäß der Länge wird der Durchmesser eines Kreises bestimmt, der dann die Größe der übrigen Buchstaben definiert. Der Alif ist in gewissem Sinn der Archetypus für das gesamte Alphabet und wird im religiösen Sinn daher auch mit Adam, dem Urvater des Menschengeschlechts, identifiziert.

In einer Hinsicht jedoch hat es das A im Deutschen und Englischen nie auf den Spitzenplatz gebracht, nämlich in den Häufigkeitstabellen der Buchstaben. Gerade ein sechster Platz mit 6,51% springt in deutschen Texten heraus; etwas besser der Rang im Englischen: Platz 3 mit 8,17% hinter E und T. Die prominente Position des A kommt dafür aber im deutschen Fingeralphabet klar zum Ausdruck, wird doch hier einfach die Faust geballt, mit dem Fingern zum Gesprächspartner gerichtet. Analog „spricht" man das Ä, wobei die Faust nach oben und unten bewegt werden muss.

Endlos ist die Liste der Abkürzungen, die mit dem bloßen Buchstaben A, a, A., a., AA, AAA, ja sogar AAAA usw. in den Wörterbüchern zu entdecken sind. Das kleine a bezeichnet unser Jahr, lateinisch *annus*, bzw. die Maßeinheit Atto, eine immens kleine Zahl mit 18 Nullen (10^{-18}). Der Großbuchstabe

A steht unter anderem für Acre, Amplitude, Argent, Augsburg, Autobahn und vor allem für das internationale Autokennzeichen Austria/Österreich. Der Buchstabe A. wieder bezieht sich auf Abteilung, Amt oder Arterie. Mit AA meint man Aalen, American Airlines, Anonyme Alkoholiker, Assistenzarzt/-ärztin, den Orden Augustiniani ab Assumptione oder das Auswärtige Amt. Mit a. kann alt, anno, anonym, ante oder asymmetrisch abgekürzt werden, aa ist ein Rezeptvermerk mit der Bedeutung *ana partes aequales* (dt. zu gleichen Teilen). Wer etwas *ad acta* (dt. zu den Akten) legt, tut dies mit dem Vermerk a. a. Als Mitglied der American Automobile Association führt man in den Vereinigten Staaten ein AAA im Ausweis, als Athlet gar ein AAAA (Amateur Athletic Association of America). Die Liste lässt sich nahezu beliebig erweitern. Keine Abkürzung, sondern eines der wenigen „Einbuchstabenwörter" im Deutschen ist aus der französischen Präposition à entstanden, die auf die im 6./7. Jahrhundert zusammengefallenen lateinischen Präpositionen *a(b)* „von – weg" und *ad* „zu etwas hin" zurückgeht. Im Deutschen bekam das à die Bedeutung „zu je ..., mit je ...". Beispiel: $1\,m^2$ à 8 €.

Wer auf der Handytastatur das A anklickt, wird mit einer ganzen Palette von A-Varianten konfrontiert: À, Á, Â, Ā usw. Für das Deutsche am wichtigsten ist zweifellos der Umlaut, das Ä/ä, mit dem Trema über dem eigentlichen Buchstaben. Ursprünglich wurde in lateinischen Handschriften ein winziges e über das A gestellt, woraus sich dann später der charakteristische „Doppelstrich" und schließlich der „Doppelpunkt" herausbildeten. Sprachgeschichtlich ist dieser Umlaut ein Kind der Hochdeutschen Lautverschiebung des Frühmittelalters, die aus dem langen [aː] ein [æ] machte, falls die Folgesilbe ein i, iː oder j enthielt (Beispiel: ahd. *māri*, mhd. *mære*, „Mär", „Erzählung"). Zunächst war diese Lautverschiebung nur im gesprochenen Wort wirksam; mit Wegfall der bedeutungstragenden Endungen mussten dann aber im 11. und 12. Jahrhundert neue Zeichen erfunden werden. Die Umlaute waren geboren. Stehen diese Zeichen nicht zur Verfügung, darf im Deutschen ein „AE" geschrieben werden, was Kreuzworträtselfreunden wohlbekannt sein wird. Anders sieht die Regel im Finnischen oder Estnischen aus, denn hier ist das Ä ein eigener Buchstabe, für den es keinen grafischen Ersatz geben darf. Ein weiteres Zeichen bildet das in den nordischen Sprachen häufig vorkommende Å/å, das etymologisch ein altnordisch „langes a" anzeigt und bis 1938 in Norwegen bzw. 1948 in Dänemark auch als aa geschrieben werden durfte. Seit dem ersten Auftauchen in einer schwedischen Handschrift des 15. Jahrhunderts hat der kleine Kreis – ursprünglich ein winziges, über den Buchstaben gesetztes a (im Nordischen „bolle" genannt) – große Karriere gemacht, wurde er doch für diesen Laut obligatorisch. Es könnte sich dabei um eine Nachahmung des mit gerundetem Mund gebildeten o-Lautes handeln. Und in der Tat spricht man diesen Buchstaben im Schwedischen und Norwegischen solcherart aus. Beispiel: Der berühmte Schirennläufer Kjetil Aamodt sollte [o:mot] gesprochen werden, mit einem langen, geschlossenen [o:]. Warum aber vor Jahrhunderten das aa plötzlich als [o:] gesprochen wurde, kann niemand mehr mit Sicherheit sagen. Alphabetisch reiht sich das Å im Schwedischen und Finnischen als 27. Buchstabe ein, im Norwegischen und Dänischen als 29. und letzter. Als Abkürzung für die Maßeinheit Ångström bekam dieses Å eine weitere internationale Verwendung. Und auf den Lofoten in Norwegen zeigen genaue Karten einen der fünf kürzesten Ortsnamen der Welt: Å, norw./dän. für „Fluss".

Völlig aus dem Blickfeld der deutschen Sprache gerückt ist das aus der Ligatur A und E entstandene Æ/æ, das jedoch in einigen nordischen Sprachen wie Norwegisch, Dänisch, Färöisch und Isländisch nach wie vor einen eigenen Buchstaben bildet. Im Altenglischen war dieser Buchstabe, Æsc „Esche" genannt, ebenfalls noch allgegenwärtig. Der Laut [æʃ] imitiert eigentlich ein Zeichen aus dem Runenalphabet Futhark, das einen Baum bezeichnet. Eine Kuriosität am Rande: Der irische mystische Dichter, Poet und Maler George William Erskine

Russell (1853–1919) verfasste einige seiner Werke unter dem Pseudonym Æ oder Æon.

Eine im Zeitalter des Computers völlig neue Dimension kommt dem At-Zeichen @ zu, umgangssprachlich auch als Klammeraffe, Affenschwanz (holländisch), Affenschaukel oder Elefantenohr bekannt. Die Chinesen sagen zu diesem ehrwürdigen Zeichen übrigens „kleine Maus", die Ungarn „Wurm". Um Benutzername und Domainbezeichnung zu trennen, ist es unumgänglich, dieses geheimnisvolle „umschlungene a" in die Tastatur zu klopfen. Bis dato allerdings ist der Ursprung dieses Symbols nicht eindeutig geklärt. Möglicherweise handelt es sich um eine Ligatur, also eine in Handschriften entstandene Verschmelzung von a und d für das lateinische „ad" (zu etwas hin). Ob bei der Verschnörkelung dieses Symbols ursächlich künstlerische Überlegungen eine Rolle spielten, bleibt im Dunkeln der Schaffensgeschichte verborgen. Vielleicht aber war dieses Zeichen auch eine bereits auf Römerzeiten zurückgehende Abkürzung für Handelsware, mit der Bedeutung „Amphore", oder eine kommerziell verwendete Abkürzung mit der Bedeutung „um ... pro Stück" (10 Birnen @ 1 Pfennig). Jedenfalls war auf der Iberischen Halbinsel sowie in Brasilien und Frankreich das @ als Maßeinheit für Festes und Flüssiges seit dem ersten Auftauchen Mitte des 16. Jahrhunderts üblich. Das Symbol steht für *arroba* (arabisch *ar-rub*, „Viertel"), einem Maß für 10 Kilogramm oder 15 Liter. In Deutschland wurde dieses Symbol im 18. Jahrhundert in der Rechtssprache mit der Bedeutung „contra" verwendet, etwa Kastner @ Folkvord. Obwohl die erste Underwood-Schreibmaschine aus dem Jahr 1885 dieses typografische Symbol führte, verschwand das @ dann für Jahrzehnte weitgehend aus dem Blickfeld der modernen Textgestaltung, um nun mit voller Macht in unsere tägliche Mailpost zurückzukehren.

Abrunden soll diesen Buchstaben die berühmte Redewendung „Wer A sagt, muss auch B sagen." Um die Leserin oder den Leser jedoch nicht zum Weiterschmökern zu nötigen, sei

Bertolt Brechts Erwiderung angeführt: „Wer A sagt, der muss nicht B sagen. Er kann auch erkennen, dass A falsch war."

Wussten Sie, dass …

… der *Progagandaapparat* das kürzeste Dudenwort mit sechs „a"-Zeichen ist?

… das Ä in den Buchstabiertafeln „Ärger" heißt?

… Aa im Deutschen die einzige Doppelbuchstabenkombination am Wortanfang darstellt (z. B. Aal, Aas, Aachen, Aalen, Aarau, Aare)?

… das Zeichen Á, Akzentlinie genannt, die höchste Hauptlinie im typometrischen System (dieses schreibt die Höhe der einzelnen Buchstaben vor) der Antiqua-Schrift bezeichnet?

… das Blutgruppensystem AB0 erstmals 1901 vom Wiener Arzt Karl Landsteiner beschrieben wurde? 1930 bekam Landsteiner dafür den Nobelpreis für Medizin.

… es für den habsburgischen Wahlspruch AEIOU von Kaiser Friedrich III. (1415-1493) Dutzende Deutungen gibt? Die bekannteste ist *Austriae est imperare orbi universo* (dt.: „Es ist Österreich bestimmt, die Welt zu beherrschen"). Im 16. Jahrhundert entstand die volkstümliche Interpretation „Alles Erdreich ist Österreich untertan".

41

B Beth – Haus

Der erste Konsonant unseres Alphabets hat seinen Niederschlag in einer bei Jugendlichen beliebten Geheimsprache gefunden. Dabei werden alle Vokale und Diphthonge mit Zwischenschaltung eines b wiederholt. Schnell gesprochen kann das ungeübte Ohr dieser quirligen B-Sprache kaum folgen. Ein Beispiel gefällig?

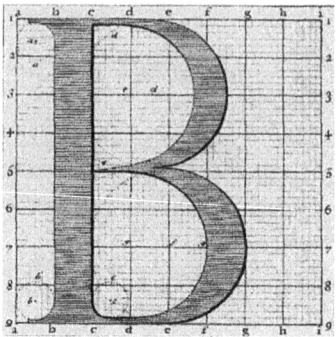

Romain du Roi, geschnitten von Philippe Grandjean, im Auftrag Ludwig XIV. 1692

Äbägybyptibischebe Hiebieroboglybypheben wabareben diebie Wuburzebel ubunseberebes Abalphababebets. Gerade dieser Buchstabe mit seiner einfachen, selbst Kleinstkindern möglichen Lautformung eignet sich wunderbar für solch sprachliche Spielereien. Wer es noch tückischer haben will, kann diese Zungenbrecher auch einmal mit einer Doppeleinschaltung versuchen, etwa b und f. Hierfür wird jedenfalls intensive Übung vorausgesetzt.

Baʿalat (Göttin oder Dame) ist das erste proto-kanaanäische Wort, bei dem bislang eine Entzifferung gelang, und dieses Wort beginnt mit dem Buchstaben B, der damit ebenso wie der dazu passende Laut so alt ist wie das Alphabet selbst, ehrfurchteinflößende fünfunddreißig bis vierzig Jahrhunderte. Im Fachjargon ist das B ein stimmhafter, bilabialer Verschlusslaut. Das bedeutet nichts anderes, als dass der Einsatz der Stimmbänder ebenso notwendig ist wie die Formung durch die Ober- und Unterlippe. Und zuletzt kommt noch das Zusammenkneifen der Nasenwände hinzu, eine ganz unwillkürliche, angeborene Fähigkeit, die den meisten Menschen allerdings kaum bewusst ist. Nicht notwendig dagegen ist die Mitarbeit der Zunge, und gerade deshalb ist das B einer der „Ur-Laute" des Menschen, der schon von Babies mit knapp einem Jahr gebildet wird, wenn sie hungrig oder durstig sind. Haben Sie das flehentlich-fordernde „bah-bah" noch im Ohr? Wie zum Beweis dieser Behauptung gehört das B zu einem von nur sechs Konsonanten, die in der Sprache Rotokas auf Papua-Neuguinea gesprochen werden; die anderen sind D, G, P, T und K, allesamt Verschlusslaute. Das B ist auch der erste Konsonant im Alphabet. Wodurch zeichnet sich dieser Buchstabentypus im Vergleich zu den Vokalen aus? Die Antwort darauf ist gar nicht so einfach, doch ist die Behinderung des Luftstroms durch Kehle, Lippen, Nase, Zähne oder Zunge entscheidend. Bei Vokalen werden fast ausschließlich die Stimmbänder zur Bildung verwendet, bei den Konsonanten (lat. *consonare* = „mit-tönen") können diese zwar dazukommen, wie etwa beim B, können aber auch vollkommen „stumm" bleiben. Vokale haben die Eigenschaft, dass man sie vollkommen allein stehend bilden kann (z.B. Ah, Oh). Bei Konsonanten hallt beim Versuch, diese isoliert zu bilden, dagegen meist ein Ton nach. Es ist einen Versuch wert: [bə] endet auf einem dem Schwa ähnlichen Laut (Vergleich: *Rabe*), einem Mittelvokal, der allerdings orthografisch im Deutschen keine Entsprechung gefunden hat. Wasserdicht

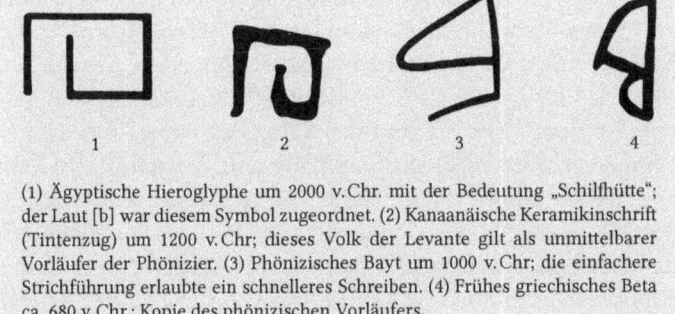

1   2   3   4

(1) Ägyptische Hieroglyphe um 2000 v.Chr. mit der Bedeutung „Schilfhütte"; der Laut [b] war diesem Symbol zugeordnet. (2) Kanaanäische Keramikinschrift (Tintenzug) um 1200 v.Chr; dieses Volk der Levante gilt als unmittelbarer Vorläufer der Phönizier. (3) Phönizisches Bayt um 1000 v.Chr; die einfachere Strichführung erlaubte ein schnelleres Schreiben. (4) Frühes griechisches Beta ca. 680 v.Chr.; Kopie des phönizischen Vorläufers.

ist diese Nachhallregel allerdings nicht, wie Sie leicht bei Bildung etwa eines F oder Z feststellen werden.

Seit 1800 v. Chr., seit dem ersten semitischen Wort, das im ägyptischen Wadi el-Hol entdeckt wurde, hat dieser Buchstabe in nahezu unveränderter Lautung [b] seinen Dienst getan, immer an gleicher, zweiter Position in der Buchstabenreihe. Die Inspiration zu diesem Konsonanten muss in der ägyptischen Hieroglyphe für „Schilfhütte" (Abb.1) zu suchen sein, stellt doch dieses Symbol nahezu eine Blaupause für das spätere proto-semitische Zeichen dar, mit dem das erste entzifferte Wort der Geschichte des Alphabets, Ba'alat, beginnt (siehe „Wiege des Alphabets"). Zudem steht, dem akrofonischen Prinzip der Buchstabenbenennung entsprechend, ein B am Beginn des semitischen Wortes Beth (oder Bayt), mit der Bedeutung „Haus".

Auch im hebräischen Alphabet, das uns über den Umweg der Septuaginta (älteste durchgehende Übersetzung der hebräischen Bibel ins Altgriechische) die Reihenfolge der Buchstaben wissen lässt (siehe das Kapitel *Phönizier – Griechen – Etrusker – Römer*), nimmt das Beth Position Nummer 2 ein. Doch zumindest in der hebräischen Bibel wird die Heiligkeit dieses Buchstabens damit untermauert, dass diese mit dem Wort „bereschit" (dt. am Anfang) beginnt. Wunderbar passend stellt das Beth eben ein Haus dar, das im metaphysischen Sinn als das Haus aller menschlichen Wesen, als Tempel Gottes gedeutet werden kann. Zuletzt beginnt auch der Geburtsort von Jesus Christus, Bethlehem (möglicherweise „Stadt des Brots"), mit dem Symbol für „Haus". Auch im Arabischen steht das bā-, der erste „horizontale" Buchstabe im Alphabet, für den Ursprung und das Sein aller Dinge. Der Koran beginnt, wie auch fast alle Suren, mit den Worten „Bismi Ilāhi ar-rahmāni r-rahīm" („Im Namen Gottes, des Barmherzigen, des Allerbarmers"). Als Zahl steht das Beth für die Zwei und damit für die Dualität aller irdischen Dinge. Der Aufbau des Alphabets wird auch im Deutschen Wörterbuch der Brüder Grimm wie folgt betont: *B nimmt in allen dem Phönizisch-*

*Griechischen entstammenden Alphabeten gleich hinter dem A
seine bedeutsame Stelle ein. Denn dass auf A, den Grund aller
Vokale, unmittelbar die drei Mediae als Grund und Boden aller
stummen Konsonanten folgen, muss ein großes Gewicht haben.*

Die Griechen sahen bei der Adoption des Alphabets um 800
v. Chr. absolut keine Veranlassung, Position und Laut dieses
Buchstabens zu ändern. Allein der Name musste griechisch
klingen, und so entschied man sich für das bekannte Beta.
Wie schon beim A geriet aber auch hier die ursprüngliche
Bedeutung des Zeichens komplett in Vergessenheit. Bereits
um 680 v. Chr. zeigte das B seine heutige Form (Abb. 4), mit
einem zweiten „Bauch". Vermutlich wollte man damit eine
deutlichere Unterscheidung vom R erreichen. Der damaligen
Schreibrichtung angepasst, war auch dieser Buchstabe zunächst nach links gerichtet. Erst nach einer Übergangsphase
mit wechselnder Orientierung stand um 500 v. Chr. endgültig
das heutige B vor uns.

Schon bei den Griechen erhielt das B den Ruf des ewigen Zweiten! Eratosthenes von Kyrene (um 275–195 v. Chr.),
ein griechischer Gelehrter, der den Erdumfang fast exakt
bestimmte oder die Primzahlenforschung mit dem nach
ihm benannten „Sieb des Eratosthenes" bereicherte, war so
vielseitig begabt, dass er es auf allen Gebieten weit brachte,
doch nirgendwo als unumstrittene erste Autorität galt. Sein
Spitzname? Nun, er drängt sich fast auf: Beta. Ewiger Zweiter,
das ist die Botschaft, die uns der erste Konsonant im Alphabet vermittelt. Wer kennt ihn nicht, den notdürftigen Plan
B, falls etwas mit dem Masterplan schief gehen sollte! Oder
die in den Medien lautstark kommentierte Abstufung von
Staaten und Unternehmen auf B, auf zweitklassiges Niveau,
wie es durch die allmächtigen Ratingagenturen allenthalben
passiert. Grading B in amerikanischen High Schools deutet
keine schlechte Performance an, aber auch keine wirklich
exzellente. B-movies, schnell, mit geringem Budget erzeugte Machwerke, die wenig künstlerischen Anspruch stellen,
sprechen ebenfalls für sich. Paradoxerweise gibt es nicht

5 6 7

(5) Römisches B ca 200 v. Chr.; direkt aus dem etruskischen Schriftzeichen übernommen. (6) Trajansäule 113 n. Chr.; der Unterbauch wurde verstärkt, und die Enden wurden mit eleganten, gut lesbaren Serifen ausgestattet. (7) Das „Kleine b" taucht um 500 in lateinischen Tintenhandschriften auf; zur Erreichung größerer Schreibgeschwindigkeit wird der obere Bogen weggelassen; der Name für diesen Font lautet Halbunziale.

einmal den dazu passenden Ausdruck „A-movies". Allein der Buchstabe, das B, sorgt für den allgemein verständlichen Vergleich. Die Beta-Version ist die letzte vor der endgültig am Markt präsentierten Ausgabe, ein fast fertiges Produkt, zweifellos, doch eben noch in einer letzten Testphase, um etwaige „Bugs" auszumerzen. In der Astronomie werden die Sterne einer Konstellation nach Helligkeit benannt, selbstverständlich beginnend mit Alpha. Erst dann folgen Beta, Gamma usw. Wieder ist unser B, fast schicksalhaft, nur „second-best". Vielleicht sollte zum Trost am Ende dieses Absatzes noch eine Vitamin-Gruppe erwähnt werden, die in pflanzlichen und tierischen Lebensmitteln enthalten ist: Vitamin B. Ausnahmsweise darf diese Bezeichnung nicht als Qualitätsabstufung verstanden werden.

Doch zurück zur Historie dieses Buchstabens B. Wie schon beim A beschrieben, waren es die Etrusker (um 700 v. Chr.), über die das Alphabet schließlich hundert Jahre später zu den Römern gelangte. Beide Sprachen dürften bereits die Kurzform [be:] zur Benennung verwendet haben, mit der langen Aussprache des Vokals. Diese modellhafte phonetische Endung, die für viele unserer Buchstaben herhalten musste, wurde auch ins Altfranzösische und Altenglische übernommen. Viele moderne Sprachen wie Französisch, Spanisch, Italienisch, Deutsch oder auch Polnisch nennen diesen Buchstaben ebenfalls einfach [be:]. Nur im Englischen wandelte sich der Name im Zuge der mittelalterlichen Lautverschiebung in ein atypisches [bi:]. In der visuellen Ausformung erreichte dieser Buchstabe auf der Trajansäule (113. n. Chr., Abb. 6) seine Vollendung, mit verstärktem Unterbauch und eleganten, gut lesbaren Serifen. Um 500 n. Chr. tauchten dann in lateinischen Tintenhandschriften die ersten „kleinen b", Minuskeln der Halbunziale, auf (Abb. 7). Zur Erreichung größerer Schreibgeschwindigkeit wurde der obere Bogen einfach weggelassen.

Bei den Abkürzungen steht auch dieser Buchstabe für viele Begriffe: b (bar als Einheit des Luftdrucks, bit), B (Bauer im Schach, Belgien, Bor), b. (bei, bis), B. (Basis, Bibel, Buch) usw. Hier hilft ein Blick ins Wörterbuch. Zurück zur Babysprache, wo Silben wie ba, ma, pa oder da als erste Laute geformt werden können. Vermutlich sind daher Wörter wie Mama, Papa, Daddy oder auch Baby als Imitationen lautmalerischer Silben zu erklären. In der Tat führt lat. *baba*, afrz. *bébé* zum weltweit bekannten englischen Wort *Baby*. Aber auch im Russischen gibt es eine „baba", gemeint ist hiermit jedoch die Großmutter. In Swahili wird der Vater „baba" gerufen, im Arabischen heißt das Familienoberhaupt „abu". Immer wieder drängt sich das b auf, das ja schon unser allererstes enträtseltes Wort ziert. Ein Hoch auf die Dame! Ba'alat!

Wussten Sie, dass …

… *bibbern*, *Babyboom* und *Überbleibsel* Dudenwörter mit dreifachem b sind?
… B mit 1,89 % nur an 16. Stelle in der Buchstabenhäufigkeit steht? Doch mit 5,7 % gibt es im Wörterbuch einen fünften Platz als Anfangsbuchstabe nach S, K, A und P.
… das Emoticon B) für „cool" steht?
… Ihnen „Vitamin B" (Beziehung) helfen kann, wenn Ihre Qualifikation nicht ausreicht?

B Beth

BBBBBBBBBBBBBBBBBBBBBBBBBBBBBBBBBBBBBBBBBBBBBBBB

Antiqua	Grotesk	Egyptienne	Fraktur	Schreibschrift	Fremdschrift
Bb	Bb	**Bb**	𝔅b	*ℬb*	Бб
Garamond	Arial	Rockwell	Becker Fraktur	Monotype Corsiva	Kyrillisch

BBBBBBBBBBBBBBBBBBBBBBBBBBBBBBBBBBBBBBBBBBBBBBBB

C Gimel – Wurfholz

Die organische Chemie untersucht die chemischen Verbindungen des Kohlenstoffatoms. Im Periodensystem trägt dieses Atom, abgekürzt mit dem Symbol C (lat. carbo), die Ordnungszahl 6. Als Element der Holzkohle erkannt und erstmals benannt wurde dieser für unser Leben so essenzielle Kohlenstoff 1787 von Antoine de Lavoisier (1743-1797). Nun dazu ein überraschender Zusammenhang: Sollten Sie beim Kauf Ihres nächsten Geburtstagsgeschenks einen mit Diamanten besetzten Ring erstehen, so denken Sie daran, dass ein Klumpen Kohle aus demselben chemischen Element besteht, nämlich aus Kohlenstoff. Nun, der Druck im Erdinneren mag unterschiedlich stark gewesen sein – und der Druck auf Ihre Geldbörse wohl proportional dazu.

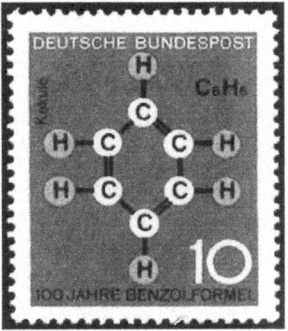

Briefmarke 100 Jahre Benzolformel, Deutsche Bundespost 14. Aug. 1964

Charakterstark mag das C sein, mit einer Vielzahl von Lautwiedergaben, etwa [k], [s], [ç], [x], [tʃ], [ts] oder [ʃ]. Doch wie kein anderer Buchstabe unseres Alphabets muss dieses C um seine Identität kämpfen. Und dies seit vielen Hunderten von Jahren, seitdem der Buchstabe den verwaisten Platz seines Zwillings G eingenommen hat. Die Geschichte dieser Position Nummer 3 beginnt also im lateinischen Alphabet mit einem anderen, wiewohl nahe verwandten Buchstaben. In der Tat gibt es keine zwei ähnlicheren Brüder als diese beiden Buchstaben, die nur durch eine winzige Änderung der Umgebung im Mund gebildet werden. Ein kleiner Versuch: Bilden Sie ein k, indem Sie bei ruhiger Zungenstellung zuerst Luft entlang des Gaumensegels entlang streichen lassen, dann ein g, das bei unveränderter Zungenposition bei den Stimmbändern ansetzt. Beispiel gefällig? Kreis und Greis – einmal ist der Laut stimmlos, das andere Mal stimmhaft. Im Englischen teilen diese beiden Buchstabenbrüder noch weitere Eigenheiten, wie etwa die meist weiche Aussprache vor e, i und y: *cat* [k], aber *city* [s], *gold* [g] aber *gender* [ʤ]. Inlautend hört man sogar oft ein stimmloses [ʃ]: *ocean, glacier.* Und manchmal bleibt das c ganz stumm, zeigt also kaum seine verborgenen Muskeln (*muscle* [mʌsl]). Aber es kommt noch schlimmer: C scheint aufgrund seiner Repräsentation des Lautes [k] einer immens starken internen Konkurrenz ausgesetzt. Die Buchstaben K und Q tun die gleiche Arbeit und machen das C – zumindest in der deutschen Sprache – als alleinstehendes Zeichen eigentlich ziemlich überflüssig. Umso gewichtiger ist das Auftreten dieses dritten Buchstabens zusammen mit einem h – eine Kombination, die durch die Zweite (hochdeutsche) Lautverschiebung in unserem Sprachraum im 7. und 8. Jahrhundert eine gewisse Häufigkeit erlangte: k wurde zu kch bzw. ch. Im Deutschen existieren für dieses ch mehrere Aussprachen nebeneinander, wobei bei manchen Wörtern ein Unterschied zwischen Bayern und Österreich einerseits und dem Norden Deutschlands andererseits zu vernehmen ist: Hören Sie einmal bei Fernsehübertragungen auf die Aussprache von Wörtern wie *China* oder *Chemie* (Süden [k], Norden [ʃ] bzw. [ç]). Übrigens dient dieses ch auch als linguistisches Lehrbuchbeispiel für lautliche Variationen eines Phonems. Hören Sie sich den schmachtenden Satz einer Liebhaberin an ihren Verehrer genau an: *Ach* [x], *ich [ç] wache* [x] die *Nacht* [x] für *dich [ç].* Der [ç]-Laut wird weiter vorne im Rachen gebildet (Fachsprache: palatal), der [x]-Laut weiter hinten (velar). In der Fachsprache bezeichnet man diese Zwitterfunktionen als Allofone. Wenn Sie sich einer größeren Herausforderung stellen wollen, dann bitte einfach mal schnell den folgenden Satz aussprechen: „Sechzig tschechische Chemiker checken rechnerisch technische Schemata." Weiter im Lautspektrum des Buchstabens C. Französische Lehnwörter werden meist im Original ausgesprochen, also *Champagner*

oder *chic* mit [ʃ]. Letztere Regel gilt auch für das Englische,
wie in *machine* [ʃ] zu vernehmen ist. Sonst dominieren in der
angelsächsischen Welt für das ch die Laute [tʃ] wie in *cheese*
oder [k] wie in *Christmas*.

Grundsätzlich wäre diese Lautvielfalt nichts wirklich Besonderes. Man denke nur an den Hansdampf S, der als [s], [z]
und [ʃ] durch die Sprache geistert. Doch in allen diesen Fällen
handelt es sich um Sibilanten, also nahe verwandte „Klänge".
Beim C ist die Sache anders. Dieser Buchstabe mutet sich zu,
so unterschiedliche Laute wie Explosive [k], Affrikaten [ç],
[x] und Sibilanten [s], [z], [ʃ] darzustellen, ein phonetisches
Multitasking, das seinesgleichen sucht. Insbesondere die
Konkurrenz zum K macht dem C im Deutschen schwer zu
schaffen. Ein Blick ins Wörterbuch genügt, um die Dominanz
des K am Wortbeginn zu erkennen, mit 7,3 % immerhin der
zweithäufigste Anfangsbuchstabe, und damit ganze zehnmal
so mächtig wie C. Anders sieht die Sache aus, wenn die gesamte Buchstabenhäufigkeit zur Diskussion steht. Hier ist das
C wegen der Kombinationen ch, ck und sch fast doppelt so
stark wie sein Lautverwandter. Wieder anders stellt sich die
Sache im Englischen dar. Dort bietet das Wörterbuch einen
dicken C-Sektor und einen äußerst schmalbrüstigen K-Teil.
Insgesamt gesehen ist auch hier das C im Verhältnis viermal
so stark wie das K. Italienisch und Spanisch, direkte Nach-
fahren des Lateinischen, sind mit jeweils mehr als 4,5% wenig
überraschend sehr c-lastig. Jedenfalls trägt im Deutschen nur
der durch den Digraf ch dargestellte [ç]- bzw. [x]-Laut, im
Englischen das [tʃ] zur Eigenständigkeit dieses Buchstabens
bei. Alles andere ist pure Redundanz, und die phonetische
Arbeit könnte genauso gut von anderen Buchstaben übernommen werden. Daher gab es schon im 16. Jahrhundert
in England Vorschläge, das C generell durch K oder S zu
ersetzen, ebenso K für Q einzuführen. Allein das ch, gesprochen [tʃ], sollte dem C gehören. Der Lexikograf John Barett
drückte dies noch drastischer aus: „Dieser Buchstabe stört
mich am meisten, und ich kann mich nur wundern, wie er den

dritten Ehrenplatz erreichen konnte. ... Falls es ein richtiger Buchstabe wäre, hätte er einen richtigen Laut, ... [aber das C] ist überhaupt kein Buchstabe." Rigoros in seinem Urteil ist auch der große Dramatiker Ben Jonson: „Ein Buchstabe, den unsere Vorfahren genauso gut hätten weglassen können." Ein weiterer Versuch war Benjamin Franklin vorbehalten, der gleich vier Buchstaben die Existenzberechtigung absprach: C, J, W und Y. Und selbst das Deutsche Wörterbuch der Brüder Grimm findet wenig Verständnis für das C: *Da wir, gleich den Griechen und Slawen, die Tenuis des Gutturallauts mit K ausdrücken, so ist dafür das aus dem lateinischen Alphabet entnommene C ganz überflüssig, fehlt darum auch der gotischen und altnordischen Schrift.*

Nun zurück in die Vergangenheit, zur Frühgeschichte des Buchstabens G, der so eng und unzertrennlich das Schicksal seines Nebenbuhlers teilt. Um 800 v. Chr. trug das dritte Zeichen im Konsonantenalphabet, ein eigenwilliger „Haken" (Abb. 1), den Namen Gimel, was vermutlich so viel wie Wurfholz bedeutete. Die frühere Interpretation als „Kamel" wird heute als äußerst unwahrscheinlich gesehen. Sprachlogisch passend gibt der Anfangsbuchstabe dieses Wortes Gimel den Laut wieder (ein [g] wie in Gold), dem schon mehrfach erwähnten akrofonischen Prinzip gehorchend. Dieses Zeichen

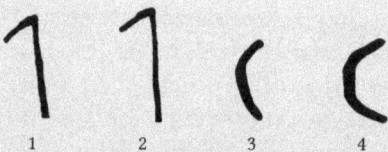

(1) Phönizisches Gimel; um 800 v. Chr.; die frühere Deutung „Kamel" dürfte überholt sein; heute sieht man in diesem Symbol ein „Wurfholz". (2) Das Gamma wurde von den Griechen direkt übernommen; Inschrift um 685 v. Chr. (3) Schon zehn Jahre danach, um 675, findet sich in Korinth dieses „moderne" C, das bereits die neue Schreibrichtung andeutet. Der „Halbmond" wurde auch von Siedlern im Raum Neapel verwendet und bildet damit die Grundlage für das etruskische Alphabet. (4) Etruskisches C um 500 v. Chr., allerdings mit dem Lautwert [k].

Gimel hatte schon in der proto-semitischen Buchstabenreihe, die ca. 1800 v. Chr. entstanden war, seinen angestammten dritten Platz. Von einem C war jedenfalls noch keine Spur vorhanden. Um den [k]-Laut festzuhalten, reichten den semitischen Völkern K und Q, für das [s] gab es gleich mehrere Protagonisten.

Die Griechen, die um 800 v. Chr. das Alphabet für ihre Zwecke adaptierten, beließen den Laut [g] zunächst unverändert an der dritten Stelle im Alphabet (Abb. 2), allein der Name musste griechischer klingen. Also fand man die Bezeichnung Gamma. Bis heute hat dieser Buchstabe im griechischen Alphabet seine Position nach dem Alpha und Beta gehalten. Doch schon um 675 v. Chr. zeigte er in Korinth erste Frühformen eines nach rechts blickenden „Halbmonds" (Abb. 3). Und dieses runderneuerte Zeichen nahmen griechische Kaufleute in den Jahrzehnten danach nach Sizilien und an die westliche Flanke des Apennins mit, wo sie mit einem hochzivilisierten Volk, den Etruskern, Handel trieben. Diese Etrusker pflegten jedoch eine völlig fremde, nicht-indogermanische Sprache, die noch dazu keinen [g]-Laut kannte. Am nächsten kam diesem sein stimmloses Gegenstück, das [k], und so wurde dieser Laut fortan dem dritten Buchstaben im Alphabet zugedacht. Das mysteriöse Volk der Etrusker also ist es, das für den Usurpator C verantwortlich gemacht werden muss. Dabei verwendete man parallel mit K und Q gleich zwei weitere Buchstaben für den [k]-Laut. Wahrscheinlich gab es Nuancen an phonetischen Unterschieden, doch lässt sich das aus der zeitlichen Distanz von zweieinhalbtausend Jahren nicht so ohne Weiteres nachweisen. Der griechische Name wurde ebenfalls fallen gelassen, und fortan hieß das C [ke:], das K hingegen stand als [ka:] im Lautalphabet. Letztere Aussprache nimmt die atypische Endung des K im Deutschen – die meisten Buchstaben enden auf [e:] – schon früh vorweg. Immerhin sind seither zweieinhalb Jahrtausende durchs Land gezogen.

Der weitere Weg des Alphabets führte um 600 v. Chr. zu den Römern, und diese mussten sich an der Häufung von

(5) Klassisches C aus dem Römischen Reich um 80 v. Chr.; bereits mit den eleganten Serifen an den Bogenenden. (6) Das frühmittelalterliche Unzial-C imitiert als Handschrift das römische Vorbild; aus einem lateinischen Gebetbuch um 450 n. Chr. (7) Beispiel eines Kleinbuchstabens aus einem französischen Manuskript um 500 n. Chr.

[k]-Lauten und dem Fehlen eines weichen [g]-Äquivalents stoßen. Kurz entschlossen forcierten die Römer das C, was diesem Buchstaben um 150 v. Chr. seine Hochblüte brachte: Cäsar, Cicero oder Colosseum sind ewige Zeugen dieser glorreichen Epoche. Allerdings wurden die beiden schriftstellerisch tätigen Politiker im klassischen Latein mit [k] gesprochen. Der deutsche imperiale Titel „Kaiser" erinnert daran. Dagegen hört sich [kikero:] wegen der Nähe zum Hahnenschrei in unserer Sprache wohl nicht besonders gut an, doch korrekt ist die Aussprache allemal. Auch Wörter wie *cella* „Keller" oder *corpus* „Körper" hörte man ausnahmslos mit [k]. Im Alltagsgebrauch verwischte sich dann dieses [k] in den ersten Jahrhunderten nach Christi Geburt vor e und i immer mehr zu einem [ç] bzw. [ts], und mit dem Untergang des Römischen Reiches wurde das C in den neu entstandenen romanischen Sprachen in zweifacher Lautung übernommen. Seit dem Frühmittelalter schwankten zunehmend Schreibung (c, k, z) wie auch Aussprache ([k], [ts]). Einige Beispiele dieser Auswirkungen auf die deutsche Sprache sollen dies illustrieren: lat. *camera* „Kamera" [k], lat. *circus* „Zirkus" [ts], lat. *circa* „zirka" [ts] usw. Im Englischen war der Einfluss der Normannen nach 1066 überwältigend, vor allem was den herrschenden Adel betraf. Hier wurde das Mittelenglische geradezu mit „weichen" c-Lauten überschwemmt. Die Nachwirkungen sind heute daran erkennbar, dass Wörter wie *cellar*, *citizen* oder

race mit [s] gesprochen werden. Moderne Vokabeln, die erst im 20. Jahrhundert auf der Basis des Lateinischen erschaffen wurden, bekamen dagegen meist den antiken [k]-Laut, wie in *cybernetics*.

Ein Blick auf die Abkürzungsverzeichnisse bringt auch einige bekannte C-Beispiele zutage: c (centi, circa) oder C (Celsius, Cents, Kuba). Enorm wichtig für unser Wohlbefinden, um Skorbut zu verhindern, ist die sogenannte Ascorbinsäure, die mit ihren Derivaten unter dem Sammelbegriff Vitamin C bekannt wurde. Der Name wurde 1921 vom Biochemiker Sylvester Zilva für eine Mischung von aus Zitronensaft isolierten Substanzen gewählt. Weiter mit den Abkürzungen: Falls Sie je an einem Gartentor das Zeichen „c. c." (lat. *cave canem*, dt.: „Hüte dich vor dem Hund") sehen, dann denken Sie daran, dass diese in einem Fußbodenmosaik in Pompeji entdeckte Abkürzung auch heute noch oft für „Achtung bissiger Hund!" verwendet wird. Ja, manchmal können Buchstabenkenntnisse auch praktische Gefahren minimieren. Das Copyright-Symbol © (ein „circled C") wurde 1909 im US-Copyright Act eingeführt und ist aus unserem modernen Rechtsverständnis nicht mehr wegzudenken. Die CD, eng. *compact disk*, hat die Musikwelt erobert, die C-14-Methode (C für Kohlenstoff) dient der radiometrischen Datierung von organischen Materialien. Der umgangssprachliche Ausdruck ABC-Schütze (die drei ersten Buchstaben stehen für das ganze Alphabet) für einen Schüler der ersten Schulstufe ist schon seit der zweiten Hälfte des 16. Jahrhunderts nachweisbar. Eine letzte Anmerkung zu Abkürzungen sei erlaubt. Im deutschen Netzjargon stößt man immer öfter auf Kürzel wie CU (eng. *see you*, dt.: tschüss, man sieht sich), die mit dem Wortsinn zweier Buchstaben kokettieren.

Abschließend muss man feststellen, dass unser charmantes C all den chaotischen Chören, die diesem Buchstaben Nutzlosigkeit vorwerfen, bis heute trotzt. Im Gegenteil, mit der Flut englischer und französischer Fremdwörter in der deutschen Sprache wird dem C sogar ein charismatisches Comeback nachgesagt: Café, Camping, Cartoon, Celsius, Champagner, Champion, Chance, Chanson, Charme, Charterflug, Chassis, Chauffeur, Chef, City, Clan, Chip, Cockpit, Collage, Comics, Computer, Container, Cowboy, Croupier, Cup, usw. beweisen die Lebendigkeit dieses Buchstabens. *Cheers! CU!*

Wussten Sie, dass ...

... das hohe C, geschrieben: c''' (dreigestrichenes c) einen besonderen Leistungsbeweis eines Sängers darstellt?
... englisch *cue* (Billardutensil) und *queue* (Schlange stehen) exakt gleich gesprochen werden: [kju:]?
... die Töne der C-Dur Tonleiter (c-d-e-f-g-a-h-c), die Stammtöne, den weißen Tasten auf der Klaviatur entsprechen? Der C-Notenschlüssel ist jedenfalls ein stilisiertes C.
... C (neben O und S) einer von nur drei Buchstaben ist, die keine Geraden enthalten?
... im Englischen der *Coran* über *Koran* zur Schreibung *Qu'ran* gefunden hat?

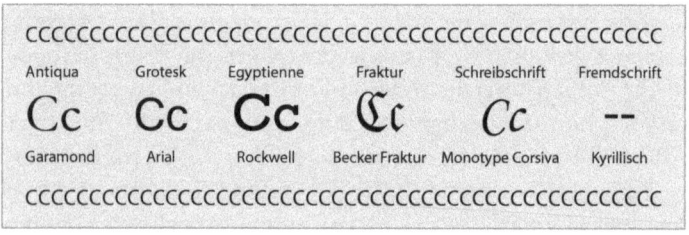

CCCCCCCCCCCCCCCCCCCCCCCCCCCCCCCCCCCCCCCCCCCCCCCCCC

Antiqua	Grotesk	Egyptienne	Fraktur	Schreibschrift	Fremdschrift
Cc	Cc	Cc	Cc	Cc	--
Garamond	Arial	Rockwell	Becker Fraktur	Monotype Corsiva	Kyrillisch

CCCCCCCCCCCCCCCCCCCCCCCCCCCCCCCCCCCCCCCCCCCCCCCCCC

D Dalet – Tür, Fisch

Kein Buchstabe des Alphabets hat eine bildhaftere Entsprechung in Atlanten erfahren als das griechische Delta. Trotz Fehlens von Luftbildern war schon den Griechen bewusst, dass die bei Herodot (6./5. Jh. v. Chr.) beschriebenen fünf Mündungsarme des Nils, eine überaus fruchtbare Region, im Grundriss die Form eines Deltas aufweisen. Und diese Bezeichnung für Schwemmfächer durch abgelagerte Sedimente für den größten Fluss Afrikas blieb haften. Deltas finden sich weltweit, etwa bei der Mündung des Mississippi, des Ganges, der Lena oder der Donau. Wie aber kann die erste Assoziation mit dem vierten Buchstaben des Alphabets ausgesehen haben? Stand vielleicht der unbekannte Schöpfer dieser physisch-geografischen Bezeichnung auf einem Hügel mit Blick auf den Nilstrom? Oder erkannte er sogar die natürlichen Zusammenhänge bei der Bildung eines Schwemmfächers? Wir werden es nie erfahren. Dennoch dürfen wir bei Betrachtung des Luftbilds einer Deltamündung diesen faszinierenden, viele Jahrhunderte alten Gedanken mit Ehrfurcht nachspinnen.

Durchgehend seit fast viertausend Jahren hält das D beharrlich und standfest sowohl seine Position als vierter Buchstabe des Alphabets als auch seine gewohnte Lautung. Wie die unmittelbar davor gereihten Buchstaben B und G (dies war die phönizische Buchstabenfolge), ist auch das D ein stimmhafter Verschlusslaut (lenis), so die Fachsprache. Was heißt das nun in Bezug auf die praktische Lautbildung? Ganz einfach: Das Wörtchen Verschluss bezieht sich auf die Beteiligung der Nase. Ein kleiner Versuch: Pressen Sie Ihre Zungenspitze an den Gaumen, knapp hinter den Zähnen, und drücken Sie die Zunge dann explosionsartig weg, unter Beiziehung der Stimmbänder. Schon haben Sie ein weich klingendes D. Lassen Sie dagegen die Stimmbänder weg, wird der Bruderbuchstabe T gebildet. Vermutlich ist

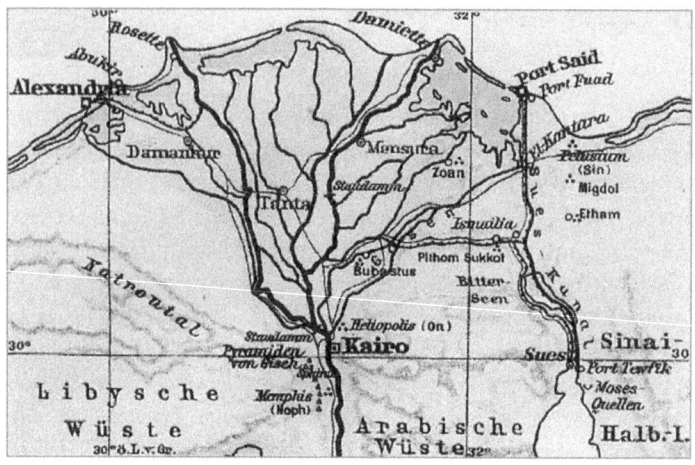

Nildelta, Karte um 1930

Ihnen bis heute nicht bewusst, dass Sie immer ihre Nase von innen „schließen", wenn Sie ein D, T, B, P, G oder K bilden. Sie befinden sich in guter Gesellschaft, denn diese natürliche Fähigkeit der Lautbildung ist angeboren und verlangt keine Kenntnisse der Mechanik der Sprechwerkzeuge. Werden einem Baby bestimmte Laute vorgesagt, vielleicht sogar übertrieben artikuliert, wird es versuchen, diese zu imitieren, egal in welcher Sprache. Daher bieten die ersten beiden Lebensjahre auch die goldene Chance, bilingual zu werden. Danach verschwindet diese Fähigkeit zur automatischen Nachahmung mehr und mehr, und selbst bei exzellenten Kenntnissen einer „erlernten" Fremdsprache ist oft ein spürbarer Akzent wahrnehmbar. Zurück zum D: Wie alle stimmhaften Verschlusslaute wird auch dieser bereits von einem Baby sehr früh erlernt. Daher ist es erstaunlich, dass es Sprachen gibt, denen die stimmhaften Verschlusslaute gänzlich fehlen. Mandarin (Chinesisch) etwa ist, trotz der bei Wörtern wie Beijing verwendeten Transliteration, ein gutes Beispiel. Ein Chinese hat daher große Probleme, den Unterschied zwischen „Rad" und „Rat" überhaupt zu hören, es sei

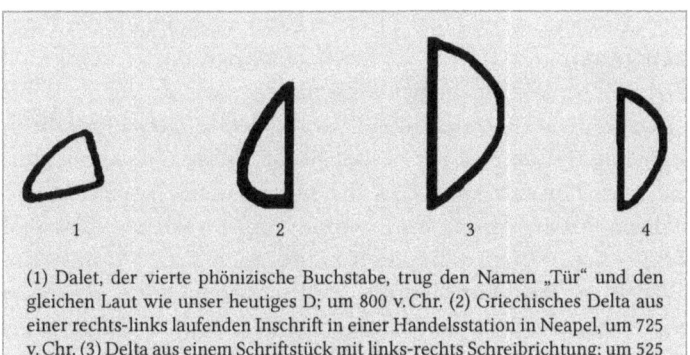

(1) Dalet, der vierte phönizische Buchstabe, trug den Namen „Tür" und den gleichen Laut wie unser heutiges D; um 800 v.Chr. (2) Griechisches Delta aus einer rechts-links laufenden Inschrift in einer Handelsstation in Neapel, um 725 v.Chr. (3) Delta aus einem Schriftstück mit links-rechts Schreibrichtung; um 525 v.Chr. (4) Frührömisches D um 500 v.Chr.

denn, er ist vom Babyalter an in einem deutschsprachigen Land aufgewachsen.

Die Buchstaben B, D und G, allesamt stimmhafte Verschlusslaute, behaupteten bereits im phönizischen Alphabet (um 1000 v.Chr.) quasi als Paket ihre prominenten Plätze 2, 3 und 4. Das D, Dalet (oder Daleth) genannt, wird dabei – in Übereinstimmung mit den hebräischen Alphabetnamen – als Tür interpretiert, wie immer mit der Korrelation von erstem Buchstaben und Lautwert. Das in alten Zeiten als Merkhilfe dienende akrofonische Prinzip wurde also auch beim D streng eingehalten. Enttäuschend allerdings ist auf den ersten Blick die Form dieser phönizischen „Tür" (Abb.1), ein krude gezeichnetes Dreieck, das auf eine Seite zu liegen gekommen ist. Dies hat bereits früh zu Spekulationen über die Korrektheit der Tür-Interpretation geführt. In der Tat finden sich in Serabit el-Khadem (1750 v.Chr.), einer der ältesten Fundstätten von Buchstabenzeichnungen, Symbole in Form eines Fisches. Da dieser im Semitischen auch als „Dag" bezeichnet wird und damit einen passenden Anfangsbuchstaben hätte, ist der ursprüngliche Name des vierten Buchstabens womöglich Fisch gewesen. Dies würde auch die „stumpfe" Form des phönizischen Dalet erklären. Warum es um 1600 v.Chr. zu einer Umbenennung kam, bleibt eines der ungelösten Rätsel

der Alphabetgeschichte. Doch scheint womöglich die Neu-
benennung des N von Schlange auf Fisch (siehe dort) eine
Art Kettenreaktion ausgelöst zu haben. Zwei Buchstaben mit
allzu ähnlicher Bezeichnung könnten den semitischen Schreibern missfallen und der „Dalet-Fisch" daher eine Umbenennung in Tür nötig gemacht haben. Jedenfalls bleiben D und
N bislang zwei rätselhafte Symbole. Im hebräischen Alphabet
heißt dieser Buchstabe auch heute noch Dalet ד, mit dem
Wortsinn „Tür". Für Mystiker stellt das Dalet damit den Weg
zur Wahrheit und das Tor zur Freiheit dar, als Zahlenwert
Vier repräsentiert es die vier Elemente der physischen Welt,
Feuer, Luft, Wasser und Erde.

Um 800 v. Chr. übernahmen die Griechen die phönizischen Buchstaben, wobei das Dalet nahezu unverändert
seine Stellung behaupten konnte. Analog zu allen anderen
Zeichen musste allerdings ein griechisch klingender Name
gefunden werden, das bereits im Vorspann erwähnte Delta.
Und die alten Griechen machten auch mit der „Unform" des
liegenden Dreiecks Schluss, brachten allerdings gleich zwei
Änderungsvorschläge ein, die beide bis in unsere heutige
Zeit nachwirken: Erstens das bauchige D (Abb. 2, in rechts-
links-laufendem Text), das zum lateinischen Buchstaben
führte, und zweitens das gleichschenkelige Dreieck Δ, das
um 700 v. Chr. zum Zeichen der Athener Schreiber wurde
und sich so im Mutterland dieses Buchstabens durchsetzte.
Letztere Form diente bereits in antiken Zeiten zur Beschreibung des breit gefächerten Flussmündungsgebiets des Nil
(siehe Vorspann). Nicht nur in der Geomorphologie, auch im
NATO-Buchstabenalphabet wird das griechische Wort Delta
verwendet. Außerdem ist das Delta ein wichtiges mathematisches Symbol. Zudem wird der formvollendete Deltaflügel
für überschallschnelle Flugzeuge eingesetzt, und nicht zuletzt
spricht bereits der griechische Komödienautor Aristophanes
in seiner *Lysistrata* (Vers 151) vom „Delta" der weiblichen
Scham. Anaïs Nin hat mit dem Prosaband *Das Delta der Venus*
(veröffentlicht 1977), einer Sammlung von 15 Kurzgeschich-

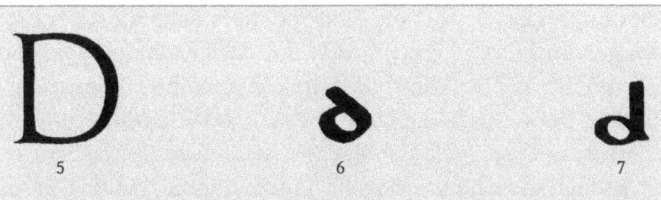

(5) Römisches D aus dem Sockel der Trajansäule; 113 n.Chr.; mit modifizierter Halbmondform und Serifen-Enden; Vorlage für den heutigen Druckbuchstaben. (6) Mit Tinte geschriebener Buchstabe einer im Unzial-Stil verfassten, lateinischen Handschrift um 450 n.Chr. (7) Halbunzial-Buchstabe; Italien, um 500 n.Chr.; Vorlage für spätere Druckbuchstaben.

ten um Lust und Leidenschaft, an dieses metaphorische Bild angeknüpft. Zuletzt sei angemerkt, dass Astronomen den vierthellsten Stern einer Konstellation „Delta" nennen (nach Alpha, Beta und Gamma).

Doch weiter auf der Reise der Buchstaben durch den mediterranen Raum. Um 700 v.Chr. übernahmen die Etrusker das westgriechische Buchstabenkonvolut, komplett und ohne Einschränkung, inklusive der für diese mysteriöse Sprache „unbrauchbaren" Verschlusslaute B, G und D. Die Römer profitierten ab ca. 600 v.Chr., nach Verdrängung der Etrusker, als die neuen Herrscher am Apennin von der „Vollständigkeit" des griechischen Alphabets. Denn die Römer benötigten sehr wohl die Palette der Verschlusslaute, und das Halbmond-D (Abb. 3 u. 4), wie es im westlichen Griechenland üblich geworden war, wurde zum neuen Symbol des lateinischen Alphabets. Die Vorliebe der Römer für kurze Buchstabenbezeichnungen brachte die simple Aussprache [de] (oder [da]) mit sich, ein Erbe, das in vielen Sprachen bis heute gepflegt wird. Im zweiten Jahrhundert n.Chr. schufen die Römer im Sockel der Trajansäule (113 n.Chr., Abb. 5) einen durch Verdickungen und Serifen zum eleganten Vorbild stilisierten, unvergänglichen Prototyp unseres Großbuchstabens. Die vereinfachte Minuskel dagegen, wie wir sie aus den im Unzial-Stil verfassten Handschriften (Abb. 6) kennen, sollte durch den einmaligen Ansatz der Rohrfeder ein schnelleres Schreiben gewährleisten. Bald wurde der Strichansatz begradigt, und um 500 n. Chr. stand in Italien bereits die Halbunziale d auf dem Pergament, die heutige Form des Kleinbuchstabens.

Auch im D spiegelt sich die abscheulichste Epoche der europäischen Geschichte des 20. Jahrhunderts wider. Wie die Namen Jacob, Nathan und Samuel wurde auch David wegen seines hebräischen Ursprungs aus dem Buchstabieralphabet des Dritten Reichs verdrängt. Fortan stand Dora als Hilfe zur Verfügung. Freie, demokratische Staaten, wie etwa Schweden, behielten jedoch den akustisch gut verständlichen Namen David. Ein weiteres berüchtigtes D erinnert an die Zeit des Amerikanischen Bürgerkriegs (1861-1865). Ein Versuch zu desertieren wurde in der Union Army mit einem grausamen Mal bestraft. Der „Feigling" wurde mit einem D auf Wange, Hüfte oder Gesäß gebrandmarkt, dem Gesetz entsprechend mit einer Größe von eineinhalb Inch (ca. vier Zentimeter). Ganz andere, positive Gefühle werden dem englischen Begriff D-Day zugeschrieben, der heute meist mit der Landung in der Normandie am 6. Juni 1944 in Verbindung gebracht wird. Doch erstmals findet sich dieser Begriff in einer Feldorder aus dem Ersten Weltkrieg (7. 9. 1918). Im Deutschen müsste man diesen D-Day wohl mit dem Ausdruck Tag X übersetzen, um den dramatischen Moment der Entscheidungsschlacht einzufangen. Wofür das D in D-Day tatsächlich steht, bleibt unsichere Spekulation: Wikipedia listet Day Day, Decision Day, Delivery Day, Deliverance Day, Doomsday oder Debarkation Day.

Das große D hat als Abkürzungszeichen einiges Gewicht: Für Schachspieler repräsentiert es die stärkste Figur, die Dame; als Staatssymbol steht es für Deutschland; und als römisches Zahlzeichen wird D gleichgesetzt mit 500. Dutzende weitere Begriffe können mit dem vierten Buchstaben des Alphabets ausgedrückt werden, und in jüngster Zeit über elektronische Medien sogar Gefühle und Stimmungen. Dazu dienen sogenannte Emoticons, die in ihrer Bandbreite vom D: („Ärger") bis zum :-D („lautes Lachen") reichen können. Ich hoffe, die Leserin und der Leser sind nach Durchsicht dieses Buchstabens dem letzteren Zeichen zugetan. ☺

Wussten Sie, dass …

… *Kuddelmuddel* ein d-lastiges Wort ist?
… D-Dur die häufigste Tonleiter ist? D-E-Fis-G-A-H-Cis-D
… Erika Fuchs (1906-2005), von 1951-1988 Übersetzerin der amerikanischen Comic-Geschichten für die „Micky Maus", dem schrulligen, im Geld badenden Dagobert Duck einen mit D beginnenden Vornamen gab? Im Original heißt er Scrooge McDuck.

DDDDDDDDDDDDDDDDDDDDDDDDDDDDDDDDDDDDDDDDD

Antiqua	Grotesk	Egyptienne	Fraktur	Schreibschrift	Fremdschrift
Dd	Dd	Dd	Ðb	*Dd*	Дд
Garamond	Arial	Rockwell	Becker Fraktur	Monotype Corsiva	Kyrillisch

DDDDDDDDDDDDDDDDDDDDDDDDDDDDDDDDDDDDDDDDD

E He – Mensch (ausrufend)

Kardinal, Rabbi und Admiral, als Führungstrio null und nichtig und darum völlig abhängig vom Ami-Trust, tat durch Radionachricht und Plakatanschlag kund, dass Nahrungsnot und damit Tod aufs Volk zukommt. Zunächst tat man das als Falschinformation ab. Das ist Propagandagift, sagt man. Doch bald ward spürbar, was man ursprünglich nicht glaubt. Das Volk griff zum Stock und zum Dolch. „Gib uns das tägliche Brot", hallts durchs Land und „pfui auf das Patronat, auf Ordnung, Macht und Staat". Konspiration ward ganz normal, Komplott üblich. Nachts sah man kaum noch

Vorwort aus Georges Perec: Anton Voyls Fortgang, Roman 1969, übersetzt aus dem Französischen von Eugen Helmlé; Leipogramm ohne Verwendung eines e

Uniform. Angst hält Soldat und Polizist im Haus. ... Im Rathaus von Nancy sahs schlimm aus, fünfundzwanzig Mann schob man dort aufs Schaffott, vom Amtsrat bis zum Stadtvorstand, und ruckzuck, ab war ihr Kopf. Dann kam das Mittagsblatt dran, da allzu autoritätshörig. Antipropaganda warf man ihm vor und Opposition zum Volk.

Ein Text ohne E – kaum vorstellbar in modernen indogermanischen Sprachen, wenn man einen kurzen Blick auf die Häufigkeitstabellen wirft. Jede Wette, dass Sie noch keine A4-Seite gelesen haben, bei der nicht das E/e absolut dominant war. Und doch konnten sprachgewaltige Autoren ganze Romane unter Weglassung dieses allgegenwärtigen

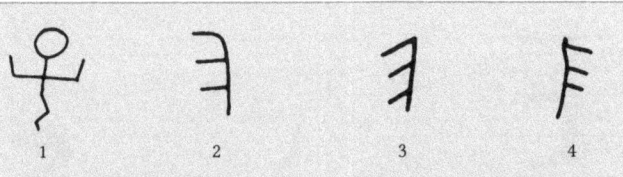

(1) Proto-kanaanäisches Zeichen von Wadi el-Hol ca. 1800 v. Chr.; das Zeichen des „rufenden" Menschen he ist noch in Form eines Piktogramms dargestellt; der Buchstabe wurde mit einem [h]-Laut gesprochen. (2) Das [h] blieb trotz abstrakter Ausformung um ca. 1000 v. Chr. als Anlaut erhalten; entsprechend der Schreibrichtung „blickt" der Buchstabe nach links. (3) Frühe griechische Form um 725 v. Chr.; ab nun war dieser Buchstabe jedoch der Vokal [e]. (4) Frührömisches E, das bereits die neue Schreibrichtung anzeigt; ca. 600 v. Chr.

Buchstabens verfassen. Das berühmteste literarische Beispiel ist Georges Perecs Roman *La disparition*, 1969 verfasst und ein Meilenstein der potenziellen Literatur, einer Stilrichtung für epische und lyrische Werke, bei der selbstgewählte Regeln erstellt werden müssen. Später wurde dieses Leipogramm – so nennt man Texte, bei denen bestimmte Buchstaben weggelassen werden – auch ins Deutsche (Auszug im Vorspann), ins Englische, ins Spanische und ins Schwedische übersetzt. Eine Titanenarbeit, wenn man bedenkt, dass jeder sechste Buchstabe im Deutschen (17,4%) ein E/e ist, jeder siebente im Französischen (15,1%), deutlich mehr als jeder siebente im Spanischen (13,7%) und jeder achte im Englischen (12,6%).

Wie bei allen Vokalen begann auch das Dasein dieses Schlüsselbuchstabens mit einem konsonantischen Laut, ähnlich unserem heutigen [h]. Die älteste bislang gefundene Spur des 5. Buchstabens (Abb.1) wurde in Wadi el-Hol entdeckt – ein stilvoll gekritzeltes Strichmännchen, halb hockend, mit am Ellbogen erhobenen Armen, wohl vor Schmerz oder Freude einen Ruf ausstoßend. Der Name dieser ca. 1800 v. Chr. geschaffenen „Figur" war aller Wahrscheinlichkeit nach He, kurioserweise mit dem bis heute im Deutschen und Englischen gleichlautenden Wortsinn, dem Ausruf „he(y)". Und exakt so wurde dieser Buchstabe auch ausgesprochen: [he]. Dieses Zeichen wollte offensichtlich im buchstäblichen Sinn

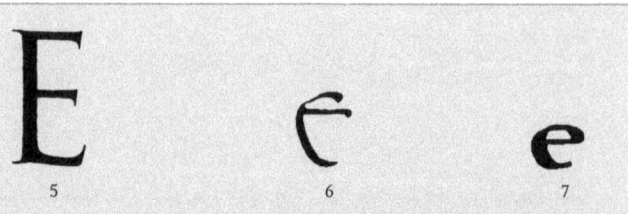

5 6 7

(5) Das klassische römische E mit Serifen; eingraviert in den Sockel der Trajansäule; 113 n. Chr. (6) Unzialbuchstabe aus einer Handschrift um 450 n. Chr.;
Mittelding zwischen dem römischen E und unserem handschriftlichen Kleinbuchstaben. (7) Halbunziale aus einem lateinischen Manuskript um 500; nimmt
die Form des späteren Druckbuchstabens vorweg.

die Aufmerksamkeit auf sich lenken. Dies gilt auch für die
noch kruder in Stein geritzte „kopflose" Form des He auf Sinai, in Serabit el-Khadem, um 1750 v. Chr. Spätere Schreiber
müssen die grafische Komplexität des He als störend empfunden haben, denn die weiteren Spuren auf frühen phönizischen
Fundstücken (um 1000 v. Chr.) zeigen bereits so etwas wie ein
modernes E, allerdings seitenverkehrt, der Schreibrichtung
entsprechend, und mit einem „Fuß" (Abb. 2), doch weiterhin
mit dem überlieferten Anlaut [h].

Der große Sprung zum heutigen Kernvokal war ein Verdienst der Griechen, die bei der Übernahme des phönizischen
Alphabets für ihre Vokale freie Stellen suchten. Nichts war
näherliegend, als das mehr oder weniger überflüssige [h] vor
dem [e]-Laut zu kappen und einen ersten, dringend benötigten Vokal in die Alphabetreihe zu schleusen. Noch wurde
dieser Buchstabe lang oder kurz gesprochen, also [e] oder
[e:]. Im Zuge der Notwendigkeit, diesen häufigen Laut zu
differenzieren, führten die Griechen ab ca. 550 v. Chr. gleich
zwei E-Buchstaben, das kurze E, mit dem neuen sprechenen
Namen E psilon („nacktes E"), heute als Epsilon jedem gebildeten Menschen geläufig, und das lange E, Eta, das sich aus
dem 8. Buchstaben des Alphabets, dem Heta, herleitet.

Noch bevor das Griechische die zwei E-Typen herausbilden
konnte, erreichte das Alphabet um 700 v. Chr. die Küsten des

italienischen Stiefels. Dort wurde von den Etruskern ohne
Umschweife die Doppelfunktion langes [e:] und kurzes [e]
für ihre Zwecke übernommen, mit der am europäischen
Kontinent für alle Zeiten gültigen Lautfarbe. Die Römer
mochten sich seit der Übernahme des Buchstabensatzes um
600 v. Chr. nur an der Form stoßen, die Lautung war perfekt.
Bei der Majuskel wurde bald der „Fuß" (Abb. 4) weggelassen,
und es entstand letztlich das formvollendete E der Capitalis
Monumentalis, für alle Zeiten eingraviert in den Sockel der
Trajansäule (Abb. 5). Nun folgte bis zur nächsten Änderung
ein Sprung von ein paar Jahrhunderten. Erst im frühen Mittelalter erfuhr dieses heute so dominierende Zeichen „e" als
Minuskel (Kleinbuchstabe) seine moderne Ausprägung, wohl
um bei handschriftlicher Arbeit Zeit und Energie beim Pin-
selansatz zu sparen. Um 500 n. Chr. war dann der heutige
Druckbuchstabe zumindest als Prototyp fertig.

Manche Leserinnen und Leser werden sich fragen, warum
wir bei der fast erdrückenden Häufigkeit dieses Buchstabens
im lateinischen Alphabet nur eine grafische Form übernommen haben. Der Grund ist einfach erklärt: Zum Zeitpunkt der
Verbreitung des Alphabets über den Mittelmeerraum und der
Adoption durch die Etrusker (ca. 700 v. Chr.) gab es nur einen
Buchstaben mit dem [e]-Laut. Doch fortan, auf dem weiteren
Weg durch die Sprachgeschichte, konnte dieser Laut kurz [e]
oder lang [e:] gesprochen werden, Unverändert hielt er sich
in dieser Doppelexistenz, von den Römern weitergegeben,
bis in unsere Tage in allen kontinentaleuropäischen Sprachen. Das E ist ein weit vorne gesprochener Vokal, bei dessen
Bildung die Zunge nach vorne gedrückt wird. Probieren Sie
folgenden Satz: „Beten [e:] [ə] in deutschen [ɔi] Betten [e]
[ə] spielt [-] keine [ɛi] [ə] Rolle [ə]." Stark veschliffen führt
das e als Schwa [ə] (Betten, Rolle) eine Art „unartikulierte"
Schattenexistenz. Dazu kommen Diphthonge wie ei [ɛi] und
eu [ɔi], die lautliche Zwischenstufen der deutschen Sprache
wiedergeben. Das lange ī wird oft durch ie sichtbar gemacht,
einer Buchstabenkombination, die bei der Hochdeutschen

Lautverschiebung am Ende des ersten Jahrtausends aus got. ē entstand. Im Englischen gibt es sogar zirka ein Dutzend Aussprachen für diesen Buchstaben e, sehr zum Leidwesen der Lernenden: *alert* [ə:], *café* [e:], *be* [i:], *fatter* [ə], *great* [ei], *heart* [a:], *height* [ai], *latte* [i], *mere* [iə], *new* [ju:], *red* [e], *sew* [səu]. Dazu kommt noch das „stumme" e am Ende eines Wortes, der Regel entsprechend nach einem Konsonanten, der einem Vokal folgt: *fate* [ei] und *fat [æ]*, *wine* [ai] und *win* [i]. Warum gerade das e diesen Codierungs-Job übernommen hat, ist nicht mit letzter Sicherheit zu erklären, doch vielleicht dienten Wörter wie ae. *nama* (Name) als Blaupause. In seltenen Fällen können Sie sogar einen horizontalen „Doppelpunkt" über dem ë finden, etwa bei *noël* (fr. Weihnachten) oder den Aleüten. Dieses Trema genannte Zeichen soll allein die Vokale voneinander trennen (Fachjargon: Diärese) und verhindern, dass Sie den Namen [nœl] oder die Inselkette [aloiten] aussprechen. Sie verstehen vielleicht, warum sich so mancher Linguist zu folgender scherzhaften Feststellung bekennen wird: „Das E ist der unbedankte Kuli des Alphabets." Ähnlich sehen das die Brüder Grimm in ihrem Deutschen Wörterbuch, wo das E wie folgt charakterisiert wird: *E, ein unursprünglicher, darum auch schwankender, unbestimmter Vokal, der in unsrer Sprache allzu sehr um sich gegriffen und ihren Wohllaut beeinträchtigt hat.* Dem steht tröstlich entgegen, dass mit der biblischen Stammmutter Eva auch dieser Buchstabe einen überaus prominenten Platz im Namensinventar der Menschheit einnimmt.

„Willkomen in CSNET! Michael, This is your official welcome to CSNET." So lautete die Grußbotschaft der ersten in Deutschland empfangenen E-Mail (eng.: electronic mail) vom 3. August 1984. Damals eine Sensation, können wir uns heute ein Leben ohne eBay, eToys und viele andere elektronische Kommunikationsformen gar nicht mehr vorstellen. Auch in der Wissenschaft gehört dem E ein Platz im Olymp: $E = mc^2$, Einsteins Formel für den Zusammenhang zwischen Energie (E), Masse (m) und Geschwindigkeit (c), gilt als die berühmteste der Physik. Und dann preisen Mathematiker auch noch die geniale Euler'sche Zahl e (2,72828), die, 1748 erkannt, für die logarithmischen Berechnungen unentbehrlich ist. Ich möchte Sie hier nicht mit Mathematik überladen, doch zur exakten Berechnung der Verdoppelungszeit etwa Ihres Guthabens auf der Bank bei fixem Zinssatz brauchen wir diese Euler'sche Zahl. Wenn Ihnen ein Überschlag genügt, so dürfen Sie mit der „Zauberzahl 70" rechnen: 70 dividiert durch den Zinssatz ergibt die Verdopplungszeit. Diese Formel gilt auch für die Bevölkerungsentwicklung oder das Anwachsen von Hefepilzen bei der Weingärung. Weiter mit den Abkürzungen: E für East, Elektrizität, España, Europa; e. für ehrenamtlich; e- für Elektron, e+ für Positron. Und das Eurozeichen € hat sogar eine eigene Taste auf modernen Keyboards bekommen. Die Liste ist bei Weitem nicht erschöpfend, doch wollen wir mit diesem Schwall aus E/e-Zeichen ein ehrenhaftes Ende einer erstaunlichen Einheit ermöglichen.

Wussten Sie, dass …

… das *Teeei* das kürzeste Wort mit einem Tripel-e ist?
… *Wirtschaftsforschungsinstitut* vor *Fußballnationalmannschaft* und *Justizvollzugsanstalt* die längsten e-losen Wörter im Duden sind?
… einige Rebus-Rätsel auf das E bauen: Was bedeutet etwa eeeeeeeeeee? Antwort: elf e = Elfe.

F Waw – Haken, Keule

Das F hat unbestreitbar einen Hang zur frivolen, vulgären, negativ behafteten Verwendung, vor allem in der immer weiter verbreiteten Weltsprache Englisch. Hier deutet einerseits ein F im Zeugnis („failure", „durchgefallen") auf Misserfolg hin, andererseits hat das Wörtchen f--- eine nahezu universell verstandene Vulgärnote bekommen – und wird gerade dadurch selbst in moderner Literatur bereits wieder salonfähig. Ein kleiner Dialog mag dies verdeutlichen: John: Mary, would you like to attend the theatre tonight? Mary: F---ing-A. Should I wear my blue dress? John: Why the f--- not? Mary: F---ed if I know. Oh, f---! I just remembered. It got f---ed up in the wash. John: Well, f--- the theatre, let's stay home and f---. Mary: Good f---ing idea. // Erklärung: f---ing-A: starke Form der Zustimmung ... why the f---: verstärkende Bestätigung der Aussage ... f---ed: „Ich weiß es nicht", selbst auf Androhung einer unzüchtigen Handlung ... Oh, f---: Interjektion, wobei das ‚Oh' weggelassen

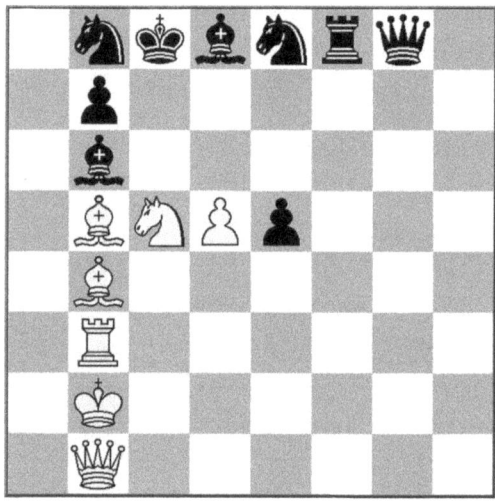

Walter Eigenmann, Glarean Magazin 2008: Weiß am Zug hält remis

werden könnte ... f---ed up: beschädigt ... f--- the theatre: vergiß das Theater ... f---: sprachlich korrekte Verwendung für die ursprüngliche mit diesem Wort benannte Tätigkeit ... good f---ing idea: Dem sprachunkundigen Anfänger könnte entgehen, dass es sich nur um einen Ausdruck der Verstärkung eines an sich guten Einfalls handelt.

Für die oft negativ empfundene Wirkung dieses Buchstabens ist zweifellos auch der zischende Klang verantwortlich, der wie bei allen Reibelauten durch die Behinderung des Luftstroms beim Ausatmen entsteht. Beim F wird die Barriere durch Zähne und Unterlippe gebildet, wobei die Stimmbänder nicht verwendet werden. Bei längerem Anhalten des [f]-Lauts und plötzlichem Umschalten auf Stimmbandvibration jedoch entsteht der klassische [v]-Laut, ein naher Verwandter des F, das in der Fachsprache als stimmloser labio-dentaler Frikativ (lat. *fricare* = „reiben") bezeichnet wird. Versuchen Sie es einmal mit dieser Lautübung, vielleicht so lange, bis sich das charakteristische „Kitzeln" in den Ohren einstellt.

Lautwert und Bedeutung des proto-semitischen Waw können nur durch Rückschluss bestimmt werden. Die Form – ein Kreis mit einer senkrecht nach unten führenden Linie (Abb.1) – ist jedoch durch Inschriften belegt. Jedenfalls trug der sechste Buchstabe des phönizischen Alphabets, das Waw,

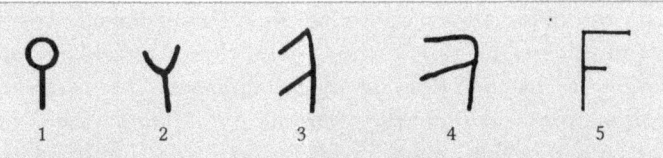

(1) Unklar sind Lautwert und Bedeutung des protosemitischen Waw; das Zeichen stammt aus einer Inschrift um 1500 v.Chr.; (2) Phönizisches Waw um 1000 v.Chr. (3) Das griechische Digamma wurde zum Prototyp unseres heutigen Buchstabens, allerdings noch als w-Laut; Inschrift um 700 v.Chr. (4) Etruskischer Buchstabe; in Laut und Schrift eine direkte Kopie aus dem Griechischen; Wetus-Inschrift um 650 v.Chr. (5) Römische Inschrift ca. 200 v.Chr.; mit drei großen Änderungen: Schreibrichtung, Serifen an den Buchstabenenden sowie der Lautwert [f].

die Bedeutung „Haken" oder „Keule" und ähnelte in der Form dem heutigen Ypsilon, für das es später auch Modell stand. Lautlich hatte dieses Zeichen keinesfalls den heutigen Klang. Vielmehr war das Waw bis zumindest 700 v. Chr. ein unserem w ähnliches Lautgebilde. Der Grund ist einfach: Die phönizische Sprache kannte keinen Reibelaut [f].

Selbst nach der Kopie des Alphabets durch die Griechen blieb der ursprüngliche Laut erhalten, allerdings mit einer grafischen Umstellung, die bereits unser heutiges „Fahnen -F" vorwegnimmt. Der wechselnden Schreibrichtung früher griechischer Texte entsprechend, konnte dieser Buchstabe nach links oder nach rechts ausgerichtet sein. Der Grund für die Neuschreibung des Waw ist vermutlich die überraschend enge Verwandtschaft des F mit dem U. Diese beiden Buchstaben sind gleichsam Cousins, um das Verhältnis bildlich festzumachen. Anders als alle anderen Vokale wurde dieser letzte Selbstlaut mit dem neuen Namen Ypsilon (Upsilon) von den Griechen an die gerade übernommene Buchstabenreihe angehängt, und zwar mit dem bekannten phönizischen Y-Zeichen (Abb. 2). Für dieses musste nun am alten Platz ein grafisch neues Zeichen kreiert werden. Und hier scheint, so meinen manche Sprachforscher, das benachbarte E als passendes Vorbild gedient zu haben. Jedenfalls zeichnete sich das griechische F bald durch zwei Namen aus: Wau, ähnlich dem phönizischen Vorbild, und Digamma, also „doppeltes Gamma", mit dem ganz charakteristischen Doppelhaken, wegen der um 500 v. Chr. bereits klar ersichtlichen Ähnlichkeit zum dritten Buchstaben des damaligen Alphabets. Der Laut war jedoch unverändert ein [w], denn für das [f] hatten die Griechen ohnehin eine andere Kreation, das Phi (φ). Jahrhunderte später sollte diese Parallelität des römischen F-Lauts und des griechischen Phi zur Austauschbarkeit des F/f mit dem Ph/ph führen. Übernahmen die Römer griechische Wörter nahezu uneingeschränkt mit Ph/ph, so wurde im 20. Jahrhundert in einer beispiellosen Welle der Vereinfachung meist dem F der Vorzug gegeben: „Fantasievolle fonetische Fotomontagen"

6   7   8   9

(6) Römisches F auf der Trajansäule mit den eleganten Serifenhäkchen und dem leicht oberhalb der Mitte versetzten Querbalken; 113 n.Chr. (7) Mit Tinte verfasster Unzial-Buchstabe; der obere Querbalken ist bereits deutlich verkürzt, um 400 n.Chr. (8) Italienisches Manuskript um 520 n.Chr.; diese Linienführung wurde im 1470 zum Vorbild der ersten Druckdesigns in Europa. (9) Der etruskische [f]-Laut steht in seiner grafischen Herkunft außerhalb des von den Griechen übernommenen Alphabets; um 650 v.Chr.

gibt es zwar noch nicht – dagegen sträubt sich das mittlere der drei Wörter –, dafür setzt sich aber selbst bei uralten, aus dem Griechischen oder Hebräischen stammenden Vornamen wie Christoph oder Joseph immer mehr die moderne Ein-Buchstaben-Endung durch. Das Digamma mag die Form unseres F vorgezeichnet haben, es sollte jedoch keine allzu lange Zukunft in der ägäischen Heimat haben. Hier erwies sich dieser Reibelaut – ebenso wie die im frühgriechischen Alphabet aufscheinenden Buchstaben San und Qoppa – bald als völlig überflüssig, und so verschwanden diese Buchstaben bis 400 v.Chr schließlich sang- und klanglos aus dem Alphabet. Dennoch blieb für die heute als archaisch empfundenen Zeichen Digamma, San und Qoppa eine wichtige Funktion erhalten: Sie repräsentierten die Zahlenwerte 6, 900 und 90.

Auch die Etrusker, die nächsten in der Stafette der Buchstabenträger, übernahmen dieses griechische Wau-Digamma mit dem [w]-Laut an der sechsten Stelle des Alphabets. Bis zum Ende ihrer Zeit behielt dieses geheimnisvolle Volk mit der bis heute nicht entzifferbaren, fremden Schrift diesen [w]-Laut bei. Allerdings bestand daneben ein weiteres, etymologisch schwer deutbares Zeichen, mit dem Aussehen einer 8 (Abb. 9), das für den ebenfalls benötigten [f]-Laut stand. Über die etruskischen Buchstaben gelangte das Alphabet um 600 v.Chr.

zu den Römern und wurde sofort auf deren Lautvorstellungen adaptiert. Das [w] konnte ohne große Probleme als lautliche Zweitaufgabe dem U übertragen werden, und für das F war ein völlig neuer Job vorgesehen, nämlich die grafische Darstellung des starken Reibelauts [f], der für das Lateinische dieser Zeit so wichtig war. Nicht klar ist, warum nicht einfach das etruskische Zeichen 8 als Buchstabenwert für das F übernommen wurde. Es gab jedenfalls eine Übergangsphase, denn in frühlateinischen Texten findet sich der Digraf F8, ein kurios anmutendes Doppelzeichen. Womöglich sah man aber eine zu starke Verwandtschaft zu ähnlich aussehenden Symbolen und wollte unangenehme Verwechslungen vermeiden.

Wenn auch einige namhafte Schreiber, wie etwa Cicero oder Quintilian, diesem F-Laut sehr reserviert gegenüberstanden, so war er doch „fundamental und familiär" im Alltag dieser Epoche. Cicero bezeichnete diesen Laut als „insuavissima" („nicht gut klingend"), und Quintilian fand gar die Worte „grob und unangenehm ... ein kaum menschlicher Klang". Andererseits nutzten manche Dichter wie Ennius oder Vergil den bedrohlich klingenden Reibelaut für ihre sprachlichen Experimente: „fraxinus frangitur" (dt.: Der Speer zerbricht) oder die in der *Aeneis* Vergils um 20 v. Chr. gedichteten Worte „furor impius" (dt.: gottloses Rasen) bieten dem [f]-Laut Raum, seine ganze Kraft zu entfalten.

Auch nach dem Untergang Roms schien dem F eine goldene Zukunft beschieden. Im Altenglischen musste dieser Buchstabe gleich eine doppelte Bürde übernehmen, als [f] wie auch als [v]. Die Liebe, damals *lufu* geschrieben, wurde vermutlich mit dem stimmhaften Reibelaut [v] ausgedrückt. Dieses [v] war ja im Römischen, wie an anderer Stelle genau erklärt wird, durch das U verkörpert. Erst im Mittelalter kam die große Zeit der Übernahme des stimmhaften Symbols auch ins Schriftbild zahlreicher geläufiger Wörter, vor allem im Altenglischen. Eine zweite Besonderheit, das F (bzw. V) im Anlaut als Ersatz für ein P, war dem germanischen Zweig der indogermanischen Sprachen vorbehalten. So mutierte

die Sanskrit-Wurzel *pitar, griechisch *pater*, lateinisch *pater*
während einer Phase der mittelalterlichen Lautverschiebung
zum englischen *father* bzw. zum deutschen *Vater*. Anders war
die romanische „Erbfolge", wo spanisch *padre* und französisch
père den etymologisch korrekten p-Anlaut tragen. Ein ähnliches Beispiel ist das deutsche Wort „Fuß" bzw. eng. *foot* mit
einer idg. Wurzel *ped, aind. *padas*, griech. *pod* (Wortstamm;
im Nominativ allerdings *pous*), lat. *ped*.

Eine weitere Facette unserer heute üblichen Buchstabenbenennung wird durch das F in die Alphabet-Kette eingeführt:
ein Präfix vor dem Laut anstatt des üblichen langen e dahinter
wie bei B, C oder D. Wieso nun kommt es zu dieser zunächst
vom Lernenden als atypisch empfundenen Benennung? Die
historischen Wurzeln der heutigen Buchstabennamen liegen
beim F ebenso wie beim L, M, N, R oder S im Römischen Reich.
Und dort hatte der Tatsachensammler Marcus Terentius Varro
(116–27 v. Chr.) in seinem Werk *De lingua latina* die Regel
formuliert, derzufolge alle Konsonanten in „mutae" (stumme)
und „semivocales" (Halbvokale) eingeteilt werden können,
Letztere mit einem e am Anfang. Vermutlich war es Varros
Intention, diese nachhallenden Laute, die bis zur Erschöpfung
des Atems gedehnt werden können (bitte probieren!), durch
einen vorangestellten Vokal klarer gegenüber ihrer Umgebung
herauszuheben, quasi durch einen Puffer zu akzentuieren.
Höchstwahrscheinlich war noch um 600 v. Chr. bei allen Buchstaben eine analoge Benennung üblich gewesen, also ein [fe]
oder ein [ne]. Nach Varros Regel dürfte zunächst daraus ein
[effe] geworden sein, eine Bezeichnung, die bis heute im Spanischen und Italienischen erhalten blieb. Gemeinsam mit dem
[elle], dem [emme] und Konsorten gab das Spätlateinische
diese Namen an den germanischen Sprachraum weiter. Eine
andere Theorie erklärt die Nachahmung des Modell-Buchsta-
bens X, gesprochen [eks], als Ursache dieser dem alten Schema
gegensätzlichen Benennung. Dieses X nämlich war schon weit
früher von den Etruskern mit dem e-Anlaut gebildet worden.
Unklar ist, ob dies auch Varro als Inspiration diente.

Im Hebräischen, einer an Symbolen reichhaltigen Tochter des Phönizischen, ist das Waw eine vertikale Linie, die bildhaft als Verbindung zwischen Himmel und Erde steht. Als sechster Buchstabe des hebräischen Alphabets wird durch das Waw auch die Zahl Sechs ausgedrückt, verknüpft mit den sechs Tagen der Schöpfung. Die gleiche Zahl beschreibt die Himmelsrichtungen der physischen Welt: Süden, Osten, Norden, Westen, Nadir und Zenit.

Das Duden Wörterbuch für Abkürzungen führt auch beim f (forte, Frequenz), F (Fahrenheit, Fläche, Fluor), f. (fachlich, fein, feminin, folgend), F. (Februar, Femininum, Folio, Freitag) und beim ff (folgende Seiten, Paragrafen usw.) zahlreiche Beispiele für die alleinige Verwendung dieses Buchstabens an. Zu spätem Ruhm kam dieser Reibelaut dann noch während des Zweiten Weltkriegs. Zur Unterscheidung von Bombern (B) und Transportern (C für cargo) wurde die „fighter" aircraft (dt.: Kampfflugzeuge) mit einem F tituliert. Interessant ist im Zusammenhang mit der später erwähnten Verwendung des „f" für fein, dass auch im Fingeralphabet exakt diese erprobte Gestik der Darstellung des sechsten Buchstabens des Alphabets dient. Zuletzt sei der F-Notenschlüssel für tiefere Stimmen erwähnt, der dem Großbuchstaben F nachgeahmt ist. Die Querstriche wurden zu Punkten reduziert, wobei exakt dazwischen der entsprechende Ton liegt.

Gerade das F prägt auch zwei sprichwörtliche Wendungen der deutschen Sprache. Der Ausdruck „nach Schema F" kommt dabei direkt aus der deutschen Militärsprache. Seit 1861 war beim Militär ein Frontrapport vorgeschrieben, der die volle Kriegsstärke festhielt und immer nach dem gleichen, starren Schema F[rontrapport] abgewickelt wurde. Später hat sich dieser Ausdruck auf den schwerfälligen preußischen Beamtenapparat übertragen – und blieb bis heute als abwertende Redensart erhalten. Die Wendung „etwas aus dem Effeff beherrschen" steht möglicherweise für die seit dem 17. Jh. übliche Warenbezeichnung f für „fino" (fein) und ff für „finissimo" (sehr fein). Oder aber es gibt einen Zusammenhang mit

der Terminologie der Musik: f für „forte", ff für „fortissimo".
Vielleicht haben Sie sich diesen Artikel zu Herzen genommen und beherrschen nun diesen „unschönen" Buchstaben zumindest in historisch-theoretischer Hinsicht aus dem Effeff.

Wussten Sie, dass …

… das kürzeste sinnvolle Pangramm (Satz mit allen 26 Buchstaben) der deutschen Sprache mit F beginnt? „Franz jagt im komplett verwahrlosten Taxi quer durch Bayern"? (52 Buchstaben.) Auch im einzigen „optimalen" Pangramm (inklusive ä, ö, ü und ß) steht das F am Anfang. Der Sinn dieses 30-Buchstabers bedarf allerdings einer Erläuterung: „Fix, Schwyz, quäkt Jürgen blöd vom Paß." (Leicht dümmliche Anfeuerungsrufe eines gewissen Jürgen aus lichten Höhen für eine Mannschaft aus dem Kanton Schwyz.)

… *grifffest, schadstofffrei, Schifffahrt* und *Sauerstoffflasche* ein Dreifach-f gemein haben?

… das deutsche Buchstabieralphabet von 1934 (während des Nationalsozialismus) auf das joviale „Fritz" setzte?

… der bekannteste deutsche Zungenbrecher „Fischers Fritz fischte frische Fische; frische Fische fischte Fischers Fritz" ein sprachlich „fürchterlich feuriger Fang" ist?

FFFFFFFFFFFFFFFFFFFFFFFFFFFFFFFFFFFFFFFFFFFFFFFFFFFFFFF

Antiqua	Grotesk	Egyptienne	Fraktur	Schreibschrift	Fremdschrift
Ff	Ff	Ff	Ꮥf	Ff	Фф
Garamond	Arial	Rockwell	Becker Fraktur	Monotype Corsiva	Kyrillisch

FFFFFFFFFFFFFFFFFFFFFFFFFFFFFFFFFFFFFFFFFFFFFFFFFFFFFFFFFF

Phönizier – Griechen – Etrukser – Römer

Weiter auf der Reise durch die Jahrhunderte. Die ehrwürdige Urgroßmutter unserer Buchstaben, das phönizische Alphabet, wurde 2005 als Weltdokumenterbe (eng.: Memory of the World, „Gedächtnis der Welt") in die Liste „zum Erhalt des dokumentarischen Erbes der Menschheit" aufgenommen und dabei dem Staat Libanon zugeschrieben. Ins Leben gerufen wurde dieses Programm einer Sammlung wertvoller Bücher, Handschriften, Partituren, Unikate, Bild-, Ton- und Filmdokumente 1992 von der UNESCO. Verdiente Ehren, denn immerhin stammen nicht weniger als 19 unserer heutigen 26 lateinischen Buchstaben direkt von der phönizischen Urgroßmutter ab, und zwar sowohl in Form als auch in Laut und vielfach sogar in ihrer Position im Alphabet. Mehr noch, diese fruchtbare Großmutter ist direkter Vorfahre nahezu aller heute weltweit in Verwendung befindlichen Alphabete. Unser Stammbaum beginnt gleichsam mit den Phöniziern, den „roten Leuten", wie sie wegen ihrer bronzenen Haut bzw. dem wertvollen Purpur (aus der Purpurschnecke) als Handelsgut von griechischen Autoren genannt wurden. Wie sich dieses Volk selbst bezeichnete, wissen wir heute nicht mehr mit Bestimmtheit. Doch könnte der Name Kanaaniter treffend sein, verwendeten die Vorfahren (auf dem Gebiet des heutigen Israel lebend) doch bereits um 1750 v. Chr. Buchstaben, die dem später so prominenten phönizischen Alphabet zum Verwechseln ähnlich sahen.

Phönizier

Was aber veranlasste gerade die Phönizier, ein Volk der Eisenzeit – beheimatet im heutigen Libanon –, der Alphabet-Schrift so große Bedeutung einzuräumen? Die Antwort scheint, so sind sich Historiker einig, in der überragenden Kunst der Seefahrt zu liegen, die diesem Volk eigen war. In der Hochblüte umspannte das phönizische Handelsimperium praktisch den gesamten Raum des Mittelmeers. 14 größere Kolonien, zahlreiche Häfen wie etwa das heutige Cadiz (damals Gaddir, „ummauerte Stadt") oder das mächtige Karthago (damals Kart Hadasht „Neustadt") überflügelten bald die Heimat im Nahen Osten. Diese war eine für heutige Begriffe eher lose Ansammlung von Hafenstädten, allerdings mit gemeinsamer Religion, Sprache und wirtschaftlicher Zielsetzung. Die berühmten drei Säulen der großen Epoche waren Babylon („Tor Gottes"), Sidon („Fischerstadt") und Tyros („Felsen"). Zudem waren die Phönizier Semiten, verwandt mit den frühen Juden, und die Vorfahren eben dieser Semiten dürfen als Schöpfer des Alphabets bezeichnet werden. Im Gegensatz zu den Juden verehrten die Phönizier jedoch viele Götter, vor allem Baal und seine Gemahlin Astarte, die Göttin der Seefahrer.

Niemand kann den exakten Zeitpunkt der ersten Verwendung des Alphabets kennen, doch irgendwann vor dem Jahr 1000 v.Chr. begann dieses Handelsvolk mit den berühmten 22 Buchstaben, allesamt Konsonanten, zu schreiben. Nicht als Erfinder machten die Phönizier damit Geschichte – das Alphabet hatte ja bereits ein ehrwürdiges Millennium hinter sich –, sondern vielmehr als praktische Anwender alten Wissens und als Wegbereiter für viele Völker der damaligen Welt. Regierungsgeschäfte, religiös motivierte Inschriften und Handelsmissionen müssen dabei die Triebfeder gewesen sein, zumindest wenn man die zahlreichen Fundstücke betrachtet. Überhaupt waren die Phönizier Meister im Verbessern technischer Errungenschaften, wie etwa im Schiffbau, in der Navigation oder der Holz- und Metallverarbeitung. Archäologen haben mehr als fünfhundert Inschriften aus der ersten Hälfte des vorchristlichen Jahrtausends ausgegraben, dazu über sechstausend Fundstücke aus dem karthagischen Imperium. Und hier kam den Forschern das damals neuartige Schreibmaterial sehr entgegen, verwendeten die Phönizier doch vielfach Stein und Keramik, zeitlosen Schreibuntergrund also, der der Verwitterung über die Jahrtausende widerstand. Jedenfalls

Phönizisch	Name	Lautwert	Früh-griechisch	klassisches Griechisch	Name
𐤀	alef	'	Δ	Α	alpha
𐤁	bet	b	Β	Β	beta
𐤂	gimel	g	𐌂	Γ	gamma
𐤃	dalet	d	Δ	Δ	delta
𐤄	he	h	Ε	Ε	epsilon
𐤅	waw	v	Ϝ		digamma
𐤆	sajin	s	I	Ζ	zeta
𐤇	chet	ch	日	Η	eta
𐤈	tet	ṭ	⊗	Θ	theta
𐤉	jod	j	?	Ι	iota
𐤊	kaf	k	Κ	Κ	kappa
𐤋	lamed	l	Λ	Λ	lambda
𐤌	mem	m	Μ	Μ	my
𐤍	nun	n	Ν	Ν	ny
𐤎	samech	s			xi
𐤏	ajin	'	Ο	Ο	omikron
𐤐	pe	p	Γ	Π	pi
𐤑	zade	s	Μ		saw
𐤒	kof	k/q	Ϙ		qoppa
𐤓	resch	r	𐌓	Ρ	rho
𐤔	sin/schin	sh/s	Σ	Σ	sigma
𐤕	taw	t	Χ		tau
				Υ	ypsilon
				Χ	chi
				Ω	omega

Phönizische
und griechische
Alphabete

bezeichneten diese 22 Buchstaben jeweils ganz bestimmte, klar erkennbare Laute, doch ausschließlich Konsonanten, wie es der semitischen Schreibtradition entsprach. Heute scheint uns dies kaum vorstellbar, doch reichte es in der damaligen Zeit allemal für eindeutige Verständigung. Der Grund liegt im streng strukturieren Vokabular dieser Sprache. Im Gegensatz zu modernen Konsonantenkombinationen wie b-t (bat, bete, bitte, bot, Butte) konnten die Vokale im frühen Alphabet nur zwischen den Konsonanten stehen, und zudem gab es weniger Wortwurzeln. Ein Beispiel soll dies erläutern: m-l-k stand für malik (König), oder zumindest königliche Dinge, war also in gewissem Sinne unverwechselbar. Btt ds Bschpl m Hntrkpf z bhltn.

Was nun waren die Stärken dieser phönizischen Zeichen? Wieso konnten gerade diese 22 Buchstaben einen unaufhaltsamen Siegeszug durch Zeit und Raum antreten? Hierfür gibt es mehrere Gründe. Zum einen hielten die Buchstaben eine strenge, vermutlich logisch begründete Reihenfolge ein, und zum anderen trugen alle Zeichen sprechende Namen, die man sich relativ leicht einprägen konnte. Das geniale Prinzip sah vor, dass jeder Begriff mit dem Laut beginnen musste, der für den Namen des Buchstabens stand: beth „Haus" = b, kaph „Hand" = k, usw. Dem aufmerksamen Leser werden sofort Parallelen zu unseren Buchstabiertafeln auffallen: Anton, Berta, Cäsar, ... Und außerdem sollte das gewählte Zeichen eine gewisse Ähnlichkeit mit dem realen Objekt haben. Das war es auch schon, das wunderbare Geheimnis der phönizischen Vorfahren, im Fachjargon akrofonisches Prinzip genannt.

Warum aber wissen wir heute so genau, wie die Reihenfolge der Buchstaben ausgesehen haben muss, und vor allem, wie die Namen dieser Buchstaben lauteten? Es wurde doch nie eine Liste der phönizischen Buchstaben gefunden! Nun, hier kommt uns der Zufall zu Hilfe, wie so oft beim Blick zurück in vergangene Zeiten. Diese ursprüngliche Liste fehlt in der Tat, doch dafür findet sich ein komplettes „hebräisches" Alphabet in der berühmten Septuaginta, einer Übersetzung

Name des Buchstabens	Lautwert	Phönizisch modernes	Hebräisch	modernes Arabisch
alef	'			
bet	b			
gimel	g			
dalet	d			
he	h			
waw	v			
sajin	s			
chet	ch			
tet	ṭ			
jod	j			
kaf	k			
lamed	l			
mem	m			
nun	n			
samech	s			
ajin	'			
pe	p			
zade	s			
kof	k			
resch	r			
sin/schin	s/sch			
taw	t			

Hebräische und
arabische Alphabete

alttestamentlicher hebräischer Texte in die altgriechische All-
tagssprache (um 250 v. Chr. bis 100 n. Chr. verfasst). Der Name
dieses unschätzbar wertvollen Dokuments, in Alexandria
begonnen, deutet übrigens an, dass siebzig Gelehrte daran
arbeiteten. Die Klagelieder Jeremias werden durch Buchstaben geordnet – in „alphabetischer" Reihenfolge –, voll aus-
geschrieben mit griechischen Namen. Wie wir weiter unten
erfahren werden, waren diese griechischen Buchstaben direkte Kinder der phönizischen „Mutter", und damit ist klar, dass
Reihenfolge und Bedeutung der Buchstaben eine vollständige
Kopie eines vorgegebenen Alphabets darstellen müssen. Zur
weiteren Schlussfolgerung mussten Sprachforscher nunmehr
nur noch den letzten fehlenden Puzzlestein einsetzen. Die
phönizische „Großmutter" des Alphabets gebar ja mehrere
Kinder, wie wir wissen, und eines davon war das Hebräische. Immerhin waren sich die beiden für die Erforschung der
frühen Spuren so entscheidenden Sprachen um 950 v. Chr.,
dem Zeitpunkt des Ursprungs der hebräischen Buchstaben,
ungemein ähnlich. Und die Reihenfolge der Buchstaben muss
in beiden Sprachen, phönizisch und hebräisch, identisch gewesen sein. Über den Umweg des Hebräischen, der Bibelspra-
che, die bis in unsere Tage die ursprüngliche Buchstabenfolge
zeigt, kennen wir daher mit absoluter Sicherheit die Namen
aller 22 Buchstaben. Und alle Sprachexperten sind sich auch
einig, dass wir als Kinder auch heute noch, fast viertausend
Jahre nach Entstehung der Buchstaben, unser ABC in historisch korrekt überlieferter Form erlernen.

Griechen

Dennoch wäre vielleicht vieles in Vergessenheit geraten, hätten nicht die Griechen um 800 v. Chr. die phönizischen Buchstaben mit ihrem Sinn für das Pragmatische einfach kopiert.
Zweifellos war dies einer der folgenschwersten Momente der
Menschheitsgeschichte. Dabei muss man sich die Griechen
dieser Zeit als einfaches, schwaches und noch keineswegs

geeintes Volk vorstellen, verstreut über das heutige Festland sowie Zypern und die Westküste Kleinasiens. Griechisch gehörte zu der indogermanischen Sprachfamilie und unterschied sich damit vom Phönizischen ebenso stark wie etwa modernes Deutsch von Arabisch. Welch gewaltige Flexibilität mussten diese „Zeichen" also haben, konnten sie doch nahezu unverändert zur Darstellung einer neuen Sprache verwendet werden. Mit einer Ausnahme: Indogermanische Wörter – und diese formen das Griechische – sind enorm vokalreich. Zwischen „Rat", „red(e)", „ritt", „rot" und „Ruth" muss klar unterschieden werden. Und so ist es das Verdienst der Griechen, uns die Vokale A, E, I, O und U geschenkt zu haben. Ein weiteres Erbe zum reichen Vermächtnis der Demokratie, der Schauspielkunst, der Philosophie, der Biologie, der Geometrie, der Architektur, der historischen Schriften und der politischen Theorie. Mit diesen Vokalen war das Alphabet endgültig zu einem machtvollen, komplett anpassungsfähigen Inventar der Dokumentationskunst geworden. Ganz zu Recht merkte Platon dazu an: „Wann immer Griechen eine Sache von Fremden übernehmen, bringen sie diese letztlich zu noch größerer Perfektion." Wie wahr!

Was aber mag gerade die Griechen dieser Epoche zur Verwendung der fremden Buchstaben verleitet haben? Zweifellos war der Handel mitentscheidend, vor allem auf Inseln wie Kreta, Rhodos oder Thira, aber auch auf Zypern, wo beide Völker in kleinen Gemeinschaften nebeneinander existierten. Jedenfalls gibt es mehrere phönizische „Errungenschaften", die plötzlich in Griechenland zu neuem Leben erblühten: Schiffsbau, Navigation, Motive der Kunst, Götter und eben das Alphabet. Die 22 Buchstaben scheinen in der Tat eine Blitzübernahme erfahren zu haben. Kleine Adaptationen waren nötig – und schon schrieben die Griechen ihre eigenen Texte und Inschriften. Um 600 v. Chr. findet sich bereits in jeder namhaften Siedlung in Griechenland eine des Lesens und Schreibens mächtige Oberschicht. Abschließend sei nochmals betont: Nur die Vokale wurden von den Griechen neu erfunden, insgesamt sieben an der Zahl (es gibt auch ein langes E und ein langes O). Doch zur Zeit der Weitergabe an die Etrusker waren es noch exakt fünf Vokale – das moderne alphabetische Erbe Griechenlands an die restliche Welt.

Etrusker

Im frühen 8. Jahrhundert v. Chr. wurde die westgriechische Variante der Buchstaben durch Kolonisten aus der Stadt Chalkis auf die Apenninenhalbinsel gebracht. Die Stafette der alphabetischen Zeichen hatte damit ihren für unser lateinisches Alphabet so entscheidenden Bestimmungsort erreicht. Der Boden war gut aufbereitet für dieses neue Kulturgut, hatte doch ein bis heute geheimnisvolles Volk, die Etrusker, das Land zwischen Arno und Tiber in Besitz genommen. Diese Etrusker waren, der Sprache nach aus dem Orient stammend, ganz offensichtlich kein indogermanisches Volk. Doch hatten diese Etrusker eine beachtliche Kulturstufe erreicht, die Handel mit Phöniziern und Griechen absolut erstrebenswert machte. Zudem boten die Eisen-, Kupfer-, Silber-, Zinn- und Bleivorkommen ihrer erzreichen Heimat eine Handelsressource, welche die Etrusker zu Macht und Reichtum führen sollte. Die neuen alphabetischen Zeichen kamen ihnen daher gerade recht, wenngleich kleine Adaptationen nötig waren, um die eigenen Laute korrekt und unmissverständlich wiederzugeben. Jedenfalls verwendeten die Etrusker weder die weichen Laute B, D oder G noch kannten sie ein O. Viel wissen wir leider trotz intensiver Forschung nicht über dieses mysteriöse Volk, denn das Etruskische stemmt sich bis heute gegen jede Entzifferung. Das darf nicht erstaunen, stammt doch alles, was an Schriftzeugnissen erhalten blieb – und das sind immerhin zirka 13.000 Inschriften –, fast ausnahmslos aus unterirdischen Begräbnisstätten und enthält nahezu ausschließlich rituelle Textpassagen sowie Eigen- und Ortsnamen. Sicher ist, dass mit dem letzten etruskischen König Tarquinius Superbus 509 v. Chr. diese Epoche der Alphabet-

Übernahme zu Ende ging. Fortan waren es die Römer, deren unaufhaltsamer Aufstieg zur Weltmacht das Alphabet zu neuer Blüte bringen sollte.

Römer

Viele der etruskischen Errungenschaften wie Bewässerungstechnik, Kuppel- und Gewölbebau, Brückenkonstruktion, ja sogar die Purpurtoga der Senatoren wurden eins zu eins von den Römern übernommen. Vermutlich auch das Alphabet, wenngleich Schriftzeugnisse der frühen römischen Zeit sehr rar sind. Berühmt wurde der Lapis Niger (schwarzer Forumstein; nach dem Fundort auf dem Forum Romanum), dessen kaum entzifferbarer Text noch in beiderlei Richtung geritzt wurde (Fachsprache: bustrophedon). Die so bekannten geometrischen Formen, die als Capitalis Monumentalis auf der Trajansäule (113 n. Chr.) ihre fulminante Perfektion erreichten, entstanden erst in den letzten beiden vorchristlichen Jahrhunderten. Wohl stand diese Ausformung auf der Grundlage von Kreis, Quadrat und Dreieck ganz im Einklang mit den damals geltenden Prinzipien der Architektur, und doch scheint es ein besonderes Gefühl für Schönheit zu sein, das diese Schrift hervorbrachte. In den fast zweitausend Jahren danach konnte die Ästhetik dieser Capitalis Monumentalis nie mehr wirklich übertroffen werden. Eine zeitlose Schrift war geboren!

Für diese beeindruckenden Gravuren musste mit einem flachen Pinsel vorgeschrieben werden, dessen ca. 30° Neigung einen ganz charakteristischen Wechselstrich ermöglichte: Senkrechte Striche sind dicker als waagrechte. Die runden Buchstaben C, G, O und Q wurden meist mit Zirkel vorgezeichnet, was durch Einstichlöcher belegt werden kann. Die in den letzten beiden Jahrhunderten v. Chr. von den Griechen übernommenen Serifen (146 v. Chr. wurde Griechenland von Rom unterworfen) dürften von den begabten Steinmetzen frei Hand den Buchstabenenden hinzugefügt worden sein. Ein

Problem war aber bei dieser harten Steinmetzarbeit aufgetreten: Die vorhandenen Steinflächen waren oft nicht groß genug, um die Inschriften voll darzustellen. Also half man sich mit Abkürzungen und heute als sehr originell erscheinenden, für den Laien schwer lesbaren Buchstabenkombinationen, sogenannten Ligaturen.

Das römische Alphabet war komplett, mit allen notwendigen Vokalen, und bestand aus insgesamt 23 Buchstaben, darunter das mehr oder weniger redundante K. Dieses konnte durchwegs durch ein C ersetzt werden. J, Y und Z fehlten noch, wobei die beiden letzteren Buchstaben schließlich doch ans Ende des Alphabets angefügt wurden, um griechische Namen korrekt wiedergeben zu können. Für den schnellen Gebrauch schrieb man mit der „Scriptura Actuaria" oder der „Capitalis Rustica" (die Schlichte), deren Spuren an den Überresten der Mauern in Pompeij zu finden sind (siehe Kapitel *Meilensteine der Typografie*). Eine Anmerkung zu diesen Schriftnamen sei noch erlaubt: Generell wurden alte Schriften erst viele Jahrhunderte später von modernen Paläografen, Erforschern der Handschriften des Altertums und des Mittelalters, mit Namen bezeichnet. Doch auch ohne speziellen Namen bleibt so manche römische Schrift ein für ewig „in Stein gemeißelter" Meilenstein menschlicher Schaffenskunst!

G Zajin – Stichwaffe, Axt

Ernst Gräfenberg (1881-1957), ein deutscher Arzt, hat 1950 eine weltweit höchst kontrovers geführte Diskussion ausgelöst, als er eine angeblich besonders erogene Zone der Vagina, den G-Punkt oder G-Spot definierte. Konkret sprach Gräfenberg von einer „erogenen Zone in der vorderen Vaginalwand, entlang der Harnröhre, die bei sexueller Stimulation anschwillt". Bis heute wird die Existenz dieser mythisch verklärten Region von den meisten Experten als Produkt unserer Schlagzeilenkultur, gepaart mit der Aufmerksamkeitssuche von Sexualtherapeuten, gesehen.

G musste im Laufe der Jahrhunderte seine prominente Position an der dritten Stelle des Alphabets still und heimlich abgeben. Geblieben ist durch die lange Geschichte einzig die velare, kehlige Bildung durch Anpressen der Zunge an den Gaumen bei gleichzeitigem Verschluss der Nase und Durchströmen der Luft durch die Kehle. Das lateinische Wort *velum,* Gaumensegel, bezeichnet den weichen Teil des Gaumens, mit dessen Heben und Senken der Zugang zur Nasenhöhle geöffnet oder verschlossen werden kann. Für die Bildung dieses im Vergleich zu seinen Brüdern B und D (beides stimmhafte Verschlusslaute) doch sehr komplexen Buchstabens ist dieses Gaumensegel ganz entscheidend. Zurück zum Wort „komplex": Im Englischen gibt es gleich fünf unterschiedliche G-Laute,

Lindisfarne Gospels, Irland, 7./8. Jahrhundert

wie der folgende, in die Prohibitionszeit passende Satz, sofort zeigt -„mighty rough garage gin" (stumm [f] [g] [ʒ] [ʤ]). Dieses superweiche [ʤ] im Englischen wird nahezu durchgehend vor e, i und y verwendet, analog zum [s]-Laut für den Zwillingsbuchstaben C, der bei den exakt gleichen Folgevokalen vorgeschrieben ist. Beide „weichen" Varianten sind ein erzwungenes Erbe der normannischen Eroberung im Jahr 1066, kamen also via Altfranzösisch in die englische Sprache. Folgte die Übernahme erst spät im Mittelalter, wie bei *garage* oder *rouge,* dann ist ein typisch französisches [ʒ] zu vernehmen. Altenglische Vokabeln mit g werden dagegen immer „hart" mit [g] ausgesprochen: get a giving girl. Im Deutschen werden zwei G-Laute verwendet, das zweite im folgenden Beispiel kennzeichnet einige wenige Fremdwörter: *geniales Genie* oder *Garage* ([g] [ʃ]). Zusätzlich ist die Aussprache im Auslaut extrem hart, wie etwa im Wort *Zwerg,* was Leuten, die Deutsch als Fremdsprache lernen, einige Probleme bereiten kann.

Überhaupt ist die Geschichte der Buchstaben C und G (dazu noch die des K) unglaublich eng miteinander verflochten, nicht nur in der optischen Erscheinung. Auch der Klang ist zum Verwechseln ähnlich, zumindest dort, wo das C einen [k]-Laut repräsentiert. Fordern Sie einmal am Telefon einen Gesprächspartner auf, einen gut aussehenden Greis zu zeichnen. In nicht wenigen Fällen wird ein halbwegs passabler Kreis zu Papier gebracht. Oder denken Sie an den morgend-

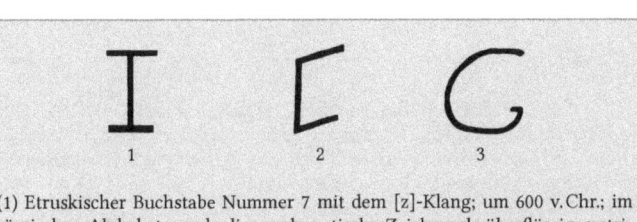

(1) Etruskischer Buchstabe Nummer 7 mit dem [z]-Klang; um 600 v. Chr.; im römischen Alphabet wurde dieses phonetische Zeichen als überflüssig gestrichen und später durch ein [g] ersetzt. (2) Neugeformtes römisches G mit der Aussprache [g]; um 250 v. Chr. (3) Um 200 v. Chr. zeigt der römische Buchstabe seine Reifeform, die bereits den heutigen Font vorwegnimmt.

lichen Kakao, der in so manchem Dialekt, wie etwa dem Wienerischen, als reiner [gaugau] daherkommt. Überspitzt ausgedrückt könnte man sagen, dass das C (bzw. K) dem G die Identität gestohlen hat. In der Tat behauptete dieses G in den ersten tausend Jahren der Alphabet-Geschichte seinen dritten Platz in der Reihe der Buchstaben, vom Moment der Schöpfung des Alphabets bis einschließlich der Übernahme und Adaptation durch die Griechen. Wer den Weg des Buchstabens C bereits gelesen hat, wird dort gleichzeitig ein nachhaltiges Bild über die Jugendjahre des G bekommen haben. Doch dann kam es unerwartet zu einem abrupten Bruch in der Lebensplanung des G.

Wann diese dramatische Verdrängung stattgefunden hat, lässt sich entwicklungsgeschichtlich ziemlich exakt feststellen. Es war der Sprung vom Ägäischen über das Ionische zum Tyrrhenischen Meer, also die Weitergabe der Buchstabenstafette von den Griechen zu den Etruskern (um 700 v. Chr.), die dem G seine rechtmäßige Stellung raubte. Dieses hochentwickelte etruskische Volk mit der nicht entzifferbaren Schrift kannte einfach keinen [g]-Laut. Pragmatisch wurde also das übernommene Zeichen mit einer neuen Aufgabe bedacht, nämlich ein [k] wiederzugeben. Die Position als siebenter

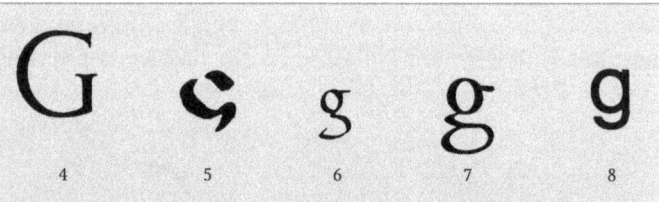

(5) Der Gravur-Buchstabe G der Trajansäule (113 n. Chr.) wurde zum Modell des heutigen Druckbuchstabens. (6) Großbuchstabe (Unzial) in einer für Handschriften leichter schreibbaren Form; ca. 450 n. Chr. (7) Ästhetisch herausragende Karolingische Minuskel mit deutlich erkennbarer Unterlänge; aus einem Dokument um 1018 n. Chr. (8) Um 1540 entstand dieses „modern" anmutende g als Garamond-Buchstabe; die Unterlänge des früheren karolingischen Buchstabens wurde beibehalten. (9) Sans-Serif–Entwurf im Font Futura (1928 entwickelt) mit fehlender Schlinge; Prototyp für alle späteren Sans-Serif-Fonts; mit dem A teilt sich das G den Luxus einer zweifachen Kleinbuchstabenform.

Buchstabe blieb dagegen dem „römischen I" (so würden wir es aufgrund des „Doppelbalkens" wohl beschreiben) vorbehalten, einem Symbol, das den Laut [z] repräsentierte (Abb.1). Für den Laut [g] gingen damit für einige Jahrhunderte vollends die Lichter aus.

Eine Art Wiedergeburt dieses Zeichens war der Epoche der Römer vorbehalten. Diese nämlich konnten mit dem etruskischen [z] überhaupt nichts anfangen, da sie dieses „Duplikat-s" offensichtlich nicht einmal hörten. Daher ist es nicht allzu erstaunlich, dass um 250 v. Chr. ein Grammatiklehrer, ein gewisser Spurius Carvilius Ruga (so wird vermutet), diesen „toten" Platz Nummer 7 für den so notwendigen römischen Laut [g], gesprochen: [ge], reklamierte (Abb. 2). Bis dahin musste das C wohl die doppelte Arbeit verrichten und sowohl den Laut [k] als auch das [g] darstellen. Reste dieser Schwerarbeit sind in den Abkürzungen der beiden römischen Namen Gaius (C.) und Gnaeus (Cn.) erhalten. Auch die Form mutierte innerhalb weniger Jahrzehnte vom verwechselbaren Doppelbalken-I über ein Haken-C (Abb. 2) zur Frühform des Servierbrett-G (Abb. 3). Bis zum eleganten Gravur-Buchstaben in der Trajansäule (Abb. 4) war es dann nur noch ein stilistischer Schritt. Der Urahn unseres G stand nun „in Stein gemeißelt" in der so vertrauten Buchstabenkette. Die Ähnlichkeit der Aussprache von [k] und [g], die gemeinsame Geschichte und vermutlich auch didaktische Überlegungen dürften für diesen Buchstabenwandel verantwortlich gewesen sein. In den folgenden Jahrhunderten wurde diesem G auch nur eine einzige Aufgabe übertragen: einen harten [g]-Laut darzustellen (*generalis, globus, religio*).

Eigenwillig und in zweifacher Ausfertigung (Fachsprache: Allografe) entwickelte sich der Kleinbuchstabe g. Schon in der Karolingischen Minuskel zeigt sich die so charakteristische Unterschleife (Abb. 6), die dann in den modernen Druckbuchstaben eine offene und eine geschlossene Form annehmen konnte. Auf den ersten Blick sehen der Garamond-Buchstabe, eine überaus elegante Kreation mit „Doppelschlinge, Verbindungsschleife und Häkchen" (Abb. 7), und der gezirkelte Futura-Font (Abb. 8) fast wie zwei unterschiedliche Zeichensymbole aus. Jedenfalls ist es ganz offensichtlich, dass das g den Typenentwerfern bis heute enorm viel Raum für Experimente bietet.

Der weitere phonetische Weg scheint bereits ab ca. 150 n. Chr. im Spätlatein vorgezeichnet. Immer stärker wurde dieser Laut vor E, I und Y „verweichlicht", zunächst zu einem [dj], dann, ab dem Kollaps des Römischen Imperiums um 500 n. Chr., zu einem [ʤ]. In den neu entstehenden romanischen Sprachen war das harte [g] kaum mehr zu hören. Und bis heute wird im Italienischen der Name Gianni mit [ʤ] gesprochen, im Französischen eine Giselle sogar mit [ʒ]. Das englische „weiche G" ist, wie schon oben erwähnt, ein Erbe der europäischen Eroberungsgeschichte. Für Verwirrung sorgt die Bezeichnung dieses Buchstabens – wie der des Gegenparts J – links und rechts des Ärmelkanals. In England buchstabiert man G und J heute mit [ʤiː] und [ʤei], in Frankreich mit [ʒe] und [ʒiː]. Beide Aussprachen leiten sich vom lateinischen Vorbild ab, keine Frage, doch die englische Lautverschiebung im 14. und 15. Jahrhundert machte nun mal aus einem [eː] ein [iː] und aus einem [aː] ein [ei]. Und eine Verwechslung mit dem J gab es damals auch nicht, denn erstens stand letzterer Buchstabe noch in den Kinderschuhen und zweitens wurde er zunächst [ʤiː]gesprochen, in Anlehnung an den engsten Verwandten, das [iː], später erst [ʤai]. Für noch mehr Verwirrung sorgt das englische gh, eine Buchstabenkombination, die sich durch ziemlich erratische Lautwiedergabe auszeichnet: *rough, ghostly nights* ([f], [g] und bzw. stumm). Eine ansatzweise Erklärung dafür: Wörter wie *night* wurden im Mittelalter mit einem behauchten, gutturalen Laut gesprochen, ähnlich dem deutschen [ç] in *nicht*. Vielen Puristen, wie etwa George Bernard Shaw, war diese „zufällige" Ausspracheregelung des Englischen ein Dorn im Auge. Mit ironischer Lust demonstrierte G.B. Shaw seinem Publikum die „logische" Schreibung des Wortes „fish" als

„ghoti". Bitte folgen Sie seiner Gedankenlinie: gh wie *rough* [rʌf], o wie *women* [wimin], ti wie *nation* [neiʃən]. Zeitlebens bemühte sich der Literaturnobelpreisträger um Reformen, ja, Shaw rief 1958 sogar einen Wettbewerb ins Leben, der ein eigenes 48-buchstabiges Alphabet zeitigte, mit perfekter Harmonie zwischen Laut und Buchstabe. Vergeblich! Diese künstliche Reform konnte sich nie durchsetzen, nicht einmal ansatzweise.

Nun ein großer Sprung in unsere moderne Zeit, wo das G auch als Abkürzungssymbol große Dynamik zeigt. Wer hat noch nicht von den G 7 bzw. G 8 gehört, der Gruppe der großen Industrienationen (Deutschland, Frankreich, Großbritannien, Italien, Japan, Kanada, USA und zuletzt Russland), die sich mit den grundlegenden Fragen der Weltwirtschaft auseinandersetzen? Wer kann am G für Gravitationskonstante vorbeigehen, wer an der Schwerebeschleunigung g (= 9,81 m/s²)? Und wer denkt bei der Abkürzung GI [dʒiːai] nicht sofort an amerikanische Soldaten? Witzige Anmerkung: Dieses GI geht vermutlich auf eine Aufschrift auf Mülleimern zurück, wo „Galvanized Iron" eingestempelt war, und nicht, wie oft kolportiert, auf „Government Issue" (Regierungseigentum). G-Dur, g-Moll, G-Protein (Guanin), Giga (109), G als Kfz-Kennzeichen für Gabun, als Altersfreigabe für amerikanische Filme („General"), als Geldkurs im Börsengeschäft – dieser Buchstabe bietet eine enorm vielseitige Verwendung als Abkürzungszeichen. Und doch bleibt das G in der Definition des Grimm'schen Wörterbuchs nichts anderes als *der gelinde stumme Kehllaut (Gutturale media), die Mitte einnehmend zwischen dem härteren Kehllaut, K (Gutt. tenuis), und dem mit Hauch gesprochenen, Ch (Gutt. aspirata).*

Wussten Sie, dass …

… im Wort vergnügungshungrig fünf „g" enthalten sind?
… G mit exakt 3% einen guten Mittelfeldplatz in der Buchstabenhäufigkeit einnimmt?

... die G-Saite die niedrigste Frequenz aller Violin-Saiten hat?
... sich die Gestalt des „Violinschlüssels" aus dem handschriftlichen Buchstaben G entwickelt hat, dem vermutlich aus tra-
ditionellem Wunsch nach Verzierung ein Haken angehängt
wurde? Möglicherweise stellt dieser „Haken" aber auch ein
kursives d dar.

GGGGGGGGGGGGGGGGGGGGGGGGGGGGGGGGGGGGGGGGGGGGG

Antiqua	Grotesk	Egyptienne	Fraktur	Schreibschrift	Fremdschrift
Gg	Gg	Gg	Gg	Gg	Гг
Garamond	Arial	Rockwell	Becker Fraktur	Monotype Corsiva	Kyrillisch

GGGGGGGGGGGGGGGGGGGGGGGGGGGGGGGGGGGGGGGGGGGGG

H Chet – Zaun

Wasserstoff, im Periodensystem mit H abgekürzt (gr.: hydro genes „Wasser erzeugend"), ist das mit Abstand häufigste chemische Element im Universum, wenn auch nicht in der Erdrinde. Einige statistische Daten sollen dies untermauern: Die Sonne und die riesigen Gasplaneten Jupiter, Saturn, Uranus und Neptun vereinen in sich mehr als 99,99 % der Masse des Sonnensystems. Dazu trägt der Wasserstoff 75 % der

Initiale 16. Jh., aus: Ornamental Alphabets, Ancient and Mediaeval, Delamotte 1879

gesamten Masse beziehungsweise 93 % aller Atome bei. Noch höher dürfte der Anteil im gesamten Weltall sein. Der Wasserstoff wurde erstmals 1766 von Henry Cavendish entdeckt und 1787 von Antoine Laurent de Lavoisier benannt.

H auchdünn und unauffällig, kaum hörbar, ja fast wie unter einer Tarnkappe verborgen, fristet das H im gesprochenen Wort sein Dasein. Und diese Schattenexistenz dauert nun schon seit mehr als 2000 Jahren an. Dem aufmerksamen Leser wird bei dieser Zeitangabe sofort die Diskrepanz zum phönizischen Buchstaben Chet auffallen, der da vor dreitausend Jahren noch mit einem viel deutlicheren, gutural gebildeten Laut [x] die Aufmerksamkeit auf sich zog (ähnlich unserem Wort *Bach*). Wie ein Zaun mit drei Querstangen – daher auch der vermutete Name – schrieb sich dieses Chet um 1000 v. Chr. (Abb. 1), ein Rechteck mit einem Mittelbalken stellte es hundert Jahre später dar (Abb. 2). Der eigentlich [h]-Laut wurde im phönizischen Alphabet durch einen anderen Buchstaben, die Nummer 5, He, wiedergegeben. Auslaut und Position lassen den inzwischen mit der Buchstabengeschich-

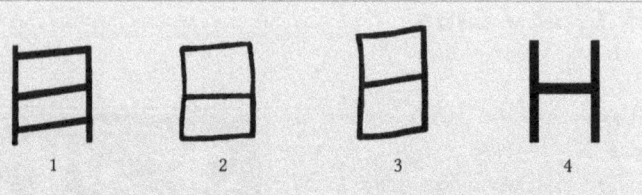

1   2   3   4

(1) Inschrift aus der Zeit um 1000 v. Chr.; das phönizische Wort Chet bedeutete so viel wie „Zaun"; bildlich zwei Stangen mit Querbalken; ausgesprochen wurde der 8. Buchstabe mit einem [x]-Anlaut. (2) Um 900 v. Chr. zeigte das phönizische Zeichen bereits vereinfachte Konturen. (3) Griechische Inschrift datiert mit 725 v. Chr.; kopierte den phönizischen Buchstaben, gab ihm aber den Lautwert [h] und den Namen Heta bzw. Eta. (4) Im klassischen Griechisch zu Zeiten Platons um 400 v. Chr. hatte dieser Buchstabe die heutige Form angenommen, wurde allerdings als Vokal gesprochen, wie ein langes E.

te vertrauten Leser sicherlich bereits die Metamorphose zu unserem Vokal E erahnen. Bald nach der Kopie des phönizischen Alphabets ins Griechische sah man sich gezwungen, den fehlenden Vokal, ab nun Epsilon genannt, in die Reihe der konsonantischen Buchstaben zu zwängen. Das H wurde dafür an die 8. Position gehievt, mit der gewohnten Aussprache [h] und dem neuen Namen Heta, der allerdings bereits zirka zweihundert Jahre nach der Übernahme ins Alphabet auf Eta abgeändert wurde. Beide Bezeichnungen stehen wie immer als sinnentleerte Namen im griechischen Alphabet. Unverändert blieb allein die Form des Chet, denn dessen Laut [x] war für die alten Griechen zur Verständigung nicht nötig.

Der Weg über die Etrusker bis zu den Römern (zwischen 700 und 600 v. Chr.) rettete das Heta vor dem völligen Verschwinden. Hätte dieser Buchstabe über seine Schultern blicken können, wäre ihm wohl kaum verborgen geblieben, dass sich an der Westküste Kleinasiens gerade an ihm ein Lautwandel vollzog. Das lange-E [ɛ:] – nunmehr Eta genannt – trat an die Stelle des bisherigen Hauchlauts Heta. Sobald um ca. 400 v. Chr. auch Athen diesen Wandel sanktionierte, war es um das H geschehen, zumindest als eigener Buchstabe. An dessen Stelle setzte man nun einen Akzent, zum Beispiel ê, um den Laut in der Schriftsprache sichtbar zu machen. Im Neugriechischen wird das Eta allerdings als [i] gesprochen (z.B. Iraklion für dt. Heraklion). Diese Parallelexistenz als Buchstabe beziehungsweise bloßer Akzent, falls nicht gar ein anderer Buchstabe als Bedeutungsträger dienen muss, macht es bisweilen schwer, griechisch geschriebene Namen mit lateinischen Buchstaben wiederzugeben. Das H schwebt in dieser Schrift fast unkenntlich im Raum.

Doch weiter mit den Römern. Sie hatten bereits vor der griechischen Vokalbildung das inzwischen zur heutigen Form mutierte H übernommen, und sie hatten auch eine mehrfache Verwendung für diesen Buchstaben, den sie vermutlich [ha] aussprachen: als Anlaut in Wörtern wie *habitus, historia, hospitalia*; als „kehlige" Verstärkung des Nachbarbuchstabens in griechischen Lehnwörtern wie *chroma, chronos, psyche;* als Hilfe bei der Übernahme von Wörtern mit „fremden" Buchstaben wie etwa Theta (*theatrum*) oder Phi (*philosphia, Philippus*). Anmerkung am Rande: Offensichtlich muss in den Jahrhunderten vor Christi Geburt ein Unterschied in der Aussprache von ph und f bestanden haben, sonst hätten die Römer sich die „griechische" Schreibung mit Doppelkonsonant zweifellos erspart.

Verlassen wir nun den historischen Pfad und wenden wir uns dem Hauchlaut H in modernen Sprachen zu. Auch hier ist seine Existenz als klanglich wahrnehmbarer Buchstabe höchst fragwürdig. Der Grund liegt darin, dass weder Stimmbänder noch Gaumen, Zunge, Zähne oder Lippen notwendig sind, um ein H zu formen. Immer wieder wurde dieser Buchstabe damit zu einem stummen Wächter, der seine Funktion nicht der phonetischen, sondern der grammatikalischen Wirkung auf die Umgebung verdankt. Im Deutschen Wörterbuch der Brüder Grimm hört sich die Definition so an: *H Der achte Buchstabe des lateinischen, sowie des gothischen Alphabets (in Letzterem auch mit dem Zahlwerte 8), der siebente des altnordischen Runenalphabets [...]. Das h ist in der jetzigen hochdeutschen Sprache theils der reine Hauchlaut (das h ist*

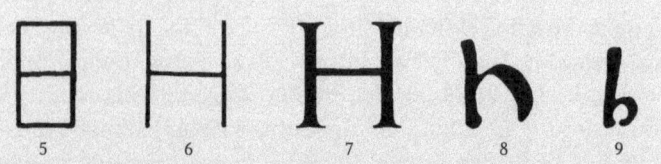

(5) Frührömisches [h] aus der Zeit um 500 v. Chr.; direkte Kopie des phönizisch-griechischen Buchstabens. (6) Um 200 v. Chr. hatte das H endgültig die oberen und unteren Balken abgelegt; Form, Klang und Platz im Alphabet entsprachen dem heutigen Buchstaben. (7) Ca. 100 n. Chr. zeigte das H bereits die für spätere Druckbuchstaben typischen Serifen und den leicht nach oben versetzten Querbalken, wie wir ihn heute kennen. (8) Aus dem England des frühen 8. Jahrhunderts stammt dieser handgeschriebene Unzial-Buchstabe, ein frühes kleines h. (9) Die karolinigische Minuskel (ca. 760) lässt bereits die moderne Buchstabenform erahnen.

ein scharfer Athem, wie man in die Hände haucht [...], theils hat es gar keinen phonetischen Wert mehr, insofern es (z. b. in sehen, wehen, ziehen, blühen, hoher, floh) stumm geworden ist, theils steht es oft nur als Zeichen der Dehnung eines Vokals, nicht einmal mehr mit etymologischem Werte. Doch schon lange davor, Anfang des 6. Jahrhunderts, war dem Aspirant H (lat. *aspirare* „anhauchen") vom lateinischen Grammatiker Priscian in seiner in Konstantinopel verfassten *Institutiones grammaticae* die Existenzberechtigung abgesprochen worden. Priscian sah diesen Buchstaben als ein bloßes Symbol, das für den benachbarten Laut eine „behauchte" Aussprache ankündigte. Ganz so unberechtigt ist Priscians Sichtweise nicht, denn das H ist in der Tat für sich allein stehend kaum hörbar. Dafür wirkt es belebend auf Wörter mit Folgevokal, wie etwa den Namen des Autors dieses Werkes: *Hugo.* Doch zugegeben, diese „Behauchung" könnte auch durch einen Akzent angedeutet werden, wie es eben im griechischen Alphabet geschah (siehe oben). Selbst der Gelehrte Geoffroy Tory (1480-1533), Verfasser des *Champ Fleury,* des schönsten frühneuzeitlichen Buches über das Alphabet (1529), hatte so seine Bedenken, was das H betraf: „Dieser Aspirant ist kein Buchstabe; nichtsdestoweniger muss man ihm im Sinne ‚dichterischer Freiheit' einen Platz im Alphabet einräumen."

Großzügiger war der englische Dichter und Gelehrte Ben Jonson, der 1640 in seiner *English Grammar* keine Zweifel an der Nützlichkeit dieses Buchstabens ließ, doch gleichzeitig das H am Ende seines Werkes, gleich nach dem Z, diskutierte. Frei übersetzt hört sich Jonsons Sichtweise so an: „... obwohl ich nicht zu wagen behaupte, dass es [das H] die ‚Mutter aller Konsonanten' ist, so ist es jedenfalls das Leben und die Seele von c, g, p, s, t, w und [manchmal] sogar r". Jonson denkt sicherlich an die Buchstabenpaare ch, gh, ph, sh, th, wh und rh, wie sie in *chain, ghost, phone, shape, sigh, that, when* oder *rhinoceros* vorkommen. Die Wirkung des H ist jedenfalls beachtlich, werden doch teils neue Laute gebildet (*chain, phone*), teils Buchstaben verstummend gemacht (*sigh*), teils eine phonetische Verstärkung erzeugt *(when)*. Verwirrend ist vor allem dieses ch, da es in vielen altenglischen Wörtern wie *cheese* oder *chair* „weich" [tʃ] gesprochen wird, in Vokabeln griechisch-römischer Herkunft dagegen „hart" [k]: *chorus, choir*. Dazu kommt im Englischen noch eine völlig unerwartete Aufgabe für das H, nämlich die drei altenglischen Buchstaben (siehe Abb. Buchstabe T) Thorn þ, Eth ð und Yogh (Mittelding zwischen [j] und [g]) durch th- und gh-Kombinationen wiederzugeben. Letzteres Buchstabenpaar entwickelte im Laufe der Geschichte völlig erratische, jeder Regel trotzende Lautwerte (siehe Buchstabe G). Ähnlich vielseitig ist dieses H im Deutschen mit Buchstabenkombinationen wie sch und ch, die neue Laute wie [ʃ] oder [x] bzw. [ç] ermöglichen: Schönheit, Licht, Rache. Trotz seines ephemären Zustands hält sich das H daher in den deutschen und englischen Buchstabenalphabeten ganz beachtlich unter den Top 10: Deutsch 9. Platz (4,8%), Englisch 8. Platz (6,1%). Im Französischen und Spanischen, wo das H am Wortanfang zu einer leeren Hülse wurde (Beispiel: *honneur*), krebst dieser Buchstabe dagegen mit knapp um die 1% am hinteren Ende der Häufigkeitslisten herum. Erstaunlicherweise gibt es im Spanischen aber doch einen [h]-Laut, einen palatal gebildeten, der durch die Buchstaben J bzw. weiches G symbolisiert wird. Denken Sie nur an den Namen Jorge [horxe]! Im Italienischen ist dieses H gänzlich verloren gegangen, von eingebürgerten Fremdwörtern abgesehen. Dieser Erosionsprozess in romanischen Sprachen begann bereits um 200 n.Chr., so vermuten Sprachforscher des Lateinischen. Althochdeutsch und Altenglisch dagegen waren H-lastige Sprachen, wie ein Blick auf die etymologischen Wurzeln von „heilige Heimat" und „happy home" zeigt. Sprechen wir heute im Englischen Wörter wie *honest, honour* oder *hour* ohne den H-Laut, so handelt es sich samt und sonders um ein normannisches Erbe. Ebenso verhält es sich mit dem völlig untypisch gesprochenen Namen für den Buchstaben selbst: [eitʃ]. Auch dieser leitet sich vom normannischen *hache* oder *ache* ab, eine Parallele zu den heute noch gängigen französischen und spanischen Bezeichnungen. Bleibt noch die Frage, wie es zu diesem altfranzösischen *hache* kam. Eine klare, wissenschaftlich belegte Antwort gibt es nicht, doch der Kleinbuchstabe der Unzialschrift (Abb. 8), aus Gründen der Schreibgeschwindigkeit um einen halben Strich verkürzt, sieht wie eine „Hacke" aus. Und die hieß zu jener Zeit *hache*.

Wie alle Buchstaben hat auch das H/h seinen Platz in den Abkürzungsverzeichnissen. Zum einen einmal als drohende H-Bombe (Wasserstoffbombe) – Erinnerungen an den Kalten Krieg werden wach! -, zum anderen als Indikator eines Hochdruckgebiets auf Wetterkarten. Der Kleinbuchstabe h (lat. horus) steht bisweilen hinter den vollen Stunden (Beispiel: 12h mittags). Der österreichische Nachbar Ungarn trägt das internationale Kennzeichen H (eng. Hungary). Wie immer könnte diese Liste beliebig verlängert werden. Doch kommt in der Tragweite kein H an das bereits im Vorspann erwähnte Wasserstoff-Symbol heran.

Abschließen möchte ich diesen Exkurs mit einem Seitenblick auf George Bernard Shaws *Pygmalion*, als *My Fair Lady* zu einem unvergessenen Musical adaptiert. Wer die Originalfassung gesehen hat, wird sich an Professor Higgins' intensive

Bemühungen erinnern, dem Cockney-Blumenmädchen Eliza Doolittle die Sprache der upper class beizubringen, indem er sie zwingt, an ihren H's zu arbeiten. Wieder und wieder muss Eliza einen stupiden Satz durchkauen: „In Hertford, Hereford, and Hampshire, hurricanes hardly ever happen."

Wussten Sie, dass …

… H (neben I, O und X) einer von nur vier Buchstaben mit horizontaler und gleichzeitig vertikaler Symmetrie ist? Man kann diese vier Buchstaben (wie auch N, S und Z) auf den Kopf stellen – sie sehen immer gleich aus.

… die H-Linie als typometrische Einheit für die Großbuchstabenhöhe (Majuskelhöhe) steht?

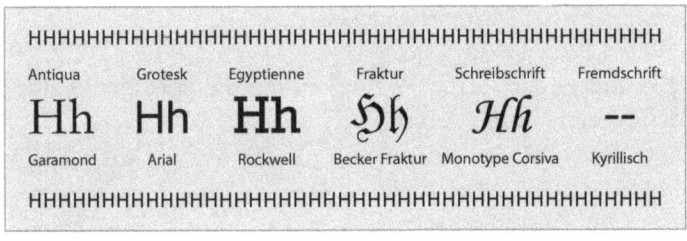

101

I Jod – Arm, Hand

Der spätgotischen Minuskelschrift aus dem 14. und 15. Jahrhundert verdanken wir den grafisch einzigartig ins Alphabet gerutschten i-Punkt. Anmerkung: Davor gab es schon den Akzent. Eine extrem enge Schreibweise mit gleichbleibenden Buchstabeninnenräumen, im Verhältnis zur Mittellänge kurze Ober- und Unterlängen, sowie ein dichter Zeilenabstand gaben dieser Zierschrift das Aussehen eines Gitters oder Gewebes. Und exakt dies ist auch der Name für diese Schrift: Textura (Gewebe). Alle derart verfassten Buchseiten dienten vor allem liturgischen Zwecken und der Repräsentation in Dom- und Klosterkirchen. Ein Problem war aber unübersehbar: Ein i und ein n nebeneinander konnten nur allzu leicht als m gelesen werden. Abhilfe schuf der – Sie ahnen es schon – i-Punkt.

In ungeheuer starker Weise wirken die geistigen Schöpfungen der „alten" Griechen bis in unsere Tage nach. Wer hat noch nie vom Archimedischen Prinzip, den Platonischen Körpern, dem Sokratischen Wissen, dem Pythagoräischen Lehrsatz, der Lesbischen Liebe oder der Euklidischen Geometrie gehört? Die Reihe ließe sich beliebig fortsetzen. So war es den Griechen auch vorbehalten, den unscheinbarsten Buchstaben unseres Alphabets, das I, in Form und Laut in die Zeichenkette hinein zu

Textura quadrata, Holzschnitt zu Schedels Weltchronik, gedruckt Koberger 1493

platzieren. Unbestritten, es gab an Position 9 bereits das phönizische Jod (auch: Yod, Yodh, Jodh). Doch sah dieser Buchstabe erstens anders aus (ein Z mit Querbalken), und zweitens repräsentierte er einen anderen, konsonantischen Laut, nämlich [j]. Der simple Längsstrich aber war es, der zweitausend Jahre später zur größten aller Herausforderungen für die Drucker der Neuzeit werden sollte. Mit seiner minimalen Schulterbreite und seiner Ähnlichkeit zu senkrecht orientierten Nachbarn war vor allem der Kleinbuchstabe des I in nahezu alle Schriftsätze schwer zu integrieren, angesichts der Forderung nach Lesbarkeit und Gefälligkeit fürs Auge. Bis in die heutige Zeit wird daher in Bezug auf Unverwechselbarkeit und Attraktivität die Schaffenskunst jedes Typenentwerfers mit dem I und dem ebenso schnörkellosen O als Benchmark gemessen. Dazu einige berühmte Stimmen: Schon Homer, der König der griechischen Dichtkunst, erzählt in seiner „Ilias", wie Zeus seine Macht damit begründet, dass er alle Götter, selbst Erde und Meer, an einer goldenen Kette zu sich in den Himmel ziehen könnte. Homers Erklärung zu diesem Bild: „Die goldene Kette … ist gut proportioniert in Länge und Breite, passend zur Symmetrie unseres Buchstabens I." Albrecht Dürer notierte 1535 in seiner Abhandlung über die Buchstaben: „Beinahe alle Buchstaben sind nach diesem [I] geformt, obwohl immer etwas hinzugefügt oder weggenommen werden muss." Und schließlich betonte der Kalligraf Edward Johnston 1906 in *Writing and Illuminating, and Lettering*: „Given an I and an O of any alphabet, we can make a very good guess at the forms of the other letters." („Aus einem I oder O aus jeglichem Alphabet können wir sehr gut auf die Gestalt der anderen Buchstaben schließen.")

Doch das Jod (so der ursprüngliche Name) hält auch eine sprachgeschichtliche Überraschung bereit. Die Form des altphönizischen Zeichens findet sich in der für die griechische Sprache adaptierten Schrift auf Kreta. In allen Funden von Alphabet-Ausformungen des Festlands dagegen wird eine neue Zeichensetzung für den nunmehr Iota genannten Buchstaben verwendet. Hat das Phönizische vielleicht über das „Tor" Kreta seinen Weg ins antike Griechenland genommen? Einiges spricht dafür, wie etwa der kretische Ausdruck *phoinikastás* für einen hohen Beamten, der die phönizische Buchstabenschrift beherrschte, oder das Verb *phoinikazein,* das mit „phönizisch schreiben" übersetzt werden muss. Jedenfalls können nach den neuesten Funden auf Kreta die Beschriftungen der sogenannten Dipylonkanne aus der Zeit um 700 v. Chr. nicht mehr als alleinige älteste Quelle einer griechischen Schrift angesehen werden. Eine Anmerkung am Rande: Die Unscheinbarkeit dieses Zeichens wurde auf „alles Kleine", auf die „geringste Menge einer Gruppe" übertragen, und schon bei Matthäus (5,18) ist der Ausdruck „nicht ein Iota" zu lesen, in der Bedeutung „nicht im Geringsten".

Bereits um 900 v. Chr. hatte das phönizische Jod die erste Weggabelung im Blickfeld, wurde dieser Buchstabe doch vom Hebräischen übernommen, mit dem gewohnten Laut und dem ursprünglichen Namen. Verändert hatte sich allein die Form, denn das Jod als bloßer Pinselstrich war nunmehr auch der kleinste aller hebräischen Buchstaben. Als

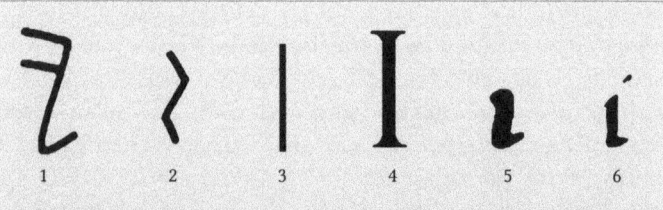

(1) Phönizisches Jod; um 800 v. Chr.; wie alle Buchstaben, trug auch dieses Zeichen einen konsonantischen Lautwert: [j]. (2) Frühgriechisches Iota (ca. 740 v. Chr.); als Vokal [i] gesprochen. (3) Um 725 v. Chr. wurde dieser Buchstabe als gerade Linie geschrieben, vermutlich um Verwechslungen mit dem Sigma zu vermeiden. (4) Das I der Trajansäule (113 n. Chr.) wurde durch Serifen zu einem „monumentalen" Buchstaben. (5) Karolingische Minuskel; um 920 n. Chr. in Tinte geschrieben. (6) Kleinbuchstabe mit i-Punkt (eigentlich noch: i-Akzent) aus einem lateinischen Gebetbuch aus Italien; frühes 15. Jahrhundert.

Winzling – mit dem alle anderen Zeichen des Hebräischen anfangen – ähnelt er sogar dem Punkt, der nach metaphysischem Verstehen den Beginn von Raum und Zeit darstellt. Das Jod enthält daher im mystischen Sinn das Geheimnis des Universums. Zudem trägt dieser Buchstabe im Hebräischen den Zahlenwert 10, eine ungeheuer dominante Einheit in unserem ganzen Denken. Das griechische Iota hingegen fand über den schon mehrfach beschriebenen Pfad der Apenninenhalbinsel, also über die Etrusker (ca. 700 v. Chr.) und später die Römer (ab 600 v. Chr.), sowohl in seiner kurzen als auch seiner langen Aussprache den Weg in praktisch alle europäischen Sprachen.

Ein kurzer Rückblick auf den Einleitungsabsatz zu diesem Buchstaben sei erlaubt. Winzig und unscheinbar wie dieses i nun einmal war, schien schon um das Jahr 1000 n. Chr. die Notwendigkeit einer Auszeichnung gegeben, um die Wahrnehmung durch das menschliche Auge zu erleichtern. Die frühesten Schreiber durften daher – ganz nach persönlichem Geschmack – eine Art Akzent über den Kleinbuchstaben setzen, oft leicht nach rechts in Schreibrichtung versetzt (Abb. 6). Gerade an diesen kleinen Zeichen erkennt man die „Handschrift" früher, anonymer Schreibkünstler. Die Minimierung auf einen Punkt dagegen war das Werk der ersten Drucker. Doch findet sich der ehrwürdige í-Akzent heute wieder verstärkt auf Einladungen und Festschriften, die auf heimelige und Individualität suggerierende Schreibschrift-Fonts zurückgreifen. Einmal mehr darf der historisch interessierte Leser erkennen: Der Kreis schließt sich. Eine andere Art der Auszeichnung ist noch in alten Dokumenten und Büchern zu finden: Statt des i stand parallel das leichter lesbare y zur Verfügung. Bei einem Ihrer nächsten Besuche in einem Museum sollten Sie einen Blick auf diese Doppelverwendung werfen. Zudem erinnern einige alte Familiennamen wie Meyer oder Schneyder an diese orthografische Möglichkeit. Ein letzter Blick auf die Tücken der grafischen Darstellung dieses Buchstabens zeigt, dass einige Weltmagazine wie etwa *Vanity Fair* ihren Redakteuren zeitweise die Verwendung der Initiale I (siehe oben) verboten, da dieser Buchstabe am Absatz- oder Seitenanfang den Eindruck eines Ornaments, nicht jedoch eines Teils eines Wortes vermitteln würde. Eines der seltenen Buchstaben-Embargos der Druckgeschichte war damit verhängt worden – aus rein ästhetischen Überlegungen, dies sei angemerkt!

Mag dieser schmalbrüstige Buchstabe noch so ungeschminkt die Buchstabenreihe zieren, in der Häufigkeit seiner Verwendung im Deutschen – Platz 3 nach E und N – ist das I/i eine der tragenden Säulen unserer Sprache. Mit 7,55% wird jeder zwölfte Buchstabe als [i]-Laut gelesen. Vielleicht wollen Sie sich der Mühe unterziehen, die Buchstaben dieses Absatzes durchzuzählen? Knapp unter 7% beträgt der statistische Wert in der Weltsprache Englisch, (immerhin noch der 5. Platz), 7,5% im Französischen (Platz 4) und 6,25 % im Spanischen (Platz 9). Gut, diese Prominenz als wichtiger Baustein deutscher Wörter mag das I seiner Anschmiegsamkeit an das E verdanken (ie, ei), wobei auch hier, wie schon bei den Umlauten, die frühmittelalterliche Hochdeutsche Lautverschiebung entscheidenden Einfluss hatte. Aus dem langen ē wurde ein ie (ae. *flēogan*, mhd. *vliegen*, nhd. *fliegen*). Im Englischen wiederum sind es Wörtchen wie „in", „is", „it" sowie die –ing-Form der Verben, die den Stellenwert dieses 9. Buchstabens in lichte Höhen treiben; nicht zu vergessen das eigenwillige „I" für „ich". Kurios in diesem Zusammenhang auch die Aussprache des englischen langen I als [ai], eine Folge der bis dato mysteriösen Vokalverschiebung im 15. Jahrhundert: *līf* (alte Form von *life*) „Leben", war davor noch als [li:f] zu hören. Heute erkennen Sie Fremdwörter im Englischen einfach daran, dass diese mit [i] oder [i:] gesprochen werden: *pizza, piano, ski, clique.* Vor r wird ein nochmals anderer Lautwert gebildet, [ə:], ein weit hinten im Gaumen vernehmbares ö ohne Lippenrundung: *Sir, fir* usw. (In der Fachsprache nennt man diesen Laut Schwa.) Ganz vergessen darf man auch nicht die historische Verwandtschaft mit dem phönizischen Jod, denn in englischen Wörtern wie *million* oder *union* ist auch heute noch das konsonantische [j] zu hören. Im Deutschen wird das lange [i:] grafisch auf gleich viererlei Art wiedergegeben, wie folgende Beispielwörter zeigen: B̲i̲ber, R̲i̲e̲se, i̲h̲m, V̲i̲e̲h̲.

Als Abkürzungszeichen steht I unter anderem für Italien, Imperium oder die Stromstärke, aber auch für Isospinquantenzahl, I. für Imperator, Insel oder Institut, das kleine i als eines der bekanntesten Piktogramme für Information, aber auch innen oder innerlich. Doch letzteres Symbol, das i, repräsentiert in der Mathematik auch sogenannte imaginäre Zahlen, also Zahlen, die es eigentlich gar nicht gibt. Nach Definition ist die imaginäre Einheit i die Wurzel der reellen Zahl −1 (minus 1). Lassen Sie sich nicht verwirren: Dieser Gedanke dient nur Ihrer Information. Mag das i auch ein unscheinbares Äußeres tragen und bislang eher den Mathematikern gedient haben, so bekommt es seit dem 7. Mai 1998 fast monumentale Wucht als modernes Marketingsymbol. An diesem Tag wurde der erste Apple iMac vorgestellt, ein Computer, der als vorrangiges Ziel das Surfen im Internet vorgab. Und exakt für dieses zeitgeistige Medium Internet steht dieses kleine i. In Kombination mit der Binnenmajuskel (iM) sind es also zwei völlig konträre Buchstaben, die in Missachtung aller Regeln der Groß- und Kleinschreibung ein neues Lebensgefühl vermitteln, ein „In-Sein" der anderen Art. Das folgende Jahrzehnt führte den amerikanischen Computerhersteller Apple mit weiteren „iKombinationen" wie iPhone, iPod oder iPad gar zur Nummer 1 unter den kapitalstarken börsennotierten Firmen der Welt, quasi als Tüpfelchen auf dem i.

Abschließen möchte ich die Charakterisierung dieses Buchstabens mit einem netten Limerick (in Originalsprache): *There's a clever old miser who tries / Every method to eco-nomise. / He said with a wink, / „I save gallons of ink / By simply not dotting my i's."*

Wussten Sie, dass ...

... mit den Hawaiiinseln nur ein Wort mit einem Tripel-i bekannt ist?

... Hawai'i korrekt mit dem Okina (') geschrieben wird und daher mit Doppel-i gesprochen werden sollte? Nach Überlieferung soll damit der fehlende Buchstabe k (Hawaiki) angedeutet werden.

... i! für igitt einen Ausdruck des Ekels darstellt?

... die „römische 1"- das Zeichen I – bis in die Sechzigerjahre des 20. Jahrhunderts in Volksschulen für exzellente Beurteilung stand?

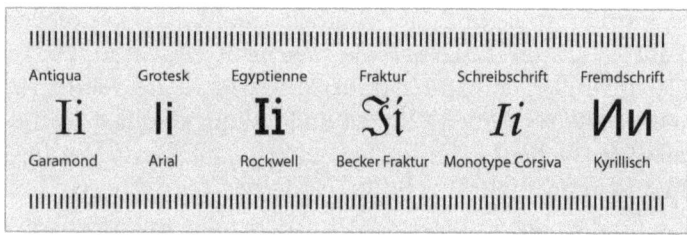

Antiqua	Grotesk	Egyptienne	Fraktur	Schreibschrift	Fremdschrift
Ii	Ii	Ii	Ji	Ii	Ии
Garamond	Arial	Rockwell	Becker Fraktur	Monotype Corsiva	Kyrillisch

J Jod* – aus I

Ein Auszug aus dem Deut-
schen Wörterbuch der
Brüder Grimm soll gleich
einleitend auf die schwere
Geburt dieses Buchstabens
J hinweisen: „Während das
gotische Alphabet für den
Halbvokal j an 15. Stelle ein
eigenes Zeichen geschaffen
hatte, drückten noch die viel
späteren ober- und nieder-
deutschen, sowie nordischen
Handschriften, die das latei-

A. B. C. Trim, alphabet enchanté von
Louis-Gustave-Fortuné Ratisbonne, 1861

nische Alphabet angenommen, nach dessen Brauche j durch i
mit aus, soweit sie nicht auch g dafür verwendeten. Erst seit dem
15. Jahrhundert lässt sich der Gebrauch eines eigenen Buchstabs
für den Halbvokal in den Anfängen nachweisen, und zwar zu-
nächst nur für die Minuskelschrift. Die Entwickelung jedoch
dieses Buchstabs fällt viel früher, gehört bereits der Minuta
erecta des 9. oder 10. Jahrhunderts an, und vollzieht sich, in-
dem im Gegensatz zu dem ein Wort anfangenden Vocal I, den
man hoch hinaufzuziehen liebte, ein schließendes i, wenn es in
der verbindung ii (als Wortendung oder auch als Zahlzeichen)
stand, vom Schreibenden etwas heruntergezogen ward; wobei
aber selbstverständlich der Lautwert des Zeichens sich nicht
änderte."

Kommentar: Eine schwerblütige Definition, fürwahr!

J ist einer der wenigen Buchstaben – zusammen mit V und W
–, deren Geburt der neuzeitliche Mensch direkt miterleben
konnte. Hatte das römische Alphabet noch 23 Buchstaben,
so machte das Auftauchen neuer Laute eine Anpassung des
Buchstabenkanons notwendig, entweder mittels Übernahme

der Lautfunktion durch einen bereits bestehenden Buchstaben, oder eben durch die Geburt eines neuen Lautträgers.
Letzteres ist hier der Fall, und so entstand im Laufe des 16.
und 17. Jahrhunderts aus der Mutter I das in den europäischen
Hauptsprachen relativ selten verwendete J. So steht dieser
junge Buchstabe in den Sprachen Deutsch, Englisch, Französisch und Spanisch mit jeweils unter einem Prozent ganz
weit hinten in den Tabellen der Buchstabenhäufigkeit. Doch
war es keinesfalls eine leichte Geburt, dieses J, und es hatte
eine noch viel schwerere Kindheit, denn bis zum Erwachsen-
werden, bis zur allgemeinen Anerkennung in der Riege des
Alphabets, sollten noch mehr als 200 Jahre vergehen. Lange
wurde dieses Zeichen bloß als Variante des I empfunden.

Das J wurde aus dem I geboren, so viel ist schon gesagt.
Doch umfasste die Zeit der Schwangerschaft und Geburtswe-
hen unglaubliche tausend Jahre, genau betrachtet das gesamte Mittelalter. Zwischen ca. 500 und 1500 reifte dieser neue
Buchstabe langsam im Mutterleib I heran, wie etwa die im
Kasten abgebildete Karolingische Minuskel (Abb. 2) aus der
Grandval Bibel zeigt. Wieso aber war diese Geburt überhaupt
notwendig? Nun, für den [j]-Laut gab es im ehrwürdigen Latein keine vollwertige Entsprechung. Am nächsten kam noch
das konsonantische [i], ein [j]-Laut, der durch den klassischen
Vokalbuchstaben i wiedergegeben wurde. Ein Vergleich mit
dem modernen englischen y sei erlaubt: Wörter wie „fly"
oder „carry" werden mit vokalisch [ai] bzw. [i] gesprochen,
Wörter wie „yes" oder „canyon" dagegen mit dem konsonantischen Laut [j]. Mit halbwegs guter Sprachkenntnis stellt
eine korrekte Wiedergabe überhaupt keine Schwierigkeit dar.
Grundsätzlich kam im Lateinischen ein Konsonant-i haupt-
sächlich vor den Vokalzeichen a und u vor, ja dieser Laut
war fast zwangsläufig hörbar, selbst wenn dies unbeabsichtigt
geschah, wie etwa im Namen Claudia (gesprochen: [i(j)a]).
Dieser unwillkürliche, fast verblassende [j]-Laut ist auch in
modernen Vokabeln zu vernehmen. Sprechen Sie einmal folgende Sätze nach: (eng.) „I am a lion" bzw. „Hias verspricht

Miriam die Ehe". Sie werden die versteckten [j]-Laute sofort hören. Vermutlich war diese ganz natürliche Funktion des I auch der Grund, weshalb selbst die Griechen, Etrusker und frühen Römer diesen Buchstaben bereits zu einem doppelgesichtigen Dasein verpflichteten. Viele unserer mit J geschriebenen Wörter stammen von diesem konsonantischen I der Römer ab, wie etwa *Januar* (lat.: *Ianvarivs*), *Julius* (lat.: *Ivlivs*), *Junior* (lat.: *ivnior*), *Juno* (lat.: *Ivno*), *Jupiter* (lat.: *Ivpiter*), *Justiz* (lat.: *ivstitia*). Und an dieses konsonantische I erinnert nicht zuletzt die auf vielen Kruzifixen zu findende Kreuzinschrift „INRI" für IESVS NAZARENVS REX IVDAEORVM (Joh 19,19). Anmerkung: Das v stand in römischen Zeiten sowohl für den Buchstaben u als auch für den Laut [u]. Mehr dazu an anderer Stelle.

Mit dem Untergang des Römischen Reiches verfiel aber auch die lateinische Sprache zusehends, und verschiedene Dialektfärbungen entwickelten sich zu Altfranzösisch und anderen romanischen Sprachen. Dabei verwischte sich dieser [j]-Laut in ganz unterschiedliche Richtungen: zu einem [h] im mittelalterlichen Spanisch, zu einem stimmhaften [ʤ] im frühen Französisch. Damit war aber nun das I als Stellvertreterbuchstabe klar überfordert. Zwischen Schreibung und Aussprache gab es keinen wirklich überzeugenden logischen Zusammenhang mehr, und somit schien die Zeit reif, der Mehrfachfunktion des I durch die Geburt eines neuen Buchstabens ein Ende zu setzen. Bestimmend für die endgültige Form dieses Neuankömmlings in der Welt des Alphabets waren zweifellos die frühmittelalterlichen Handschriften. Wie Abbildung 2 zeigt, wurde der Kleinbuchstabe i von so manchem Schreiber bereits früh mit einem nach links unter die Grundlinie gezogenen Rundhaken geschrieben. Der Sinn dieser Formgebung war zu dieser Zeit die leichtere Lesbarkeit, die Aussprache konnte völlig austauschbar ein [i] oder [j] sein. Wurde das i mit einem Akzent versehen, so geschah dies analog auch beim j (Abb. 3). Letztere orthografische Ausprägung, also das j, stand allerdings immer entweder am Wort-

J Jod*

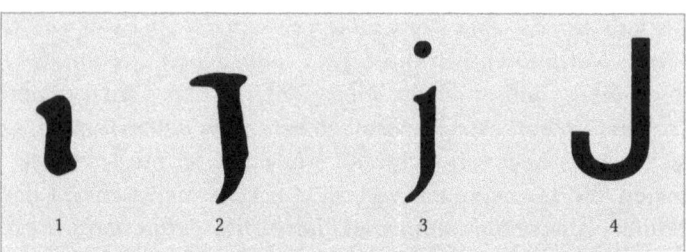

1   2   3   4

(1) Unzial-Buchstabe in spätrömischer Handschrift; um 450 n.Chr.; noch war dieser Buchstabe ein eindeutiges i. (2) Karolingische Minuskel (ca. 840 n. Chr.) der Grandval-Bibel; der Ansatz eines Unterstrichs, der später zum „J-Haken" führte, ist bereits deutlich erkennbar; der Lautwert war weiterhin [i]. (3) Französischer Druckbuchstabe (um 1615), der sich an der Karolingischen Minuskel orientierte. (4) Helvetica-Großbuchstabe (späte 1950er-Jahre); in der Schweiz entwickelt; dieser serifenlose Antiqua-Buchstabe vermittelt den Eindruck, in der Balance zu stehen.

anfang oder am Wortende, niemals dazwischen. So konnte das lateinische Wort *iusti* durchaus auch als *justj* zu Papier gebracht werden. Bemerkenswert ist jedenfalls die Tatsache, dass der Großbuchstabe J der einzige unseres Alphabets ist, der aus einer Minuskel entstanden ist. Dies erklärt auch die Anomalie der „falschen" Richtung, in die der Haken dieses Buchstabens zeigt.

Am Ende des Mittelalters standen den Schreibern damit zwei Laute und zwei Buchstabenformen zur Verfügung, die allerdings bis dahin völlig wahllos vermischt werden durften. Nun aber, mit dem Beginn des Buchdrucks um 1470, sollten Laut und Buchstabe ihren klaren Platz erhalten, mit der für die jeweilige Sprache relevanten Anwendung. Die Zeit der Schwangerschaft war zu Ende, die Geburt erfolgreich bewältigt, doch der Reifungsprozess sollte noch lange Jahre andauern. Immerhin hatte, so zitiert dies das Deutsche Wörterbuch, schon Jahrhunderte zuvor Priscian (spätantiker Grammatiker, um 500 n.Chr.) hervorgehoben, „dass die beiden Zeichen i und u, obwohl man sie je nur mit *einem* Namen benenne und unter *einer* Figur darstelle, doch sowohl Vokale als Konsonanten ausdrückten und also verschiedenen Wert

112

hätten". Die erste Sprache, die bereits 1470 vokalisch ein i, konsonantisch ein j lückenlos verwendete, war das Spanische, zumindest bei den Minuskeln. Die Großbuchstaben folgten ab dem beginnenden 17. Jahrhundert. Der heilige Name schrieb sich ab nun Jesus (gesprochen: [hesus]). Französisch folgte mit einer Verzögerung von ca. hundert Jahren. Noch länger brauchte England, wo etwa Shakespeares erste Gesamtausgabe von 1623 noch immer durchgehend das i verwendet (also King Iohn), mit Ausnahme von Großbuchstaben im Inhaltsverzeichnis. Der Kampf um die Anerkennung ging für das J weiter, und selbst Samuel Johnsons *Dictionary of the English Language* (1755) kommt noch mit 24 Buchstaben aus, also ohne J und V. Fast paradox mutet die Tatsache an, dass sich Johnson selbst mit J schrieb, nur lexikalisch gesehen diesem Buchstaben die Anerkennung verwehrte. Das Wörterbuch listet unverdrossen „Iackal, Iam, Iambick, Iangle, Ibis, Ice, Idiot, Iealous". Das Durchtrennen des Gordischen Knotens blieb wie so oft einem Amerikaner vorbehalten: Noah Webster (1758-1843), ein Rechtschreibreformer und Lexikograf, entschied sich in seinem bahnbrechenden Werk *An American Dictionary of the English Language* (1828) für 26 Buchstaben, die hiermit das amerikanische Alphabet umfassen sollte. Das konservative Großbritannien konnte nur zögerlich und deutlich zeitversetzt nachfolgen. Eine ergänzende Bemerkung zur phonetischen Wiedergabe im Englischen sei hier angebracht: statt [dʒei] hieß es in Anlehnung an das I bis ca. 1860 [dʒai]. Spanien artikulierte ein [h] und nennt den Buchstaben J daher „Jota", gesprochen [hota]. Im Deutschen heißt es „Jot" [jot], in Österreich „Je" [je], analog zu vielen anderen Konsonanten. Und im Holländischen können I und J sogar als Zwillinge, sprich: Digraf, nebeneinander stehen, wie in *Nijmegen* [ai] oder *Cruijff* [oi]. Dies ist sogar mit zwei Großbuchstaben am Wortanfang möglich: Werfen Sie einen Blick auf die Landkarte und suchen Sie das *IJsselmeer*.

Im Deutschen wird das J als stimmhafter Reibelaut (Frikativ) gesprochen, wobei Luft am hinteren Gaumen nach vorne gedrückt wird, unter Beiziehung der Stimmbänder. Damit besteht phonetisch überhaupt kein Unterschied zum Y, das exakt diese Position im Lautinventar besetzt. Der mysteriöse *Yeti* könnte ebenso *Jeti* geschrieben werden, wir würden ihn exakt gleich aussprechen. In manchen Fremdwörtern wie *jovial* [ʃ] oder *Junta* [h] hat das Deutsche einfach die Aussprache des Ursprungslandes übernommen. Denn der Laut [j] hört sich aus einem englischen oder französischen Mund ganz anders an: Hier wird die Zunge zum Luftausstoß an die Oberzähne angelegt, wobei das französische [ʒ] viel weicher, melodiöser klingt als das englische [dʒ]. Dies obwohl dieser Laut erst mit der normannischen Invasion 1066 ins Englische übernommen wurde. Altenglisch kannte noch kein J. Anders zog sich Italien aus der Affäre. Hier wird das weiche [dʒ] einfach durch ein G wiedergegeben, also *Gianni* oder *Gésu*, von wenigen Fremdwörtern abgesehen.

Auch dieser seltene Buchstabe hat seine Funktion als Kürzel für zahlreiche Begriffe gefunden: J (Japan, Jod, Joule), j. (jährlich, jetzt, jung), J. (Jugend, Justiz). In den Buchstabiertafeln teilte (J wie) „Jakob" das Schicksal anderer „jüdischer" Namen und musste im Dritten Reich durch das banale „Jot" ersetzt werden. Mit dem Ende des Schreckens kam es hier zu keiner Wiedergutmachung, sondern lediglich zum Ersatz des Ersatzes Jot. Nunmehr buchstabieren wir in Deutschland und Österreich mit „Julius", in der Schweiz – von den Gräueln des Nationalsozialismus unberührt – noch traditionell mit „Jakob".

Zusammenfassend sei nochmals betont, dass das J seinen Weg über den Kleinbuchstaben machte, der Großbuchstabe J dagegen ein Werk der aufstrebenden Buchdruckkunst war. Es gab dafür keine antiken Vorbilder. Vielleicht wird damit auch die Kritik des großen Lehrers der Schriftentwicklung, David Diringer (1900-1975), verständlich: „[Das J] ist im Design anderer Buchstaben deutlich unterlegen; es fehlen Balance, Kühnheit des Entwurfs und die Würde der klassischen römischen Monumentalschrift." Ja, j = jung & jovial!

Wussten Sie, dass …

… abgesehen von Abkürzungen und Fremdwörtern (*Tokaj, Bej*) kein deutsches Wort auf j endet?

… *Jumbojet, Jeansjacke* und *Ljubljana* zu den wenigen Beispielwörtern mit zwei J/j gehören?

… eng. *yacht* (dt. Jacht) als [jɔt] gesprochen wird, exakt wie unser Buchstabe?

… Dr. iur. die lateinische Schreibweise für j verwendet?

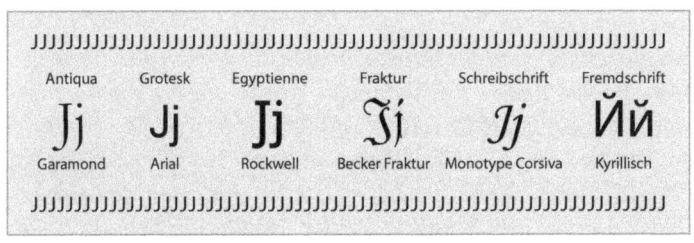

K Kaph – Handfläche

Die „k. u. k. Monarchie"
*(für kaiserliche und könig-
liche Monarchie Österreich-
Ungarn) hatte zwar keine
eigene Staatsflagge, doch
diente der Doppeladler der*

k.u.k. Hofbeisl

*Dynastie Habsburg-Lothrin-
gen zwischen 1867 und 1915*

Emblem einer k. u. k. Institution, um 1900

*als Hoheitszeichen für gemeinsame Institutionen und Behörden
Österreich-Ungarns. Ausgedrückt wurde diese Zusammenge-
hörigkeit durch die berühmte Abkürzung k. u. k. Der Monarch
selbst wurde als Seine k. u. k. apostolische Majestät bezeichnet.
Seit 1869 trug der Kaiser bei offiziellen Anlässen den Großen
Titel, der für alle Schulkinder der Monarchie Lehrstoff war:
Seine Kaiserliche und Königliche Apostolische Majestät Franz
Josef I. von Gottes Gnaden Kaiser von Österreich, König von
Ungarn und Böhmen, von Dalmatien, Kroatien, Slawonien, Ga-
lizien, Lodomerien und Illyrien; König von Jerusalem etc.; Erz-
herzog von Österreich; Großherzog von Toskana und Krakau;
Herzog von Lothringen, von Salzburg, Steyer, Kärnten, Krain
und der Bukowina; Großfürst von Siebenbürgen, Markgraf von
Mähren; Herzog von Ober- und Niederschlesien, von Modena,
Parma, Piacenza und Guastalla, von Auschwitz und Zator,
von Teschen, Friaul, Ragusa und Zara; Gefürsteter Graf von
Habsburg und Tirol, von Kyburg, Görz und Gradisca; Fürst von
Trient und Brixen; Markgraf von Ober- und Niederlausitz und
in Istrien; Graf von Hohenems, Feldkirch, Bregenz, Sonnenberg
etc.; Herr von Triest, von Cattaro und auf der Windischen Mark;
Großwojwode der Wojwodschaft Serbien etc., etc. Offiziell wohl
zum letzten Mal war dieser Titel 2011 beim Begräbnis von Otto
von Habsburg, Kronprinz von Österreich-Ungarn, zu hören.
Oft wird die zweite Abkürzung k. k. (kaiserlich-königlich) mit
dieser offiziellen verwechselt, doch stand das k. k. (seit 1804 in*

Gebrauch) nach 1867 ausschließlich für Behörden und staatliche Einrichtungen der westlichen Reichshälfte der Habsburg-Monarchie.

K eine Frage, unser Alphabet kämpft in der Regel mit einer Knappheit an Buchstaben, sodass viele der Schriftsymbole die Arbeit für zwei erledigen müssen. Man denke nur an das S, das neben dem Laut [s] auch noch für [z] und [ʃ] stehen kann. Und doch gibt es eine Gruppe, die schwere Redundanz zeigt, die sogar aus der alphabetischen Liste gestrichen werden könnte, ohne große Verständnislücken aufzureißen. Gemeint sind die nah verwandten Zeichen C, G, K und Q. Aus dem historischen Wettstreit ist das Q als eindeutiger Verlierer hervorgegangen. Bei C und G/K kommt es vor allem darauf an, welche Sprache wir analysieren wollen. Im deutschen Sprachraum schleicht die *Katze* auf Samtpfoten heran, in anderen Sprachen ist es dagegen eine *cat, chat, gatt* oder *gato.*

Die Hieroglyphe einer ausgestreckten Hand (Abb. 1), Frieden und Freundschaft anzeigend, schuf um ca. 2000 v. Chr. die Inspiration zu diesem Buchstaben. Überraschenderweise aber stand diese ägyptische Hieroglyphe der „Hand", altägyptisch *drt,* ursprünglich für den Buchstaben D. Doch den semitischen Schreibern gefiel offensichtlich das einfache, leicht einprägsame Symbol, der Laut war völlig nebensächlich. Wie Abbildung 2 zeigt, ist die semitische „Vierfinger-Hand" bereits in den frühesten Funden in Serabit el-Khadem (ca. 1750 v. Chr.) in senkrechter Darstellung im Sandstein eingeritzt zu finden. Der Name für dieses Zeichen, Kaph, beginnt mit dem bis heute nachhallenden K, ganz exakt dem semitischen Prinzip entsprechend, mit dem ersten Buchstaben den Laut festzulegen. Vermutlich um die Schreibarbeiten zu beschleunigen, entwickelte sich dieses Zeichen zu einer eckigen Form, die bereits vor mehr als 3000 Jahren, zu Zeiten der Phönizier, unser heutiges K vorwegnahm. Immer noch strecken sich auch in den vor Ihnen liegenden Zeilen die Finger dieser uralten Hand

1   2   3   4   5

(1) Ägyptische Hieroglyphe des Hand-Symbols; ca. 2000 v. Chr.; mögliche Inspiration für den semitischen Buchstaben. (2) Semitisch Kaph, mit der Bedeutung „Handfläche"; Serabit el-Khadem ca. 1750 v. Chr. (3) Phönizisches Kaph ca. 1000 v. Chr.; frühestes „Strichsymbol" für diesen Buchstaben; vermutlich einfacher zu schreiben. (4) Phönizisches Kaph ca. 800 v. Chr.; bildhaft erkennt man drei Finger an einer Handwurzel. (5) Frühgriechisches Kappa aus einer rechts-links geführten Inschrift; ca. 740 v. Chr.; Kopie des phönizischen Buchstabens mit Formgebung entsprechend der Schreibrichtung.

beharrlich in Schreibrichtung. Eine weitere Parallele ist die elfte Position des Kaph im Alphabet, vor den Buchstaben L, M und N. Doch gleich weiter mit dem phönizischen Erbe. Die frühen Schreibkünstler der Levante benötigten zwei Buchstaben, K und Q, für einen uns absolut gleichartig scheinenden Laut. Damals muss offensichtlich die Zungenstellung eine leichte, bedeutungtragende Differenzierung erlaubt haben. Diese ging in den Sprachen praktisch aller indogermanischen Völker verloren, und dies führte damit zur bereits im einleitenden Absatz angesprochenen Redundanz. Das dritte [k], der Buchstabe C, war in phönizischen Zeiten ohnehin unbekannt, wurde also erst später, „zu allem Überfluss", dem Alphabet hinzugefügt.

Um 800 v. Chr. fanden die Griechen mit Kaph und Qoph zwei Buchstaben vor, die für sie nur ein und dieselbe Funktion haben konnten. Die gräzisierten Namen Kappa und Qoppa ließen die Erinnerung an eine Hand bzw. einen Affen sofort verblassen, und das Kappa siegte sehr bald im Wettstreit um die Anwendung im praktischen Textverfassen. Allein die Doppelfunktion als Laut- und Zahlenwert (90) erlaubte dem Qoppa ein Nischendasein. Anders sah die Sache bei den Etruskern aus, die um 700 v. Chr. von griechischen Händlern

mit dem Alphabet beschenkt wurden. In dieser mysteriösen,
bis dato nicht entzifferbaren Sprache gab es, so scheint es
aus historischer Perspektive, gleich mehrere [k]-Laute, die
alle nach einem repräsentativen Symbol verlangten. Und so
waren es auch die Etrusker, die aus dem für sie nutzlosen
Gamma das C schufen, an prominenter dritter Stelle im Alphabet platziert. Über die Namen für diese [k]-Laute kann nur
spekuliert werden, doch vermutlich bezeichnete man das C
als [ke], das K als [ka] und das Q als [ku].

Die nächste Übernahme durch die Römer um 600 v.Chr.
brachte dieses „K-Paket" (C, K, Q) in eine Sprache, die dafür
überhaupt keine sinnvolle Verwendung sah. Ordnungsbe-
wusst wie die Römer waren, entschieden sich die neuen
„Herrn des Alphabets" für das C als obligatorische Repräsen-
tanz für den Laut [k]. Das Q durfte immerhin vor U stehen,
um den lateinischen Laut [kw] grafisch darzustellen. Das K
geriet in Vergessenheit. Dreihundert Jahre später sah man
diesen Buchstaben höchstens in alten Begriffen, die noch
direkt an die etruskische Epoche anknüpften. Am bekanntesten unter den K-Wörtern ist zweifellos die phönizische
Stadt Karthago, die gewaltige Gegenspielerin Roms. Vermutlich sind es zwiespältige, vielleicht – an Karthago denkend
– sogar bedrohliche Gefühle, die ein römisches Ohr mit dem
Buchstaben K verbinden musste. Daher blieb das K selbst in
der Zeit in der Schublade, wo griechische Lehnwörter die
Aufnahme der Buchstaben Y und Z ins lateinische Alphabet notwendig machten. Die mythische Hexe Kirke wurde
zwar mit dem harten Laut gesprochen, doch stets als Circe
geschrieben, die Kupferinsel Kupros – der Name dürfte auf
das sumerische Wort für Kupfer *kabar* oder *gabar* zurück-
gehen (siehe: Kastner: Von Aachen bis Zypern) – hieß im
Lateinischen Cyprus. Kurzum, das K war aus dem römischen
Denken nahezu komplett verbannt, und die Nachwirkungen
sind bis heute in einigen modernen Sprachen sichtbar. So
schreiben sich Wörter wie *Komma, Dokument* oder *Kritiker*
im Englischen *comma, document* und *critic.* Die Achse ist

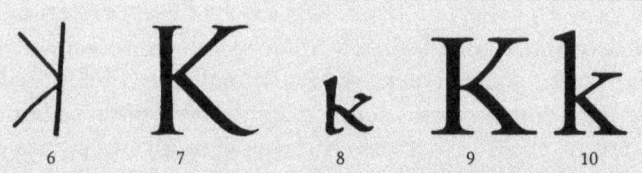

ganz klar: Griechisch-Deutsch bzw. Latein-Englisch. Bis zum Fall Roms um 500 n. Chr. führte dieses K ein unrühmliches Schattendasein, konnte aber aus Trägheit und einem Mangel an Bereinigungsstreben irgendwie überleben.

Doch um die Mitte des ersten Jahrtausends schlug dem K die Stunde. Der Grund war die problematische Aussprache des C vor Vokalen wie E, I oder Y. Hier wurde in den aus dem Lateinischen entstandenen Sprachen üblicherweise ein [tʃ] oder [s] gesprochen, einer Regel folgend, die für alte germanische Wörter völlig unbrauchbar war: ahd. *kirihha* (Kirche) verlangte einfach nach einem harten [k]-Laut. Und was schien naheliegender, als den vernachlässigten Buchstaben mit neuem Leben zu beseelen? Gesagt, getan! Die Folge ist eine Teilung der europäischen Landkarte in „K-Länder" und „C-Länder". Ersterer Gruppe gehören neben den Deutsch sprechenden Ländern auch noch die nordischen Staaten, einige slawische Sprachen sowie Finnisch und Ungarisch an. Die „C-Regionen" finden sich mehr in Süd- und Westeuropa: Spanisch, Portugiesisch, Französisch, Italienisch und Rumänisch. Englisch steht irgendwo dazwischen, wurden doch nach der Invasion durch die Normannen französische Einflüsse dominant. Wörter wie *cat, cow* oder *cut* konnten ein c gut vertragen, bei Begriffen wie *king, speaker* oder *rocky* übernahm man aber bereitwillig das unverfänglichere k, um Unklarheiten in der Aussprache vor offenen Vokalen zu vermeiden. Wörter jüngeren Datums, die nach 1600 in das Englische infiltrierten, werden meist mit k geschrieben, ungeachtet des Folgevokals: *karaoke, kangaroo, karate, kayak, ketchup, kiosk, koala, polka, skunk,* usw.

Im angelsächsischen Marketing-Bereich werden, vor allem seit Beginn des 20. Jahrhunderts, falsche Schreibungen mit K statt mit C als visuelle Attraktion verstanden. So zeigt George Herrimans berühmter, eine Dreiecksgeschichte erzählender Cartoon *Krazy Kat* ebenso dieses unübliche K wie die Werbung für „kool cigarettes". Dennoch bleibt dieser Buchstabe sehr selten, mit knapp unter 0,9% an fünftletzter Stelle in den Häufigkeitstabellen. Etwas besser sieht es im Deutschen aus, wo das K 1,21% erreicht. Ein Riese allerdings ist das K in deutschen Texten als Anfangsbuchstabe, wo es mit 7,3 % nur vom S überboten wird. Diese Stärke spiegelt sich auch bei den Abkürzungen wider. Beispiele: k (kilo..., Karat), K (Kalium, Kalorie, Kambodscha, Kelvin), k. (kaiserlich, katholisch, kommissarisch, künstlich), K. (Kap, Kapitel, Kasse, Konto), KK (Kirchenkantate, Kleinkaliber, Korvettenkapitän, Kreiskrankenhaus, Kulturkammer), k. k. (kaiserlichköniglich), KKK (Ku Klux Klan; leitet sich vermutlich vom griechischen Wort *kuklos* für Kreis ab). Eine „Abkürzung" jedoch, „die drei K" für „Kinder, Küche, Kirche", die eine früher gängige konservative Wertvorstellung für die soziale Rolle der Frau widerspiegelt, gilt heute als politisch nicht korrekt. Selbst Abwandlungen der alliterativen Wendung wie „Kinder, Küche, Karriere" sollten tunlichst vermieden werden. Nun ja: Kreative Kunst kennt keine kleingeistigen Konturen.

Wussten Sie, dass …

… K im Scrabble im Deutschen wie im Englischen den Buchstabenwert 3 hat?
… das *Kuckucksküken* gleich fünfmal den [k]-Laut enthält?

... die k-Linie als typometrische Einheit für die Oberlängen-
höhe der Kleinbuchstaben (Minuskeln) steht?

KKKKKKKKKKKKKKKKKKKKKKKKKKKKKKKKKKKKKKKKKKKKKKKKKKK

Antiqua	Grotesk	Egyptienne	Fraktur	Schreibschrift	Fremdschrift
Kk	Kk	Kk	Kk	Kk	Kк
Garamond	Arial	Rockwell	Becker Fraktur	Monotype Corsiva	Kyrillisch

KKKKKKKKKKKKKKKKKKKKKKKKKKKKKKKKKKKKKKKKKKKKKKKKKKK

L Lamed – Ochsenknüttel

Das griechische Symbol λ (Lambda), das Äquivalent zu unserem L, hat in der zweiten Hälfte des 20. Jahrhunderts eine eher unerwartete Bedeutung bekommen: als geheimes Zeichen für Homosexualität. Dies gilt ganz besonders für die englischsprachige Welt. Der Grund für diesen Zugriff auf einen griechischen Buch-staben dürfte in seiner zweiten,

James Joseph Jacques Tissot, um 1890

wissenschaftlichen Verwendung liegen, nämlich als Symbol für die Wellenlänge. In der dieser Lebensform noch wenig auf-geschlossenen Gesellschaft der frühen Siebzigerjahre war ein diskretes Signalisieren zwischen Schwulen und Lesben durchaus zu empfehlen. Und letztlich suchte man ja einen Partner (oder eine Partnerin), der auf „gleicher Wellenlänge" lag. Welch pas-sende Verbindung zur physikalischen Maßeinheit λ. Übrigens nennt sich die US-Schwesternschaft der Lesben „Lambda Delta Lambda", die US-Bruderschaft der Schwulen „Delta Lambda Phi". Nach viertausend Jahren ein neuartiges Gesicht des „Och-senknüttels". (Dazu siehe weiter unten.)

Lassen Sie sich auf eine kleine akustische Übung ein und hören Sie einem Japaner im Anfangsstadium des Er-lernens der deutschen Sprache zu. Dann wird Ihnen sicher auffallen, dass er „floh" sagt, wenn er „froh" meint, oder mit „flau" nicht seine Gefühlslage, sondern eine weibliche Person bezeichnet. Der Grund ist einfach: Es gibt im Japanischen kein R, daher wird dieser Buchstabe mit der Zungenspitze am vorderen Gaumen gebildet, klanglich wie ein Mittelding aus unserem [d] und [l]. Diese phonetische Anpassung ist jedoch

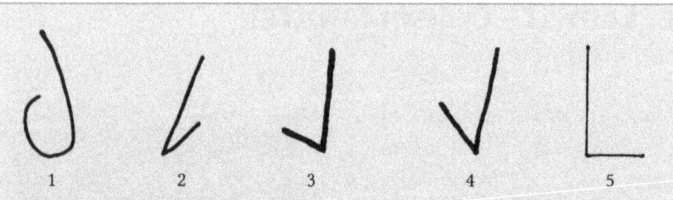

(1) Proto-kanaanäisches Zeichen von Wadi el-Hol ca.1800 v. Chr.; vermutlich die früheste bekannte Form des L. (2) Phönizisches Lamed ca. 800 v. Chr., schon damals der 12. Buchstabe des Alphabets; der Haken (gegen die Schreibrichtung) dürfte dazu gedient haben, den Ochsenknüttel am Arm des Herdentreibers zu befestigen. (3) Griechisches Lambda ca. 725 v. Chr.; der Haken zeigt in die damals bevorzugte Schreibrichtung (rechts-links). (4) Frührömisches L ca. 500 v. Chr.; Nachahmung des etruskischen Buchstabens, der seinerseits den griechischen imitiert. (5) Römisches L ca. 200 v. Chr.; die heutige Schreibrichtung wurde durchgehend eingehalten.

keinesfalls ein Zufall, sind doch L und R, die sogenannten Liquide, eng miteinander verwandt. Beide Laute werden ähnlich gebildet, wie Sie mit einem kleinen Experiment unschwer feststellen können. Beginnen wir mit dem L: Durch teilweisen Verschluss der Mundöffnung beim Anpressen der Zungenspitze an den Gaumen muss die Luft seitlich (Fachsprache: lateral) an der Zunge vorbeiströmen, bei gleichzeitigem Mitschwingen der Stimmbänder. Halten Sie zunächst diesen L-Laut kontinuierlich bei und lassen Sie dann die Zunge leicht fallen – während Sie die Lippen spitzen. Was hören Sie? Ein vibrierendes (intermittierendes) R hoffentlich, wenn Sie alles richtig gemacht haben. Der Übergang ist sanft, doch für ein ungeübtes Ohr ist der Klang verwechselbar. Doch zurück zum L. Kaum ein Laut unserer Sprache – vielleicht mit Ausnahme des M – hat eine ähnlich beruhigend-einschläfernde Wirkung, keiner eine ähnlich melodisch-poetische Kraft. Schon Ben Jonson merkte in seiner *English Grammar* 1640 zum L an: „Es schmilzt beim Klang und wird daher auch ‚Liquid‘ genannt." (lat. *liquidus* = „flüssig, fließend") Welche Assoziationen etwa werden bei Wladimir Nabokovs *Lolita* wach, dem umstrittenen Roman über eine Liebesbeziehung zwischen einem 40-jährigen Mann und einem 12-jährigen Mädchen! Wie oft ist in Liedern das schwungvoll-einschmeichelnde „la la la" zu hören, wie dicht die Zahl der mit L beginnenden Vornamen unserer Kinder! In der aktuellen deutschen Hitliste finden wir bei den Mädchen Lena, Lea, Leonie, Lilli und Lina, bei den Jungen Leon, Lukas, Luis und Luca unter den Top10. Nun, das L demonstriert immer wieder seine lodernde Kraft, den Weg in unsere Herzen zu finden, durch „Leben, Lust, Leidenschaft und Liebe".

Diese Kraft ist schon seit alten Zeiten spürbar, seit dem Einritzen der frühen Formen in den Sandstein von Wadi el-Hol um 1800 v.Chr. Erste Buchstaben, ein Ochsenkopf (für das A) und ein schöpflöffelartiges Zeichen (für das L; Abb. 1) dürften dem Sinn nach für „Gott" gestanden haben. Über die prominente Stellung des A wurde bereits im einleitenden Buchstabenkapitel spekuliert, das L als zweites im erhabenen Namen des Schöpfers verwendetes Zeichen muss in alten Zeiten eine gewaltige symbolische Bedeutung gehabt haben. Nun, der Ochs als Arbeitstier war ungeheuer wichtig, und der Ochsenknüttel, ein mit Stacheln versehener Stock, dessen „Haken" dazu gedient haben könnte, dieses Arbeitsgerät am Arm des Herdentreibers zu befestigen, war zur Erfüllung der lebensnotwendigen Arbeiten ebenso wenig verzichtbar. Ein Buchstabe im Namen Gottes also, das ist die Stellung des Lamed im proto-kananäischen Alphabet. In der Frühform war der Haken gerundet, doch schon im phönizischen Zeichen aus der Zeit um 800 v.Chr. wird die heutige Form des 12. Buchstabens – diese Position hatte das L bereits damals – deutlich erkennbar (Abb. 2). Gleich noch eine weitere historische Anmerkung: Im erst 1987 wiederentdeckten Werk *Ein Manuskript über die Entzifferung kryptografischer Botschaften* (frei übersetzt) des großen „Philosophen der Araber", Abū Yūsūf Ya'qūb al-Kindi, wird eine geradezu revolutionäre Idee der Entschlüsselung monoalphabetischer Codes erwähnt. Dabei kommt der Buchstabenhäufigkeit, also der statistischen Verteilung in Gebrauchstexten, entscheidende Bedeutung

zu. Und A und L waren im 9. Jahrhundert, der ersten Hochblüte islamischer Kultur und Wissenschaft, die häufigsten
Buchstaben, bildete man mit ihnen doch unter anderem den
bestimmten Artikel. Das L ebnete daher in gewissem Sinn den
Weg zum ersten großen Durchbruch bei der Entschlüsselung
chiffrierter Geheimnachrichten.

Die Übernahme des Alphabets durch die Griechen (um
800 v. Chr.) brachte auch bei diesem asymmetrischen Zeichen den ganz typischen Wechsel der Schreibrichtung, mit
dem Fußbalken einmal nach links, einmal nach rechts ori-
entiert. Wie bei allen Buchstaben wurde der Name jedoch
dem griechischen Ohr angepasst, und das Lamed hieß fortan
Lambda. Von Ochsenknüttel war ebenfalls keine Rede mehr,
genügten den Hellenen doch Form und Klang als bedeutungtragende Elemente eines Buchstabens. Um 700 v. Chr. brachten griechische Handelsschiffe auch dieses Lambda auf den
Apenninenstiefel, wo der Buchstabe von den Etruskern ganz
direkt und schnörkellos übernommen wurde. Erst die Römer
stilisierten das L um ca. 200 v. Chr. zur heute so gewohnten,
eleganten Hakenform. Verdickungen der Längsbalken und
Serifen an den Enden des Buchstabens, wie wir sie aus dem
L der Trajansäule kennen, entstanden knapp nach Beginn
unserer Zeitrechnung. Seit diesen Tagen haben wir einen
nahezu perfekten Großbuchstaben vor uns.

Doch es gibt da auch noch die Minuskel, also das „kleine
l". Sie haben eben eine „römische I" (römische Eins) gelesen?
Könnte durchaus passieren, denn dieses l, das als verkleinerte
Form der Majuskel erstmals in frühmittelalterlichen Handschriften auftaucht, ist der am schwersten lesbare Buchstabe
unseres gesamten lateinischen Alphabets. Der Grund für dieses Mauerblümchendasein ist die große Verwechslungsgefahr
mit der Majuskel I, der römischen I und der arabischen 1,
vor allem in manchen serifenlosen Fonts. Buchstaben mit
„Häkchen" sind daher etwas leichter zu lesen, selbst wenn der
Text in kleineren Lettern zu Papier gebracht wurde. Moderne
Lesetests haben diese alte Erkenntnis hinreichend untermau-

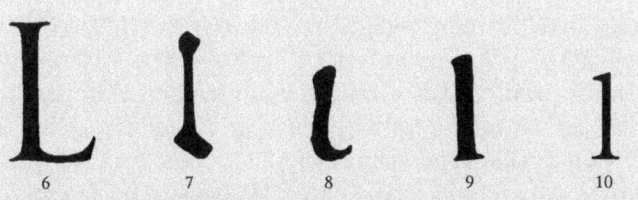

(6) Römisches L ca. 100 n.Chr.; erstmals mit Serifen. (7) Rustik-Handschrift ca. 500 n.Chr.; L und I waren damals bereits schwer zu unterscheiden. (8) Karolingische Minuskel (Lateinischer Text, Südengland) ca. 970 n.Chr.; deutlich vom i zu unterscheiden. (9) Humanistische Minuskel (Italienische Renaissance-Handschrift), Rom, ca. 1540; Modell für spätere Buchstabentypen. (10) Garamond (moderne Form) – eine von Claude Garamond im 16. Jahrhundert entworfene Schrift.

ert. Lassen Sie schnell mal folgenden Satz aus dem Mund einer Einwohnerin von Illinois vor Ihrem Auge vorbeiziehen: *Lilli III. in Ill is ill.* Übersetzung gefällig? Lilly III. (die Dritte) aus Illinois ist krank. Die undeutliche Ausprägung des L als Kleinbuchstabe ist auch historisch betrachtet ein Fall für die Rekordbücher: Abgesehen von Minuskeln wie o oder x ist kein Kleinbuchstabe später geschaffen worden. Erst im 15. Jahrhundert (Abb. 9) wurde das „geradlinige" l von den spätmittelalterlichen Schreibern unserer Zeichenkette einverleibt.

In den deutschen Häufigkeitstabellen belegt das L einen typischen Mittelfeldplatz (11. Stelle mit ca. 3,6%). Ähnlich sieht es im Englischen aus, wo bei gleichem Rang knapp über 4% aller Buchstaben ein L darstellen. Viele dieser l-Zeichen sind allerdings im Laufe der Jahrhunderte verstummt, wie folgende bekannte Wörter zeigen: *palm, talk, should, walk, would.* Im Französischen werden mit über 5,4% zwei Ränge aufgeholt (9. Stelle). Das Walisische und das Spanische kennen sogar ein „Ll" am Wortbeginn. Mehr als 630 Ortsnamen in Wales fangen mit dem Wort „Llan" an, was so viel wie „eingeschlossenes Stück Land" bedeutet. Am bekanntesten ist dabei zweifellos der längste europäische Ortsname Llanfairpwllgwyngyll, dessen erster, zwanzigbuchstabiger Teil bereits ein wahrer Zungenbrecher ist. Der volle, für Nichtwaliser unaussprechliche Name lautet Llanfairpwllgwyngyllogerychwyrndrobwllllantysiliogogogoch, was in freier Übersetzung so viel bedeutet wie: „St. Marys Kirche im Tal beim weißen Haselstrauch, nahe der tosenden Stromschnellen, bei der roten Höhle des heiligen Tysilio." Das spanische Ll der Llano Estacado, einer Karl-May-Lesern gut bekannten Halbwüste im Südwesten der USA, sollte korrekt als [lj] gesprochen werden (sp. *Llano* = „Ebene"). Im Polnischen, im Weißrussischen, im Sorbischen und in der Sprache der Navajo wird ein „L mit Querstrich" (Łł) verwendet, ein für Deutsch sprechende schwer zu artikulierender Laut, wie der Name des Solidarność-Führers und Nobelpreisträgers Lech Wałesa beweist. Sie müssen nur einmal versuchen, dieses labialisierte [ł], das dem englischen [w] ähnelt, einem Polen nachzusprechen. Wetten, dass Sie scheitern!

In der „Welt der Kürzel" zeigt auch das L ein vielfältiges Gesicht: L für Luxemburg, für die Kleidergröße „large", L. für Lady oder Lord bzw. für Länge und Land, l für Liter usw. Die L-Form aus der Vogelperspektive stellt ein bekanntes Grundrisselement dar. Interessant ist in diesem Zusammenhang auch die Herkunft des römischen L für den Wert 50, denn dieses L steht überraschenderweise für keine Abkürzung. Jedenfalls vertrat der berühmte Historiker Theodor Mommsen (1817-1903), Autor des Werks *Römische Geschichte*, die Auffassung, dass die Etrusker und Römer ganz einfach griechische Buchstaben, für die sie keine Verwendung hatten (th, kh, ph), zu Zahlen umfunktionierten: Aus dem X [kh] wurde so mit Übergängen ein L. Andere Sprachforscher glauben, dass in Holz oder Knochen geritzte Kerbformen, die bei altitalischen und inneralpinen Völkern der Vorzeit zum Zählen verwendet wurden, als Vorlage für die römischen Zahlzeichen dienten. Vieles zur Entstehung der römischen Zahlen I, V, X, L, C, D und M bleibt Spekulation, doch eines ist sicher: Das L ist in keinem Fall eine simple Abkürzung.

Als L-Kurzzeichen ist wohl das englische Pfund (£) weltweit am bekanntesten, umspannte doch das Britische Empire für einige Jahrzehnte den ganzen Erdball. Dieses £ im mittelalterlichen „Black letter"-Stil steht für die römische Gewichtseinheit *libra* (ein Pfund). Im England des späten 13. Jahrhunderts war ein Pfund Silber die Standard-Maßeinheit, das Äquivalent von 240 „silver pennies". Jedenfalls hatte der Pound Sterling (£) bis zum Zweiten Weltkrieg strahlende Symbolkraft, da sich das Empire verpflichtete, als Sicherheit für den währungstechnisch so wichtigen „Goldstandard" jedermann jederzeit Britische Pfund gegen Gold zu tauschen. Machtvoll war es damals, das Empire – und mit ihm das unverwechselbare £.

Wussten Sie, dass …

… *Eisschnelllauf, helllicht, schnelllebig* und *Stillleben* gemäß der neuen Rechtschreibung ein Tripel-l aufweisen?
… das Wort *allerallerletzte* 5 l enthält?

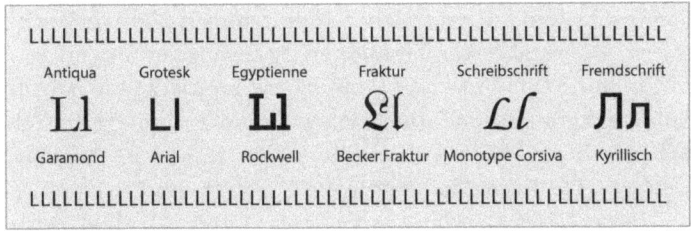

LLLLLLLLLLLLLLLLLLLLLLLLLLLLLLLLLLLLLLLLLLLLLLLLLLLLLLLL

Antiqua	Grotesk	Egyptienne	Fraktur	Schreibschrift	Fremdschrift
Ll	Ll	Ll	Ll	Ll	Лл
Garamond	Arial	Rockwell	Becker Fraktur	Monotype Corsiva	Kyrillisch

LLLLLLLLLLLLLLLLLLLLLLLLLLLLLLLLLLLLLLLLLLLLLLLLLLLLLLLL

Meilensteine der Typografie

Mit den Römern begann der Siegeszug des lateinischen Alphabets. Mehr als zweitausend Jahre sind seither vergangen, und ganz unterschiedliche Entwicklungen haben die Form unserer Buchstaben geprägt. Der Rahmen dieses Buches erlaubt nur die Erwähnung einiger weniger Meilensteine der Schriftkunst sowie die chronologische Einordnung der wichtigsten Einflüsse in der Welt der Schriften. In Klammern wird auch die Hochblüte der jeweiligen Schriftform angegeben, wenngleich der moderne Computer längst vergessene Ideen wieder zu neuem Leben erwecken kann.

Capitalis Monumentalis (100 v. Chr. – heute): Dieses „Wunder kalligrafischer Schaffenskraft" zeigt ganz charakteristisch dickere senkrechte Striche und absolut geometrische, mit Zirkel vorgezeichnete Formen der runden Buchstaben C, G, O und Q. Durchgehend werden zudem bei „kantigen" Buchstaben Serifen („Füßchen") an die Buchstabenenden hinzugefügt. Aus Gründen des Platzsparens behalf man sich bei den Inschriften mit zahlreichen Abkürzungen und „verwachsenen" Buchstabenkombinationen, sogenannten Ligaturen.

Capitalis Quadrata (100–600): Diese breitlaufende Schrift mit annähernd gleicher Buchstabenhöhe wie –breite ist durch breite senkrechte und dünne waagrechte Striche gekennzeichnet. Für kurze Zeit diente die Quadrata als Buchschrift.

Majuskelkursive/Minuskelkursive (150–350): Die Notwendigkeit, mit einem Griffel (Stilus) in Wachs zu ritzen, führte bereits früh zur ersten wirklichen „Handschrift", der sogenannten römischen Majuskelkursive. Bald wurde mit Rohrfeder auch auf Papyrus und Pergament gearbeitet und damit die Kursive (Handschrift) weiterentwickelt. Um die Unterscheidbarkeit der Buchstaben zu erhöhen, wurden einige Striche nach oben und unten verlängert. Ganz charakteristisch für diese Schrift war das lange S. Die Minuskelkursive, eine davon abgeleitete, über vier Zeilen reichende Variante der Buchstabendarstellung, war der erste Schritt zu unseren heutigen Kleinbuchstaben.

Capitalis Rustica (300–1100): Die „Schlichte" hielt sich bis ins Mittelalter und ist durch eine enge Buchstabenführung gekennzeichnet. Durch eine schräge Feder- und Pinselhaltung entstanden die typisch breiten Serifen und waagrechten Striche.

Uncialis/Unziale (350–1350): Die auffallend runden Formen mit der charakteristischen Überschreitung der oberen und unteren Begrenzungslinien wurden vor allem in christlichen Kodizes (lat. *codex*, dt. Baum, Holzklotz) verwendet, die wiederum griechische Übersetzungen in Inhalt und Darstellungsbild möglichst getreu wiedergeben wollten. Schon die Griechen hatten den Rundtypus für einzelne Buchstaben vorweggenommen. Lange rätselte man über den Namen dieser Schrift. Ein Text des heiligen Hieronymus (347–419) verrät, dass Buchstaben in Gold und Silber in der Größe einer Unze (vermutlich in späterer Maßeinheit ein Zoll) verwendet wurden.

Halbunziale (450–1300): Über tausend Jahre erfolgreich, kennzeichnen keulenförmige Verdickungen die Oberlängen der Buchstaben (etwa b, d, h, l). Kleines a, e und m zeigen schon starke Ähnlichkeit mit unseren modernen Buchstaben, das n dagegen behielt noch seine tradierte Majuskelform. Die Halbunziale ist allerdings keine einheitliche Schrift, sondern kommt in vielen Ausprägungen vor, etwa Irische Halbunziale (z.B. im *Book of Kells*). Der Grund waren die Wirren der Völkerwanderung, die das Alphabet für einige Jahrhunderte aus dem Blickfeld der gemeinen Bevölkerung verschwinden ließen. Allein weit verstreute Klöster formten als Inseln der Schriftkultur ganz unterschiedliche Schriften aus, mit einem unverkennbaren Trend zu Ober-, Mittel- und Unterlängen.

Karolingische Minuskel (750–1300): Der Wunsch Karls des Großen und seiner Gemahlin Königin Hildegard nach einer leicht lesbaren Schrift war ausschlaggebend für die Herausbildung der sogenannten Karolingischen Minuskel.

Die Schreibermönche Godescalc und Dagulf, die zwischen 781 und 783 auf purpurrot gefärbtem Pergament wunderschöne Kodizes mit goldener Schrift schufen, gelten als die eigentlichen Urheber dieser wohlproportionierten Schrift. Entwickelt aus den römischen Minuskeln, zeichnete sich diese bahnbrechende Schrift durch hohe Lesbarkeit aus. Die typisch römischen Abkürzungen und Ligaturen wurden weggelassen, dafür Wortabstände eingeführt und die Satzanfänge durch Großbuchstaben aus der Unziale oder Rustica markiert. Mit einfachen Buchstabenformen ausgestattet, wurde die Karolingische Minuskel zum Wegbereiter der modernen Schreibschrift. Die Weiterentwicklung der Karolingischen Minuskelschrift, genannt *Romanische Minuskel* (950–1150), zeichnet sich durch schlankere Buchstaben mit geraden Oberlängen und dreieckigen Anstrichen aus. Ganz charakteristisch der senkrechte Schaft des a, mit einem kleineren Bauch. Aus dieser Schrift entstand im 15. Jahrhundert die *Humanistische Minuskel*, die dann als Vorlage für die ersten Drucke dienen sollte. Zeitgleich mit architektonischen Neuerungen, vor allem den in die Höhe strebenden Säulen und Pfeilern bzw. dem Spitzbogen und den grandiosen, hohen Fenstern, veränderte sich im 12. Jahrhundert auch die Schrift ganz entscheidend. Die Romanische Minuskel wurde zusehends mit breiterem Duktus geschrieben und zeigte im Verhältnis zu Ober- und Unterlängen immer höhere Mittellängen. Einer der Namen für diese die *Textura* vorwegnehmende Schriftprägung war *Gotische Minuskel* (1100–1350). Von Nordfrankreich ausgehend, wurden Bögen und Rundungen nun mehr und mehr in gebrochener Form geschrieben – auffallend bei m und n –, mit zunehmend engerer Schreibweise der Buchstabenkörper.

Textura / Gotisch (1250–1945): Eigentlich handelt es sich nur um eine extrem enge Schreibweise der spätgotischen Minuskelschrift, bei der die senkrechten Striche der Buchstaben oftmals mit kleinen Würfeln, sogenannten Quadrangeln, abgeschlossen wurden. Durch die hohen Mittellängen und die Gleichsetzung von Buchstabenabständen und Buchstabenin-

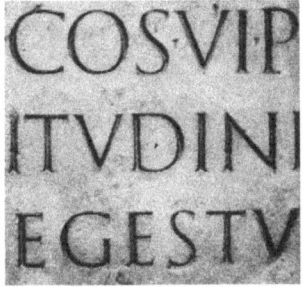

SSIDISCVMBEREſ
VEAEMIRANTVRI
.TVSSIMVLATAQVE

Capitalis Monumentalis, röm. Schrift   Capitalis Quadrata, röm. Schrift

Majuskelkursive, Schrifttyp

ETQVIDAM SEROSMIBERNI
TERVGIIANIFERROQVEEN

Capitalis Rustica,
frühmittelalterli-
cher Schrifttyp

qVID EST ERGO TEMPUS?
SI NEMO EX ME QUAERIT,
SCIO. SI QUAERENTI
EXPLICARE VELIM, NESCIO.

Unziale, in christ-
lichen Kodizes
verwendeter
Schrifttyp

Iuinmonтuuranatha
cuinicaenaſynoduſi
ſiropinioniburinſame

Halbunziale, viel-
fältiger Schrifttyp

extruebant   Nec non & solido Argento atq; Auro
conſtituebant Simulacra. Ad Heliopolim autem ea
eſt Solys ciuitas cum veniſſet· Heliopoliani portas
clauſerunt· Quod quidem portento neceſſitatem fecit·
experiundarum urium· Et quod erant perſanes·

Karolingische
Minuskel, wichtige
Schrift des Mittel-
alters

nenräumen entstand der Eindruck eines Gitters oder Gewebes (lat.: *textura*). Prachtvolle Handschriften wurden in dieser Schrift verfasst, doch dienten diese wegen der extrem schweren Lesbarkeit und der mühevollen Arbeit ausschließlich liturgischen Zwecken und Grabmalinschriften (siehe Buchstabe I). Bemerkenswert jedoch, dass sich Johannes Gutenberg bei seiner berühmten 42-zeiligen Bibel aus dem Jahr 1450 der Textura bediente (Abb.). Um einen perfekten Randausgleich zu erreichen, verwendete Gutenberg einen Setzkasten mit 292 Buchstaben und zudem viele Ligaturen und Abbreviaturen. Eine berühmte Schrift, die *Old English*, wurde Anfang des 16. Jahrhunderts in der Pariser Druckerei Wolfgang Hopyls gedruckt. Bemerkenswert ist vor allem, dass damit erstmals ein richtiger, aus Groß- und Kleinbuchstaben bestehender Font zur Verfügung stand. Einen weiteren Meilenstein setzte William Caslon 1742 in London mit seiner *Black* genannten Schrift. 1787 sollte eine Variation dieses *Black-Letter*-Fonts den Kopf der ersten Ausgabe der ehrwürdigen *Times* zieren.

Gotische Kursive, Kurrent und Bastardschriften (1300–1550): Als Verkehrsschrift für die neuen Lateinschulen und Universitäten sowie die aufstrebenden Handelshäuser entstanden ab dem 14. Jahrhundert leicht lesbare, selbst für Wachstafeln geeignete Handschriften, die unter den Namen *Gotische Kursive* oder *Kurrent* zusammengefasst werden. Die aus China durchgesickerten Kenntnisse über die Kunst der Papierherstellung taten ein Übriges. Schon 1390 betrieb Ulman Stromer in Nürnberg eine erste deutsche Papiermühle. Als Schreiber für die vielen Urkunden und Dokumente mussten Studenten aushelfen, die des Lateinischen und Griechischen mächtig waren. Und diese Studenten sind mit ihren eigenen, unverwechselbaren Schriftstilen auch dafür verantwortlich, dass es „keine zwei gleichen Dokumente" mehr gab. Einflüsse verschiedenster Schriftrichtung wurden miteinander vermischt, die Zeit der Bastardschriften war angebrochen. Selbst die ersten gedruckten Bücher – wegen der aus Holztafeln geschnittenen, Text und Bild zeigenden Seiten auch „Blockbücher" genannt –, verwen-

Textura, Schrift der Gutenberg-Bibel

deten Bastardschriften. Ein berühmtes Beispiel ist das erste in England gedruckte Buch von William Caxton (ca. 1480, Abb.), eine Übersetzung von Cessolis' berühmtem allegorischen Werk *The game and playe of chesse*.

Rotunda (1350–1945): Italien, Spanien und Portugal konnten sich mit der drückend wirkenden Textura nie richtig anfreunden, und so entstand in Südeuropa schon im 14. Jahrhundert unter dem Einfluss der Universität Bologna ein fürs Auge angenehm „runder" Schrifttyp. Weniger Brechungen und offene Buchstabenformen sind für die Rotunda charakteristisch.

Humanistische Minuskel (1370–1550): Aus der romanischen Minuskel und der Rotunda entwickelte der berühmte Schriftsteller Francesco Petrarca eine Frühform des sogenannten „Antiqua"-Schrifttypus, auch „Petrarca-Schrift" genannt. Der erste Name für diese neue Form, *litterae antiquae* (dt. alte Buchstaben), orientierte sich ganz deutlich am Geist der Antike. Mit den runden Bögen kam diese Schrift auch dem Stilgefühl der Zeit entgegen. Für Titelzeilen, Initial- und Anfangsbuchstaben wurden Majuskeln der römischen Zeit nachempfunden, in Einklang mit den für den eigentlichen Text bestimmten Minuskeln.

Schwabacher (1450–1945): Dieser gebrochene Schrifttyp, weniger verschnörkelt als die Fraktur, war in der ersten Hälfte des 16. Jahrhunderts weit verbreitet. Der Name könnte sich von den in diesem Schrifttyp 1529 gedruckten Schwabacher Artikeln der Protestanten ableiten. Jedenfalls wurden Luthers Texte und seine berühmte Bibelübersetzung in der Schwabacher gesetzt. Da zu dieser Zeit die Antiqua als „römische" Schrift der katholischen Kirche in Luthers Kreisen verpönt war, galten die Schwabacher und die Fraktur sehr bald als Schriften der protestantischen Bewegung. Luther wird auch der folgende Satz in den Mund gelegt: „... denn die lateinischen Buchstaben hindern uns über die Maßen sehr, gut deutsch zu reden."

Fraktur (1500–1945): Der Name (dt.: Bruch) dieses aus der Bastardschrift entstandenen Schrifttyps verrät, dass es sich um gebrochene Buchstabenformen handelt. Kaiser Maximilians Bevorzugung dieser Schrift, die er bereits als Kind vom Schreibmeister Wolfgang Spitzweg lernte, wird im autobiografischen Werk „Weißkunig" betont. Vermutlich wurde die „Gebetbuchfraktur" vom kaiserlichen Sekretär und Kalligrafen Vinzenz Rockner oder vom Schreibermönch und

This chapytre of the fizst tractate ſheWyth Who fondz
firſt the playe of the Cheſſe . Capitulo ij

William
Caxtons
früher
Druck in
Bastard-
schrift

His playe fonde a phylofopher of thozyent Whyche
t Was named in caldee Eperſes or in greke phileme:
toz Whieß is as mocke to ſay in englifſh as ße that louyth
Juſtyœ and meſure '. And this philofopher Was renomed
gretly among the grekes andz them of Athenes Whyche
Were good clerkys and phylofophers alfo renomed of theiz
connyng ' This philofopher Was ſo Juſt and treWe that ße
had leuer dye / than to lyue longz and ße a fals flatezer
With the ſayd kyng , Foz Whan ße ßeßelde the foul & ſyn:
ful lyf of the kyng · And that no man durſt blame hym

Rotunda,
südeuro-
päischer
Schrifttyp

auolumnlw pſtrauit ſe m mm ptinus
nœe ꝛlaᵈmus ꝗrum potat damans. Do
minc ꝗꝭ ego ſum, ut ſim dignus, ꝗ ſub i
totum meum mtres.' Menuit hœ preœz
tó.' Œrt dnc, nó ſum dignus. Numꝗꝭ
ego meliœ ſum, ꝗ oms pꝛaꝛos ma.' Tu

Kellermeister des Klosters St. Ulrich und Afra zu Augsburg, Leonhard Wagner, entworfen. Kennzeichnend für alle Frakturvarianten der kommenden Jahrhunderte sind die große „Verspieltheit" der Typenentwürfe und die relativ „düstere" Wirkung, die von einer Fraktur-Druckseite ausgeht. Fraktur und Schwabacher waren ab der zweiten Hälfte des 16. Jahrhunderts als „deutsche" Schriften für Buch- und Zeitungsschrift bestimmend. Wissenschaftliche Arbeiten dagegen wurden in lateinischer Sprache verfasst und, wohl auch um die Internationalität der Studentenszene zu betonen, in Antiqua gesetzt. Bis in die erste Hälfte des 20. Jahrhunderts sollte es diese zeitweise mit Erbitterung geführten, von nationalistischen Kreisen angezettelten Streitigkeiten im Kampf „Antiqua gegen Fraktur" („Altschrift" gegen „Bruchschrift") geben. Treppenwitz der Geschichte: Die „deutsche" Schrift wurde 1941 mit einem Federstrich Adolf Hitlers für alle offiziellen Dokumente abgeschafft, nachdem schon seit 1940 Propagandamaterial im Ausland, von der Öffentlichkeit unbemerkt, in Antiqua gesetzt worden war. Auf Briefmarken dieser Zeit kann man den abrupten Wechsel zur zunächst „Normalschrift" genannten lateinischen Schrift ganz deutlich nachvollziehen. (Vgl. Abspann der Buchstaben)

Antiqua, frz. *Romain*, eng. *White Letter*, später *Roman* (1460 – heute): Kennzeichnend sind eine unterschiedliche Schriftstärke und Serifen. Eine von Bischof Ruprecht von Straßburg geführte Druckerei brachte 1463 die erste, von Johannes Mentel entworfene Druckantiqua hervor. Charakteristisch sind die zweiseitigen „Füßchen" (Serifen) bei Buchstaben wie m und n. Mentel druckte 1461 auch die erste deutsche Bibelübersetzung. 1470 gelang dem Franzosen Nicolas Jenson in Venedig ein exzellent geschnittener Antiqua-Entwurf, bei dem erstmals das h mit geradem Abstrich eine klare Unterscheidung vom b erlaubte. Francesco Griffo da Bologna führte 1495 die Antiqua einen Schritt weiter, als er die Majuskeln mit geringeren Oberlängen schnitt als die Kleinbuchstaben und damit allzu unruhige, aufdringliche Schriftbilder verrum ſæuæ memoreir.

puoque'& bello paſſus

:t'q, deoſ lano : genu

q, parreſ, atque' alta

Humanistische Minuskel, Frühform des
Antiqua-Schrifttyps

ABCDEFGHIJK
LMNOPQRSTU
VWXYZabcdefghijk
lmnopqrſtuvwxyz0 I
23456789

Schwabacher,
gebrochene Schrift
der Luther-Bibel

ABCDEFGHIJKL
MNOPQRSTUVWX
YZÄÜÉJabcdefghijkl
mnopqrstuvwxyzàåé&1
234567890(&£€.,!?)

Fraktur, gebrochene
„deutsche" Schrift

ABCDEFGHIJKLMN
OPQRSTUVWXYZÀ
ÉÎÕÜabcdefghijklmn
opqrstuvwxyzàéîõøü
&1234567890($£.,!?)

Antiqua,
unterschiedliche
Schriftstärke und
Serifen

mied. Die daraus weiterentwickelte Type trägt heute den Kardinalsnamen *Bembo*. Claude Garamond (1499-1561), ein französischer Typograf und Schriftgießer, schuf (vermutlich) 1532 die vielleicht erfolgreichste Schrift der Neuzeit, die nach ihm benannte *Garamond*. Elegant, gut lesbar, tragen einige Buchstaben ganz charakteristische Kennzeichen: das a hat einen kleinen Bauch, das e einen hoch gesetzten, waagrecht laufenden Querstrich, das g ein gerades Ohr. Von Ludwig XIV. in Auftrag gegeben, entwickelte die Académie Royale des Sciences unter dem Vorsitz von Abbé Nicolas Jaugeon 1692 eine komplett wissenschaftlich durchkonstruierte Schrift, vom Körper der Buchstaben bis zu den Serifen. Für diese als *Romain du Roi* (vgl. S. 42) bekannte Schrift wurde ein Raster aus 64 Quadraten verwendet, dieser wiederum in je 36 kleinere Quadrate unterteilt. Dabei unterlief den Experten bedauerlicherweise ein grundlegender Fehler: die Versalien bekamen wieder die gleiche Höhe wie die Oberlängen. Und so sah die Romain du Roi ähnlich gekünstelt aus wie die Gartenbeete von Versailles. (vgl. Abspann der Buchstaben)

Grotesk / Sans Serif: Kennzeichnend sind Buchstaben mit gleichmäßiger Strichstärke ohne Serifen. Für die frühen Schriftkenner muss die Vorstellung, den Buchstaben die „Füßchen" wegzunehmen, in der Tat eine „groteske" Vorstellung gewesen sein. Demzufolge waren Schriften dieser Art vorwiegend für Plakate gedacht. Der Name „Steinschrift" weist auf die 1798 von Alois Senefelder erfundene Technik der Lithografie hin, die für die Grotesk so wichtig war. Wenn auch bereits im 16. Jahrhundert vereinzelt serifenlose Hausinschriften nachweisbar sind, so gilt die 1816 von William Caslon IV. geschnittene Druckschrift, ausschließlich Großbuchstaben (Versalien), als die erste Groteskschrift der Geschichte. Für die originale *Caslon wurde eine Zeile benötigt*, und es stand ein Schriftgrad zur Verfügung. 1928 vom Bildhauer Eric Gill entworfen, war die *Gill Sans* die erste Grotesk-Druckschrift mit den Formen der Antiqua. Der von Robin Nicholas und Patricia Saunders entworfene Font *Arial* wird häufig verwendet, hinterlässt aber

abcdefghijklmnopqrstuvwxyz

Grotesk, gleichmäßige
Schriftstärke ohne
Serifen

ABCDEFGHIJKLMNOPQRSTUV

WXYZ 1234567890 1234567890

äãåâáàæ ç ëéèê îíìï ñ öõôøóòœ

š ß üúùû ÿž ÄÃÅÂÁÀÆ Ç ËÊÉÈ

ÏÎÍÌ Ñ ÖÕÓÔÒØŒ ÜÛÚÙ Š ÝŸ Ž

^{1324567890} $_{1234567890}$ $^{o\,a}$ / $^{1}\!/_{678}$ % ‰

+ − — - _ ≠ = ≈ ~ ∞ ÷ × * < > ≤ ≥ ± ∫ / \ | ¦

#№&®©@ §¢¥S£€ () {} []

?! ¿¡ .,:;·…„ "" ‚'‚' ›‹»« °° ˇ ˘ ˙ ˝ ¯

↑ → ↘ ↓ ↙ ← ↗ ↖ ¡

ABCDEFGHIJKLM

Egyptienne, gleichmä-
ßige Schriftstärke mit
Serifen

NOPQRSTUVWXYZ

ÀÅÉÎabcdefghijklm

nopqrstuvwxyzàåéî

&1234567890($£.,!?)

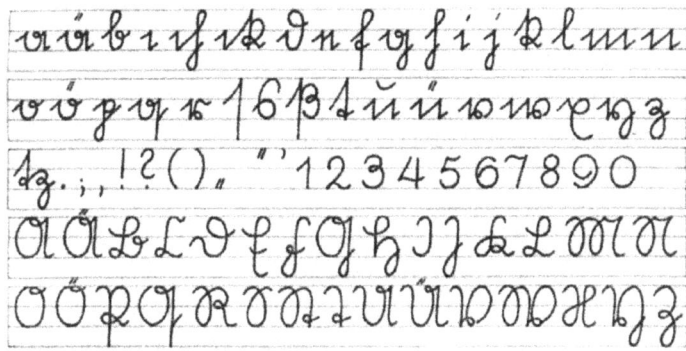

Sütterlin-Schrift, „verschlungene" Kursive

mit den großen Mittellängen und einfachen Formen wenig nachhaltigen Eindruck. (vgl. Abspann der Buchstaben)

Egyptienne: Ein Mittelding aus Antiqua und Grotesk, haben die Buchstaben gleichmäßige Strichstärke sowie auch Serifen. 1934 von der Firma Monotype entwickelt, wurden für einige Jahre Fließtexte im *P.M. Magazin* sowie einige Ausgaben des Guinness-Buchs der Rekorde in der sogenannten *Rockwell* gesetzt. (vgl. Abspann der Buchstaben)

Kursive / Italics: Trotz der rasanten Verbreitung des Buchdrucks im 16. Jahrhundert kam die tägliche Arbeit der Schreiber, besonders in Südeuropa, keinesfalls zum Erliegen. Die päpstlichen, kaiserlichen und königlichen Kanzleien verlangten Texte, die den Charakter einer Handschrift erkennen ließen. Der Römer Ludovico degli Arrighi, genannt Vicentino, kam diesem Wunsch nach und schuf zu Beginn des 16. Jahrhunderts mit seiner *Cancellaresca* die ersten kursiven Großbuchstaben. Vicentino selbst fügte gleich entschuldigend bei: „Ich bitte, mich zu entschuldigen, weil der Druck die schreibende Hand nicht völlig darstellen kann." Ein halbes Jahrhundert später folgte Giovanni Battista Palatino mit einem als Klassiker zu sehenden Schreiblehrgang. Fournier, Didot und Bodoni ließen mit ihren ornamentierten kursiven Lettern die Kunst der Druckschrift im 17. Jahrhundert in neuem Glanz erblühen. Fortan sollten Spitzen-Fonts einen geraden und einen kursiven Schnitt anbieten. Eine ungewöhnlich „verschlungene" Kursive, von Ludwig Sütterlin aus der Kurrentschrift modifiziert, wurde ab 1915 in Preußen und zwischen 1935 und 1941 in ganz Deutschland als Schulschrift verwendet: die Sütterlinschrift.

Typograph (Programm): Wer immer sich für Typografie interessiert, kann heute mit Hilfe des Computers, oder mit dem empfehlenswerten Programm „Typograph", gleichsam auf Knopfdruck Hunderte exakt durchkonstruierte Schriften generieren. Neben dem praktischen Nutzen eröffnet sich dem Betrachter auch eine unglaublich vielseitige Welt der ästhetischen Schriftkunst.

M Mem – Wasser

Zwei Filmtitel fallen dem Cineasten sofort ein, wenn von diesem monumental-mächtigen Buchstaben die Rede ist: „M – Eine Stadt sucht einen Mörder", wo die Jagd nach einem Serienkiller vom genialen Fritz Lang drohend ins Bild gesetzt wird, sowie „Dial M for Murder" (dt.: Bei Anruf Mord), eine Adaptation eines Broadway-Stücks aus der Hand des Masters of Suspense, Alfred Hitchcock. Beeindruckt im 1931er-Film Peter Lorre mit seinem rundlich-weichen, debilen Kindergesicht als pervertierter Killer, so überzeugt in Hitchcocks 1954 herausgebrachtem Werk zum Thema „perfekter" Mord Grace Kelly als Margot (wieder das M) in der Rolle des vermeintlichen Opfers. Beide Filme nutzen die genrespezifisch klare Wirkungskraft des M für ihre Zwecke. Ist es bei Fritz Lang ein Blinder, ein Zeuge der Tat, der ein vom Mörder gepfiffenes Motiv aus „Peer Gynt" wiedererkennt und geistesgegenwärtig einen Kompagnon dazu auffordert, den „Verdächtigen" unbemerkt durch ein mit Kreide auf die Handfläche geschmiertes M zu markieren, so ist es bei Hitchcock die Buchstaben-Telefonwählscheibe, die den Startschuss zum Mordkomplott gibt. Letztlich siegt in beiden Fällen die Gerechtigkeit – nicht zuletzt dank dieses majestätischen Buchstabens.

Filmplakat 1931: M – Eine Stadt sucht einen Mörder

Mama – mit diesem Wort beginnt das sprachliche Leben eines Babys, und zwar nicht nur in Deutschland oder Österreich, sondern weltweit in nahezu allen Kulturen. Mandarin-Chinesisch kennt das Wort *ma* ebenso wie Quetschua (indigene peruanische Sprache); in Hindi heißt es *maa*, bask. *ama*; fin. *emo*, hebr. *ema*, malay. *emak*; auch fremdartige Sprachen wie swa. *mama* und haw. *makuahine* setzen diese Lautbildung fort; viet. *me* zeigt einen Vokalwechsel. Der Grund für das frühe Erlernen dieses Zauberworts ist einfach erklärt. Das M gehört zu den Labialen, wird also nur mit Hilfe der Lippen gebildet – eine vergleichsweise einfache Übung für ein zwei oder drei Monate altes Kleinkind. Keine Zungenbewegung, kein Einbinden der (nicht vorhandenen) Zähne, alles funktioniert ganz natürlich. Doch für alle Mütter muss hier gleich eine ernüchternde Feststellung gemacht werden: „Mama" aus dem Mund eines Babys muss nicht unbedingt „Mutter" bedeuten, es kann vielmehr für „ich bin hungrig" stehen. Das M im Wort „Mutter" hat seine Sprachwurzeln bereits in frühesten Epochen, liegt ihm doch die Lautgebärde [mā] für Mutterbrust (idg. *mamma*) zugrunde. Und in der Tat lautet das erschlossene germanische Wort für Mutter **mōder* (nach Kluge); egal welche Sprachen sie untersuchen, idg. *mātēr*, sanskrit (aind.) *mātár*, agr. *mētér*, lat. *māter*, air. *māthir*, russ. *mat*, pol. u. tsch. *matka*, nl. *moeder,* dän. *moder*, sp. *madre*, por. *mãe*, frz. *mère*, lett. *māte* sowie lit. *mótè* – die meisten setzen diese Reihe nahtlos fort. Alles baut also auf der gleichen Ursilbe auf, und überraschenderweise gilt dies eben auch für Sprachen, die sich nicht von indogermanischen Vorfahren ableiten. Vermutlich hat dies mit der Leichtigkeit zu tun, mit der ein ungeübter Mund Lippenlaute (siehe dazu auch B und P) sowie die Vokale A, E und O formen kann.

Doch nun zur Geschichte des M. Kein Buchstabe kann uns deutlicher das Alter des Alphabets verraten als dieses monumentale M. Der Grund hierfür ist die Ähnlichkeit der Einritzungen in der bislang ältesten Fundstätte Wadi el-Hol

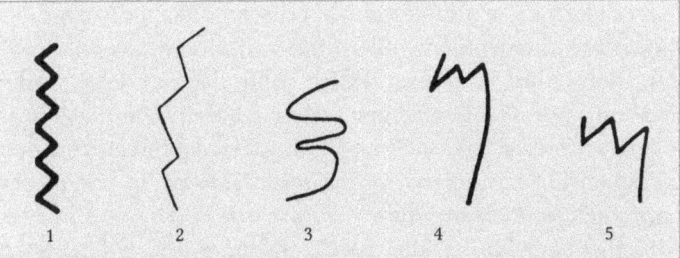

(1) Diese ägyptische Hieroglyphe aus der Zeit um 2000 v. Chr. steht für Wasser; normalerweise horizontal geritzt – mit Ausnahme der Zeit um 2000 v. Chr. -, ist dieses Zeichen direkter Zeuge für das Alter unseres Alphabets. (2) Semitisches Mem aus der Fundstätte Wadi el-Hol (ca. 1800 v. Chr.). (3) Phönizisches Mem 1000 v. Chr.; Ähnlichkeiten mit dem späteren M sind erkennbar, wenn auch um 90° gedreht. (4) Phönizisches Mem um 800 v. Chr.; vereinfachte Form. (5) Griechisches My aus einer Inschrift um 725 v. Chr.; eine direkte Kopie von Form, Lautwert, Name und Stelle im Alphabet.

(ca. 1800 v. Chr.) mit seinen hieroglyphischen Vorläufern aus der Zeit um 2000 v. Chr. (Abb. 1, 2). Beide Zeichen bedeuten „Wasser", semitisch Mem; dies wird ganz deutlich durch die ausgeprägte Wellenlinie suggeriert. Ebenso ins Bild passt der akrofonisch korrekte Anfangsbuchstabe. Doch das Besondere an der Abbildung 1 ist die vertikale Ausrichtung der Hieroglyphe. Normalerweise wird Wasser durch eine waagrechte Wellenlinie dargestellt, auch im Altägyptischen, doch die Zeit um 2000 v. Chr. bildete eine Ausnahme. Für vielleicht einhundert Jahre entschieden sich die Schreiber, der senkrechten Darstellung den Vorzug zu geben – für moderne Forscher ein ganz dramatischer Hinweis auf das wahre Alter unseres Alphabets. Das proto-kanaanäische Zeichen für M könnte eine direkte Kopie eben dieser ägyptischen Hieroglyphe gewesen sein. Das M weist uns also den Weg – weit zurück in längst vergangene Zeiten, weiter zurück, als dies alle anderen Buchstaben vermögen.

Tausend Jahre später war der phönizische Buchstabe (Abb. 3) bereits eine stark zusammengequetschte „Wasserlinie", doch zweifellos noch mit der direkten, bildhaften Assoziation.

Das noch jüngere phönizische M zeigt bereits den Ansatz des modernen Buchstabens, allerdings mit einem langen „Fuß" versehen (Abb. 4). Offensichtlich sollte dadurch eine starke Wirkung auf den Betrachter erzielt werden. Um diese Zeit – wir schreiben 800 v.Chr. – muss das Alphabet von den Griechen übernommen worden sein. Notwendig wie dieser Laut auch im Griechischen war, wurden Form und Platz im Alphabet beibehalten, allein der Name musste sich den neuen Herren anpassen. Fortan hieß der 13. Buchstabe im Alphabet My, ein Wort ohne etymologischen Hintergrund. Vergessen war die Anspielung auf „Wasser". Allein der Zweck heiligte ab nun die Mittel.

Wie alle anderen Buchstaben nahm das M nun den Weg über die Etrusker (um 700 v.Chr.) zu den Römern (um 600 v.Chr.). Zunächst behielt man die griechische Ausformung bei, doch schon bald schufen die Römer ein symmetrisches, aufrecht stehendes Symbol, das in der berühmten Capitalis Monumentalis (Abb. 7) auf der Trajansäule 113 n.Chr. seine perfekte Form fand, die all die Jahre bis heute überdauerte. Analog zum N dürfte der römische Buchstabe als [emme] gesprochen worden sein, wie auch heute noch im Spanischen und Italienischen zu hören. Erst auf dem weiteren Weg ins Altfranzösische und Althochdeutsche wurde der heutige Laut [em] gebräuchlich. Man möchte annehmen, dass dies in Analogie zu anderen Buchstaben unseres Alphabets geschah. Der gerundete Kleinbuchstabe (Abb. 8), das bis heute fast unveränderte m, stammt aus der römischen Kursivschrift Unzial, die um 300 n. Chr. ihre erste Ausprägung fand. Und gemeinsam mit d, h und q gehört dieses m zu denjenigen konsonantischen Kleinbuchstaben, die schon früh, im ersten Jahrhundert ihrer Entstehung, ihre endgültige, heutige Form fanden. Während des Mittelalters trug diese Frühentwicklung sicherlich dazu bei, das religiös motivierte Bild zu vertreten, dass Gott den Namen „Mensch" auf unser Gesicht geschrieben hat: Nase, Augenbrauen und Wangen symbolisiert durch das m, die Augen dargestellt durch zwei in das m eingeschrie-

(6) Frührömisches M um 520 v.Chr; eine Kopie des etruskischen Buchstaben, der seinerseits das griechische My kopierte. (7) Capitalis Monumentalis der Trajansäule; 113 n.Chr.; Vorlage für die frühen Druckbuchstaben um 1470. (8) Mit Tinte geschriebener Unzial-Buchstabe aus einem lateinischen Manuskript; Italien um 450 n.Chr.; gemeinsam mit d, h und q war dies einer der frühesten Kleinbuchstaben, die der heutigen Form annähernd entsprechen. (9) Karolingische Minuskel aus einem lateinischen Manuskript aus Nordengland; um 975 n.Chr.; Vorläufer des späteren Druckbuchstabens.

bene o-Zeichen. Unser Antlitz lässt sich daher als „omo" (lat.: *homo*), Mensch, lesen.

Die Mystik der hebräischen Buchstaben sieht das Mem an ganz prominenter Stelle, nämlich als eine der drei Mütter (Alef, Mem und Schin). In der Bedeutung „Wasser" steht Majim – dies der Name des hebräischen Buchstabens – für die vierzig Tage der Sintflut, den unterirdischen Fluss, aber auch den schwangeren Mutterbauch. Nicht vergessen darf man selbstverständlich die große Bedeutung des Reinigungswassers für den Sündenerlass. Als Zahlzeichen symbolisiert M die Zahl 40, erinnert damit auch an die vierzig Jahre Wüstenwanderung, den Exodus Israels, die vierzig Tage, die Mose auf dem Sinai verweilte, die vierzig Tage Fastenzeit sowie die vierzig Generationen, die zwischen Mose und der Vollendung des Talmud liegen. Ein bedeutungsschwangerer Buchstabe ist dieses M also allemal!

Das M hat auch in der Literatur seine Spuren hinterlassen. Arthur Conan Doyle nennt das M in seinen Sherlock-Holmes-Geschichten einen „schurkischen Buchstaben", zweifellos in Anspielung auf Holmes' widerwärtigen Gegenspieler Moriarty. Auch der erst spät namentlich enttarnte mysteriöse Boss des Geheimdiensts in Ian Flemings

James-Bond-Romanen nennt sich einfach M (für Sir Miles Messervey). Das rätselhafteste M begegnet uns allerdings in Lewis Carrolls *Alice in Wonderland*, wo der gähnende Siebenschläfer eine kuriose Geschichte dreier Schwestern erzählt, die alles zeichneten, was mit M begann. Auf Alices Frage „Warum gerade mit M?" kommt die prompte Antwort, „Warum nicht?"

Die Zahl der Abkürzungen, die durch das M/m repräsentiert werden, geht in die Dutzende. Ob männlich oder magnetisch (m), Malta oder München (M), Magister oder Majestät (M.), Minute oder Meter (m), Monsieur (frz.) oder Mère (Ordensmutter), dieser Buchstabe hat seinen Stellenwert im Wörterbuch der Abkürzungen. Für Musiker steht das kleine m für den Mittelfinger der Zupfhand beim Gitarren-Fingersatz. Die griechische Variante, das My (µ), ist unter anderem im SI-Einheitensystem das Kurzzeichen für ein Millionstel, also 10-6. Ein überaus populäres Wissenschaftsmagazin trägt den einprägsamen Namen *M* (kurz für Menschen Machen Medien). Und nicht zuletzt bedeutet das M im römischen Rechensystem als größte Einheit den Zahlenwert 1000.

Das gegenwärtig vermutlich weltweit bekannteste M ziert jede McDonalds-Filiale rund um den Erdball. 1962 erstmals vorgestellt, soll dieses Logo zwei goldene Torbögen symbolisieren, die an alle frühen Fast-Food-Restaurants der Brüder Richard und Maurice McDonald angebracht waren. Zumindest auf kulinarischem Gebiet also ist dieser 13. Buchstabe unseres Alphabets absolut unschlagbar. Mmmh!

Wussten Sie, dass ...

... das *Mammutprogramm* immerhin fünf m enthält?
... Myxödem mit 34 Punkten das hochkarätigste Scrabble-Wort in der deutschen Sprache ist? (M3 Y10 X8 Ö8 D1 E1 M3)
... das englische *mammal* (Säugetier) etymologisch mit der Mutter verwandt ist?

… der *Schwimmmeister* programmmäßig keine *Klemmmappe* bei sich führt? (Unsinnsatz)

MMMMMMMMMMMMMMMMMMMMMMMMMMMMMMMMMMMMM

Antiqua	Grotesk	Egyptienne	Fraktur	Schreibschrift	Fremdschrift
Mm	Mm	**Mm**	𝔐m	*Mm*	Mм
Garamond	Arial	Rockwell	Becker Fraktur	Monotype Corsiva	Kyrillisch

MMMMMMMMMMMMMMMMMMMMMMMMMMMMMMMMMMMM

N Nun – Schlange, Fisch

„Non, je ne regrette rien ...
non, rien de rien." *(„Nein, ich*
bedaure nichts, ... nein, absolut
nichts.") Wer dieses Abschieds-
Chanson von Edith Piaf hört,
wird sich selbst nach einem
halben Jahrhundert kaum der
stimmlichen Faszination ent-
ziehen können, die vom „Spatz
von Paris", wie ihr Kosename

Schmuckbuchstabe: Grand Magasin du
Louvre, Paris, Catalogue Général 1907

lautet, ausgeht. Und schon im ersten Wort des Chansons, einem
gedehnten, stark nasalen „non", liegt in schier unnachahmlicher
Art das Timbre der Piaf'schen Stimme. Wurde dieser Laut je mit
mehr Leben und Verve ins Publikum getragen als bei der 1961
entstandenen Aufnahme dieses Chansons? Ein N in Reinkultur,
das den Charakter dieses Buchstabens im lautlichen Sinne per-
fekt erfasst! Empfehlung vor dem Weiterlesen: Hören Sie sich
zur Einstimmung auf den Buchstaben N Edith Piafs „Non, je ne
regrette rien" erst einmal in Ruhe an.

Nebeneinander, wie siamesische Zwillinge, ziehen M und
N durch die Jahrtausende der Alphabet-Geschichte. Seite an
Seite stehen diese beiden Nasalbuchstaben direkt im Herzen
unserer Buchstabenreihe, mit jeweils zwölf Nachbarn zur Linken und zur Rechten. Und diese beiden Buchstaben allein sind
es auch, die vom ungehinderten Luftstrom durch unsere Nase
gebildet werden. Ein kleiner Test wird dies dem Leser sofort
bestätigen. Halten Sie sich die Nasenflügel zu und sagen Sie
laut folgenden Satz: „Neue Nasen niesen Nasses." Hört es
sich auch bei Ihnen an wie „Deue Dasen diesen Dasses"? Der
Grund für diese Verzerrung liegt darin, dass für die Bildung
des N-Lauts das Gaumenzäpfchen unwillkürlich gesenkt und
damit ein ungehinderter Luftstrom zur Nasenhöhle freigege-
ben werden muss. Das Ganze funktioniert fast wie ein

Resonanzkörper bei einem Musikinstrument. Vielleicht sind Sie sich dieser Tatsache gar nicht bewusst, aber schon als Kleinkind hat sich diese Fähigkeit durch Nachahmung der Töne Ihrer Umgebung ganz automatisch herausgebildet. Im Unterschied zum M, einem Laut, der nur über die Lippen gebildet wird, braucht ein Baby für das N allerdings etwas mehr Anpassungszeit, um die Zunge korrekt gegen den Gaumen zu pressen.

N und M sind nicht die einzigen Pärchen unseres Alphabets, wie Sprachforscher bereits im Rom der Antike feststellen konnten. C und G, B und P, S und Z zeigen ähnliche Tendenzen. Sie werden in diesem Buch allen diesen Zwillingsbuchstaben begegnen. Eine Begründung für diese Paarbildung mag einerseits der Wunsch des Menschen nach Ordnung sein, andererseits aber auch das Verlangen, die Buchstaben leichter memorieren zu können. M und N allerdings haben diese Harmonie auf die Spitze getrieben: Form, Name, Klang und Position im Alphabet, alles scheint wie ein fließender Übergang, fast wie von göttlicher Hand geschaffen. Diese Metapher des „Fließens" trifft gerade bei den Nasallauten ganz direkt zu, bedeutete doch die gewellte Linie des Mem im phönizischen Alphabet nichts anderes als „Wasser". Naheliegend daher die Interpretation des phönizischen Nun, der senkrecht geschwungenen Schlangenlinie, als „Fisch". Aber sehen Sie selbst: Kann dieses von der Schlangenhieroglyphe stammende Zeichen (Abb.1 u. 2) wirklich als Fisch gelesen werden? Ein Aal, ja, doch dieser dürfte kaum in das ursprüngliche Piktogramm, das als Urbild diente, hineinzuinterpretieren sein. Moderne Sprachwissenschaftler halten es daher für sehr wahrscheinlich, dass die semitischen Erschaffer unserer Buchstabenrohlinge in der Tat das Schlangensymbol der Hieroglyphen ganz unverfälscht kopiert haben könnten. Noch dazu gibt es im Altägyptischen das Wort „nahasch" für „Schlange", im Semitischen heißt es „nahas", beide Wörter praktischerweise mit dem Anlaut [n]. Und wie Sie ja bereits von anderen Buchstabennamen wissen, ist gerade dieser

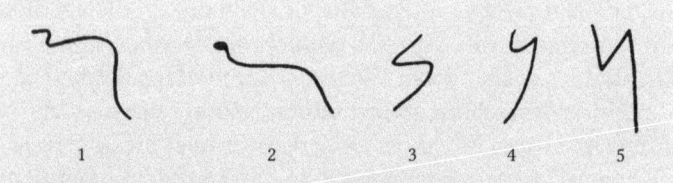

1 2 3 4 5

(1) Ägyptische Schlangenhieroglyphe ca. 2000 v. Chr.; zumindest das Symbol wurde von den Semiten kopiert. (2) Semitisches Schlangensymbol ca. 1750 v. Chr., Steingravur auf der Halbinsel Sinai; Lautwert [n]; vermutlich zunächst als Nahasch (Schlange) benannt, allerdings nur als „Fisch" belegt. (3) Phönizisches Nun (Bedeutung: Fisch) ca. 1000 v. Chr.; 14. Buchstabe des Alphabets. (4) Phönizisches Nun ca. 800 v. Chr. auf Zypern; wurde in dieser Zeit von den Griechen kopiert. (5) Griechisches Ny auf einer rechts-links laufenden Inschrift ca. 740 v. Chr.; direkte Kopie von Name, Form, Laut und Position im Alphabet.

passende Anlaut verräterisch, entspricht er doch völlig dem akrofonischen Grundprinzip der frühen Buchstabenbenennung.

Warum also sollte der phönizische Name für diesen Buchstaben N, zumindest in den ältesten vorhanden Quellen, statt „Schlange" „Fisch" lauten? Eine psychologische Erklärung gibt es schon, ja sie drängt sich geradezu auf. Könnte das N vielleicht dem vorangehenden Nasallaut M angeglichen worden sein, irgendwann in den ersten zwei Jahrhunderten nach seiner Entstehung? Immerhin sah das phönizische Nun ein paar Jahrhunderte später, um die vorchristliche Jahrtausendwende, dem Mem rein figürlich ungemein ähnlich. Und der Zusammenhang zwischen „Wasser" und „Fisch" könnte dem Lernenden eine nur allzu willkommene Eselsbrücke gewesen sein. Hat also einmal mehr die Didaktik über die Etymologie gesiegt? Alles bleibt Spekulation, keine Frage, denn endgültige, „in Stein gemeißelte" Beweise konnten die archäologischen Funde bis heute nicht enthüllen. Doch kann niemand die enge Verwandtschaft dieser beiden Buchstaben leugnen. M und N verhalten sich fast durchgehend durch die Jahrtausende wie innig fühlende Zwillinge. Auch im Deutschen Wörterbuch von Jacob und Wilhelm Grimm wird dies bei der Vorstellung des N betont: *N ist der vierzehnte Buchstabe unseres Alphabets (vor der Scheidung des I und J der dreizehnte ...), gehört zur Gruppe der sog. flüssigen und berührt sich vielfach mit m, aus dem es oft entstehen und wie dieses im In- und Auslaute sonantisch werden, d. h. verklingen und aus- oder abfallen kann.*

Bei der Übernahme des phönizischen Alphabets durch die Griechen um 800 v. Chr. wurden Lautwert und Form der Buchstaben unverändert belassen, allerdings reflektieren die Bezeichnungen My (M) und Ny (N) griechischen Wortklang, wenngleich einen in diesem Fall inhaltsleeren. Die Verbindung „Wasser-Fisch" war vollends verloren gegangen, wenn auch das griechische Reimschema phonetisch das Bestreben zeigt, zumindest den lautlichen Zusammenhang weiterhin festzuhalten. (Es wäre etymologisch betrachtet zweifellos einfacher gewesen, aus dem phönizischen Mem ein griechisch klingendes Mema zu formen.) Aus dem „Blitz" des alten N-Symbols entstand vermutlich gleichzeitig mit der Änderung der Schreibrichtung (von links nach rechts) durch Hinzufügen eines Anstrichs die dem heutigen Buchstaben ähnliche Form. Zumindest ist dies eine der plausibel scheinenden Erklärungen.

Die Reise ging um das Jahr 700 v. Chr. mit den Etruskern weiter, möglicherweise mit neuen Namen: „Me" [me] und „Ne" [ne]. Doch spätestens bis zur Hochblüte des Römischen Reiches wurden diese beiden Nasale zur Verdeutlichung als [emme] und [enne] bezeichnet, ein erster Fingerzeig für die heutige Aussprache dieser Buchstaben in vielen europäischen Sprachen.

Mit 9,78% relativer Häufigkeit steht das unscheinbar wirkende N in der deutschen Sprache an zweiter Stelle hinter dem E und ist damit der dominierende Konsonant. Jedenfalls hat es im Bruderstreit mit dem M eindeutig den Sieg davongetragen. Als Endbuchstabe ist das N überhaupt am gebräuchlichsten, dafür sorgen allein schon die deutschen Verben. Auch alle anderen großen europäischen Sprachen

(6) Etruskisches N ca. 660 v. Chr.; exakte Kopie des griechischen Buchstabens Ny; Schreibrichtung: rechts-links. (7) Frühlateinisches N ca. 520v. Chr. (8) Trajan-Inschrift (Marmorgravur) 113 n. Chr. (9) Unzial-Handschrift (Tinte und Feder) aus einem lateinischen Psalter ca. 400 n. Chr.; noch zeigt der Kleinbuchstabe n die Form der Majuskel. (10) Karolingische Minuskel aus einem Gesetzestext 1018 (entstanden ca. 800); nur zwei Pinselstriche waren nötig (allerdings bestand Verwechslungsgefahr mit h, m und r).

räumen diesem Buchstaben einen Spitzenplatz in den Häufigkeitstabellen ein, wenngleich nicht an ganz so prominenter Stelle wie im Deutschen.

Vielleicht mag es für manchen Leser überraschend sein, dass selbst politische Verwicklungen dem Alphabet nicht fremd sind. Betreff: Deutsche Buchstabiertafeln (seit 1903 in Gebrauch). Mit einem Protestschreiben eines gewissen Johann Schliemann wurde 1934 eine Welle des Antisemitismus ausgelöst, mit dem Ziel, alle auf Seite 5 des Fernsprechbuches enthaltenen jüdischen Namen auszumerzen. Und in der Tat teilt das N im Buchstabieralphabet im Jahr 1934 mit einigen anderen Buchstaben wie D, J, S oder Z das politische Schicksal jüdischer Namen im Dritten Reich: Aus dem biblischen „Nathan" wird der „kalte" „Nordpol". Auch nach dem Krieg wird diese Änderung in Deutschland, der DDR und Österreich beibehalten. Die Schweiz funkt N mit „Nikolaus", die NATO mit „November". „Nellie" (England), „Nicolas" (Frankreich), „Napoli" (Italien), „Nico" (Niederlande), „Niklas" (Schweden) und „New York" (Internationales Buchstabieralphabet) sind einige weitere Beispiele für die Flexibilität in der Namensgebung für diesen Buchstaben. Anmerkung: Im deutschen *Fingeralphabet* werden Zeige- und Mittelfinger nach unten gestreckt, wobei der Daumen verdeckt wird. Die Handfläche zeigt nach unten. Mit ein wenig Vorstellungskraft lässt sich in der Tat ein stilisiertes N erahnen – finden Sie nicht?

Einige Sprachen, wie etwa das Spanische, verwenden ein N mit Tilde: Ñ bzw. ñ [enje], das seinen alphabetischen Platz zwischen dem N und dem O bekam. Optisch in der Weltpresse präsent ist dieser Buchstabe in den periodisch wiederkehrenden El-Niño-Jahren, wenn diese um die Weihnachtszeit auftretende Meeresströmung die Fischschwärme in Peru stark dezimiert und wohl auch das Weltklima beeinflusst. „Christkind" bzw. „Kind" ist die treffende Bezeichnung des El Niño [ninjo]. Wie kam es nun zu diesem mit Tilde geschriebenen Buchstaben? Im Latein des Mittelalters wurde orthografisch bisweilen ein „kleines n" über das reguläre n gesetzt, um einen Doppelbuchstaben anzudeuten. Später entstand daraus dieser palatale Nasal, der im Spanischen, Galizischen, Asturischen, Baskischen, Quechua, Guarani oder Tagalog als [nj] gesprochen wird. Wie zur Abgrenzung gedacht, verwendet das mit dem Spanischen rivalisierende Katalanisch für den gleichen Laut ein ny statt dem ñ (*Catalunya* statt *Cataluña*). Im Portugiesischen steht dafür ein nh, was uns sofort die ehemalige Kolonialmacht etwa der Insel Tristan da Cunha verrät. Italien behilft sich mit einem gn. Denken Sie bei Ihrem nächsten Lasagne-Mahl daran! Slawische Sprachen wie Polnisch oder Weißrussisch schreiben für das [nj] ein Ń (mit Akut), im Tschechischen oder Slowakischen steht ein Ň (mit Hatschek), im Lettischen ein Ņ (mit Cedille). Daneben gibt es auch noch einen stimmhaften velaren Nasallaut, der als [ŋ] (dt. Ding [diŋ]) im Saami sowie einigen afrikanischen Sprachen einen eigenständigen Buchstaben darstellt. Außergewöhnlich in diesem Zusammenhang ist das Finnische, wo zu fast hundert Prozent Übereinstimmung zwischen Laut und Buchstabe besteht. Die einzige Ausnahme: das [ŋ]. Dieses Phonem wird durch ng wie in *kuningas*, „König", bzw. durch nk wie in *henki*, „Leben", wiedergegeben. Im Französischen erfüllt das n als stummer Buchstabe bei den für Lernende so ungewohnten Lauten [ã], [ĩ], und [õ] eine einzigartige

Funktion, zeigt es doch eine starke Nasalierung an. Versuchen Sie einfach einmal *Grand Prix, Amiens* oder *Mon ami* zu sagen. Oder hören Sie sich nochmals Edith Piafs „Non, je ne regrette rien" an. Das N hat also auch einige unerwartete Gesichter!

Ein kleiner Sprung in andere Schriften soll uns die Augen für weitere Gabelungen des phönizischen Nun aufzeigen. Wie alle hebräischen Buchstaben enthält auch das Nun, formal am besten als Vase vorzustellen, eine tiefe, religiös motivierte Symbolik. In der Bedeutung „Fisch" werden Fortpflanzung und die Suche nach der Wahrheit gesehen, in der Bedeutung „Schlange" dagegen kommen die existenziellen Krisen des Menschen zum Ausdruck. Als Zahlenwert – das Hebräische kennt ja keine Ziffern – steht das Nun für 50. Das arabische Nūn, der „Walfisch" oder der „große Fisch", gleichzeitig der 25. Buchstabe des Alphabets, wird auch als Abkürzung des Ramadān, des Monats des rituellen Fastens, verwendet. Das kyrillische N wiederum sieht unserem lateinischen H zum Verwechseln ähnlich, was mit der Übernahme der griechischen Buchstaben in der byzantinischen Schreibform zu tun hat. Die weiter oben beschriebene Lautkombination [nj] wird durch Њ wiedergegeben.

Als Abkürzungssymbol hat das N im Laufe der Jahrhunderte eine Vielfalt von Funktionen übernommen. Welcher Musikfreund kennt sie nicht, die amerikanische Band Guns N'Roses, oder den seit Elvis-Zeiten begeisternden Rock'n'Roll. Mathematiker sprechen von einer Zahl „zur n-ten" Potenz, wobei das n als eine Art Platzhalter für jede denkbare ganze Zahl steht. Auch als Abkürzung ist das N von höchster Flexibilität: n (Nano..., Neutron), N (Newton, Nitrogenium, Nord, Norm, Norwegen, Nürnberg), n. (natus, netto, neutral, nördlich), N. (Nominativ, November) sind nur ein kleiner Auszug aus der Vielfalt der N-Bildungen. NN wurde vor allem in früheren Zeiten gerne für einen nicht bekannten Namen gesetzt (lat.: *nomen nescio*), etwa in Schachpartien. So hinterlässt in mancher Glanzpartie der eine Protagonist der Nachwelt nichts als seine wenigen Züge. Namen- und gesichtslos bleibt dabei der anonyme Mensch hinter seinem die Zeiten überdauernden Werk. Er ruht gleichsam im doppelten N!

Wussten Sie, dass …

… die Dudenwörter *Innenantenne, Namensnennung* und *Nervenanspannung* sechs n enthalten?
… 23,6 % aller Wörter im Duden auf n enden?
… im Deutschen n-Drillinge wie *Brennnessel, Kennnummer* oder *Pinnnadel* möglich sind?

NNNNNNNNNNNNNNNNNNNNNNNNNNNNNNNNNNNNNNNN

Antiqua	Grotesk	Egyptienne	Fraktur	Schreibschrift	Fremdschrift
Nn	Nn	**Nn**	𝔑n	𝒩n	Нн
Garamond	Arial	Rockwell	Becker Fraktur	Monotype Corsiva	Kyrillisch

NNNNNNNNNNNNNNNNNNNNNNNNNNNNNNNNNNNNNNNN

O Ajin – Auge

Geoffroy Tory (1480-1533) war ein französischer Buchdrucker und Gelehrter, Schüler von Dürer und Leonardo, der mit seinem 1529 veröffentlichten Werk „Champ-Fleury" neue typografische Druckbuchstaben vorstellte, die grundsätzlich mit den Proportionen des menschlichen Körpers in Verbindung gebracht wurden. Im Jahr darauf wurde Tory zum „Imprimeur du Roi" (Buchdrucker des Königs) erhoben. Zwei Buchstaben, I und O, mit Zirkel und Lineal zu konstruieren, sah Tory als Maß aller Dinge. „Ich habe das Kolosseum mehr als tausendmal gesehen, ... es war ursprünglich wie der Buchstabe O geformt, ‚kreisförmig im Äußeren und oval im Inneren'." Im vorliegenden O vereint Tory in den Strahlen der Sonne die neun Musen, die sieben Künste, die vier Tugenden und die drei Grazien.

Ohne Übertreibung darf die Form des Buchstabens O als vollendet bezeichnet werden. Und so kommt es auch nicht überraschend, dass dieser Kreis, von vielen als Symbol der Ewigkeit gesehen, bereits seit mehr als dreitausend Jahren unverändert als Buchstabe dient. Die Assoziation mit Ewigkeit ist allerdings entwicklungsgeschichtlich nicht korrekt, denn dieses formschöne Zeichen stellte als Hieroglyphe ein menschliches Auge dar. Die älteste semitische Sandstein-Inschrift in Serabit el-Khadem aus der Zeit um 1750 v. Chr. zeigt ebenfalls diese klassische Form, mit einer gerade noch angedeuteten Iris (Abb. 2). Hätte man einem Sprecher dieser Epoche zugehört, wäre ein gutturaler, kehlig-kratzender Konsonant zu hören gewesen, wie er heute noch im Arabischen gesprochen wird. In den folgenden Jahrhunderten schmolz das Oval zu einem Kreis, zunächst noch mit einem die Iris suggerierenden Punkt in der Mitte. Dann, ab ca. 1200 v. Chr., hatte der 16. Buchstabe im phönizischen Alphabet seine endgültige, perfekte Form gefunden.

Geoffroy Tory:
Champ-Fleury, Pont
Neuf 1529

Die weise Idee der Hellenen, sich die phönizischen
Buchstaben ohne allzu große Umschweife einzuverleiben,
hinderte sie nicht, da und dort kleine Adaptationen anzu-
bringen, um Platz für Vokale zu schaffen. Das Ajin war für
griechische Ohren kaum klar auszumachen, bot also eine
notwendige Nische in der gerade übernommenen Buchstabenliste. Warum aber wurde der [o]-Laut exakt diesem
formvollendeten Zeichen der phönizischen Buchstabenreihe
zugeordnet? Dies könnte, so meinen namhafte Sprachforscher, einen sehr visuellen Grund gehabt haben, der mit der
Lautbildung durch einen gerundeten Mund zusammenhängt
und den Bund der Ehe zwischen der Form O und dem Laut

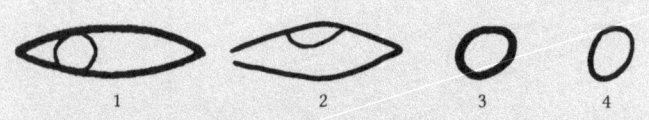

1 2 3 4

(1) Ägyptische Hieroglyphe des „Auges"; ca. 2000 v.Chr. (2) Semitisches Ajin, „Auge", aus der berühmten Sandstein-Inschrift in Serabit el-Khadem (ca. 1750 v.Chr.); ein rauer Kehlkopf-Laut. (3) Phönizisches Ajin aus der Zeit um 1000 v.Chr.; die Form des „Auges" war nun ein Kreis ohne die ursprünglich charakteristische Iris. (4) Griechisches o mikron (kleines O), aus einer Inschrift um 725 v.Chr.; Form und Position im Alphabet blieben erhalten, allerdings war dieser Buchstabe nun ein Vokal mit dem Lautwert O.

[o] geradezu aufdrängt. Wir wissen heute nicht, ob dies nur elegante Spekulationen moderner Linguisten sind, klar ist jedoch, dass das griechische O für kurze 150 Jahre gleich zwei Laute repräsentierte: einen langen und einen kurzen. Doch um 660 v.Chr. sahen sich griechische Schreiber aufgrund der Häufigkeit beider Laute genötigt, einen eigenen Buchstaben für den langen Laut, einen „unten offenen", mit der Form Ω zu erfinden. Der Name sollte, vor allem durch eine Bibelstelle (dazu mehr weiter unten), weltberühmt werden: o mega bzw. Omega („großes O"). Aber wohin damit, war die Frage, denn zu diesem Zeitpunkt gab es keine freie Stelle mehr im ehemals phönizischen Buchstabenkanon. Die Lösung lag auf der Hand: Das Omega würde den letzten Platz im Alphabet einnehmen. Für den 16. Buchstaben verwendete man ab nun den Namen o mikron bzw. Omikron („kleines O"). Bis heute sind beide Facetten des O fester Bestandteil des griechischen Alphabets.

Wo bleibt es aber dann in unserem Alphabet, dieses so sprichwörtlich gewordene Omega? Nun, die Frage ist leicht zu beantworten. Die Geburt dieses Zeichens im Griechischen hinkte der Weitergabe des Alphabets an die Etrusker (um 700 v.Chr.) zeitlich einige Jahrzehnte nach. Die Römer wiederum kopierten munter die etruskischen Buchstaben, und darunter gab es eben nur das heute so vielseitig verwendete O (siehe unten). Die Aufgabe dieses Buchstabens war es daher, zwei Laute wiederzugeben: einen langen und einen kurzen. Bemerkenswert ist jedenfalls die Tatsache, dass das O, abgesehen von ästhetischen Verdünnungen, wie Abbildung 5, das O der Trajansäule, zeigt, seine Form bereits seit mehr als dreitausend Jahren nahezu unverändert beibehalten hat. Selbst mittelalterliche Handschriften, ob Unzial oder Karolingische Minuskel, hatten bei der Schaffung der Kleinbuchstabenformen an diesem „O" nichts zu deuteln. Wie C, S, V, W, X und Z sind Majuskel und Minuskel von gleichem Aussehen. Perfektion für die Ewigkeit, sozusagen!

Ein Zufall der Formengeschichte muss hier zur Sprache gebracht werden: Die große Ähnlichkeit des O mit der Null (0). Wer die Entstehung der Null zurückverfolgt, wird auf den winzigen Kreis bzw. Punkt stoßen, der von indischen und arabischen Mathematikern als Platzhalter verwendet wurde. Um 1400 wurde dieser Kreis in europäischen Handschriften willkürlich ausgedehnt, um eine annähernd gleiche Größe der Zeichen zu gewährleisten. Und diese „moderne" Null war für die Drucker maßgebend beim Gießen ihrer Bleisätze. Geblieben ist damit ein bisweilen lästiges visuelles Problem.

Aufgrund der bildhaften Assoziationen, die das O hervorruft, ist dieser Buchstabe seit jeher ein starker Träger von Botschaften aller Art. Immerhin hat kein anderer Buchstabe unseres Alphabets diese faszinierende Fähigkeit, durch seinen Namen auf den Lippen seine Form zu beschreiben. Daher ist es kaum überraschend, dass O für sich allein als Wort existieren kann: im Ausruf „Oh" und in Kombination mit anderen Wörtern wie in „O weh!" oder „O jemine". Shakespeare notiert in *The Tempest* das berühmte „O brave new world", und in *Othello* hört man den Stoßseufzer, „O curse of marriage". Doch dieses O hatte schon in römischen Zeiten seine legendären Vorläufer. Cicero schmettere im November des Jahres 63 v. Chr. in seiner ersten Rede gegen den verschwörerischen Catilina die erboste Formel in den Senat: *O tempora, O mores* ... (dt.: O, [was für] Zeiten, o [was für] Sitten).

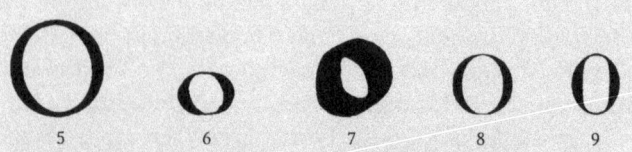

5 6 7 8 9

(5) Majuskel der berühmten Trajansäule; 113 n. Chr. in Marmor graviert; Verdünnungen oben und unten gaben diesem Vokal das Aussehen eines Bandes; Standard für den modernen Großbuchstaben. (6) Unzial-Buchstabe eines lateinisches Psalters aus der Zeit um 400 n. Chr.; Nachahmung der römischen Majuskel. (7) Rotunda-Buchstabe aus einem lateinischen Manuskript um 1500 n. Chr.; besonders populär im spätmittelalterlichen Italien. (8) William Caslon, ein Londoner Typensetzer, schuf 1734 eine Fontvorlage (heute: Caslon Old Style), der dieser Buchstabe nachempfunden ist. (9) Bodoni – geschaffen 1791 vom Drucker Giambattista Bodoni – ist ein bis in unsere Zeit populärer Font, der die mittelalterliche Handschrift nachahmt.

Wenn auch im Deutschen nur zwei Aussprachen des O zu vernehmen sind – kurzes [o] (Schloss) und langes [o:] (Schoß) – und mit wenigen Ausnahmen (*Boot, Moor, Moos*) tatsächlich ein einzelnes o auf dem Papier steht, so kommt diesem Buchstaben im Englischen oder Französischen eine wahrhaft herkulische Aufgabe zu, was die Wiedergabe von Schrift und Laut anbelangt. Im Englischen etwa können für [ɔu] folgende Grapheme stehen: *go, beau, stow, sew, doe, though, escargot.* Eine wahre Flutwelle von deutlich unterscheidbaren o-Aussprachen listet das *Oxford English Dictionary* auf: *boy, cough, do, favour, fool, glory, good, got, no, north, now, son* und *word.* Französisch kann das [o:] ebenfalls eine umfangreiche Schattierung von grafischen Zeichen erfordern: *auto, zoo, accroc, Pernod, trop, gros, Peugeot, bientôt, chaud, Rochefoucauld, Renault, saut, faux, Bordeaux.* Aber es geht im Englischen auch umgekehrt: ough wird in den Wörtern *though, thorough, hiccough, nought, bough, trough, ought, cough, through* jeweils unterschiedlich ausgesprochen. Kein Wunder, dass das O in der englischen Sprache mit 7,5% Platz 4 einnimmt (hinter E, T und A), im Französischen am Ende des ersten Drittels aufscheint (5,4%), dafür im Deutschen mit 2,5% nur einen bescheidenen Mittelfeldplatz ergattert. Kein Vokal wird in unserer Sprache weniger oft geschrieben als dieser formschöne „Ring". Historisch gesehen hat die eine Sprache, Französisch, der anderen, Englisch, ab dem 11. Jahrhundert das O für das U aufgezwungen, wie einige häufig verwendete Wörter zeigen: aeng. *sum* > *some*; aeng. *sunu* > meng. *sone* > *son*; aeng. *lufu* > *love*. Das Resultat ist eine lautlicher Irrgarten, mit einer Masse von Homonymen, *son/sun, loot/lute* bzw. Wörtern, die phonetisch gleich klingen, doch komplett unterschiedliche Vokale verwenden: [ɜ:] *bird, curd, herd, word*. Wieder ist der Kommentar des Grammatikers Richard Mulcaster aus dem Jahr 1582 sehr treffend: „O ist ein Buchstabe von großer Unsicherheit in unserer Sprache [Englisch]."

Im Deutschen hat das ö eine dem ä und ü parallele Entstehungsgeschichte, die mit der Hochdeutschen Lautverschiebung des Frühmittelalters zusammenhängt. Falls die Folgesilbe ein i, i: oder j enthielt, wurde ein [œ] gesprochen (Beispiel: ahd. *skōni*, mhd. *schœne*, „schön"), das dann nach Wegfall der Endungen ab dem 11. und 12. Jahrhundert durch eigene Zeichen sichtbar gemacht werden musste. So kam das Deutsche zu seinen Umlauten. Moderne Handytastaturen lassen bei zarter Berührung eine ganze Palette von weiteren O-Symbolen auf dem Bildschirm erscheinen, wie etwa õ, ô, ó, ò, ő (ungarischer Buchstabe). Die exakte Verwendung der diakritischen Zeichen setzt jedenfalls gute Sprachkenntnisse voraus. Wie alle anderen Buchstaben kann auch das O für viele Dinge stehen: O (Oberfläche, Ozon, Sauerstoff); o. (oben, ohne, oder); O. (Offizier, Ohio, Ozean); ö. (öffentlich, örtlich, östlich); oder das griechische Ω (Ohm); OÖ. (Oberösterreich) vereinigt Vokal und Umlaut, OOO (eng. out of order; außer Betrieb) zeigt gleich ein Tripel-O in seiner ganzen Pracht. Das jedoch weltweit berühmteste, „irische" O (eigentlich ein Ó) steht in zahllosen Familiennamen wie dem des Snookerkönigs Ronnie O'Sullivan oder der unsterblichen Romanfigur Scarlett O'Hara. Die Bedeutung dieses Namenszusatzes ist nicht – wie oft falsch zu hören – „Sohn des ..." sondern vielmehr „Enkel des ...".

Nun zu einem der delikateren Abschnitte in diesem Buch. Wie schon eingangs erwähnt, erlaubt die Form des O ganz deutliche visuelle Assoziationen. Und diese werden im 1954 von Pauline Réage (alias Dominique Aury) herausgegebenen pornografischen Roman *Die Geschichte der O* bis zum Exzess abgerufen. Eine junge Pariser Fotografin, als O bekannt, gibt sich freiwillig der erniedrigenden Behandlung durch ihren Freund und diverse andere Liebhaber hin und scheint dies auch noch zu genießen. 1975 verfilmt, mag dieser Roman das O zu einem in gewissen Kreisen starken Symbol für Bondage und Fetisch-Sex gemacht haben. Weniger deftige Assoziationen ruft die im Jahr 2000 von Oprah Winfrey gegründete Lifestyle-Zeitschrift *O, The Oprah Magazine* hervor. Jedenfalls prangt das O in Riesenlettern (Bodoni, Abb. 9) einladend von jeder Titelseite. Doch ein Rechtsstreit um die Erstverwendung dieses „Buchstaben-Titels" führte im Jahr 2001 zu einer Schlagzeile in der *New York Times*: „Legally, the Alphabet Isn't as Simple as A, B and C." (dt.: Vor dem Gesetz ist das Alphabet nicht so einfach wie A, B, C.) Eingeleitet wird dieses Editorial mit den Worten: „Who owns the letters of the alphabet?" (dt.: „Wem gehören die Buchstaben des Alphabets?")

„Das A und O einer Sache ist wichtiger als ihr ABC." Dieser Satz von Wolfgang Funke spricht das Wesentliche, den Kern einer Sache an. Zurückzuführen ist diese Redewendung auf mehrere Bibelstellen: „Ich bin das Alpha und das Omega, spricht Gott, der Herr, der ist und der war und der kommt, der Herrscher über die ganze Schöpfung." (Offb 1,8) In der Apokalypse stellt sich Jesus Christus dem Evangelisten Johannes als der „Erste und der Letzte" vor. (Offb 1,17) Und der letzte Buchstabe im griechischen Alphabet war eben zur Zeit der Bibelentstehung dieses Omega. Hoffentlich haben die Leserinnen und Leser dieses Buches nun das „A und O" der Geschichte des Alphabets ausreichend bildhaft vor sich.

Wussten Sie, dass …

… O/o sowohl als Groß- als auch als Kleinbuchstabe vertikal und horizontal symmetrisch ist?

… sich in einer *Rokokokommode* fünf o und drei ok befinden?

… das Emoticon =O bzw. O= für einen Ausdruck des Erstaunens steht?

… OOO im Netzjargon drei Umarmungen repräsentieren kann?

P Pe – Mund

Kein „P" hat sich stärker in das Denken der Menschen eingeprägt als die Kreiszahl π (Pi), die den Umfang eines Kreises zu seinem Durchmesser beschreibt. Erstmals wurde der griechische Buchstabe 1706 in einem Mathematikbuch des Walisers William Jones verwendet, vermutlich wegen des ers-ten Buchstabens im griechischen Wort für Kreisumfang, „periphe-

Kreiszahl π mit den ersten 79 Nachkommastellen

reia". Pi ist eine irrationale Zahl, kann also nicht als Bruch dar-gestellt werden. Folglich ist auch die exakte Konstruktion eines Kreises mit Zirkel und Lineal, die sprichwörtliche Quadratur des Kreises, unmöglich. Die berühmte Berechnungsformel für den Flächeninhalt lautet $F = r^2\pi$. Schon Archimedes hat sich mit der Berechnung der Nachkommastellen beschäftigt – daher auch der Name Archimedische Zahl. Mitte des 20. Jahrhunderts hat eine regelrechte Rekordjagd auf Nachkommastellen einge-setzt. Momentan stehen wir bei unglaublichen 5 000 000 000 000, deren Aufzählung den Rahmen eines Druckwerks sprengen würde.

Plosiv- oder auch Explosivlaut, so heißt die fachlich korrekte Bezeichnung für bestimmte Konsonanten, bei denen die Atemluft plötzlich wie ein Knall ausgelas-sen wird. B und P, D und T sowie G und K (bzw. C und Q) sind die drei unzertrennlichen Pärchen, die jedoch in der Kette der Buchstaben seit Hunderten von Jahren eine räumliche Fernbeziehung pflegen. Wird dieser Laut nun durch Öffnen der Lippen gebildet – unwillkürlich wer-den dabei auch die Nasenflügel zusammengekniffen –, so formen wir einen der beiden bilabialen Verschlusslaute B oder P, stimmhaft (lenis) oder stimmlos (fortis). Die enge phonetische Verwandtschaft ist unverkennbar, und selbst im Aussehen können diese beiden Geschwisterbuchstaben ihre Herkunft nicht verleugnen. Dies gilt noch viel mehr für die Kleinbuchstaben b und p, die eine Art spiegelbildliche Symmetrie zeigen. Schon 1580 bemerkte der englische Sprachforscher John Barett ganz richtig: „Dieser Buchstabe p scheint sowohl dem Namen wie auch der Form nach eine Art b zu sein, sozusagen ein b, das auf den Kopf gestellt ist." In der Tat dürfte das P seine Gestalt dem weiter vorne in der Buchstabenkette ruhenden B verdanken, ja es scheint dieses B geradezu imitiert zu haben, wie wir beim Studium der Historie bald feststellen werden.

Das älteste P aus der Fundstätte Wadi el-Hol (1800 v. Chr., Abb. 1), stellt mit ein wenig Fantasie einen lächelnden Mund dar. Eine ägyptische Hieroglyphe diente auch hier als passende Vorlage, denn das semitische Wort für Mund lautete Pe, und damit war dem ehernen Prinzip der ersten Alphabetzeichen „Anfangsbuchstabe repräsentiert Laut" Genüge getan. Bis dato behielt dieser Buchstabe in vielen europäischen Sprachen wie Deutsch, Spanisch oder Französisch völlig unverändert seinen altehrwürdigen Namen. Die mühsame Strichführung muss bereits die phönizischen Schreiber zur Vereinfachung animiert haben, denn die ältesten P-Zeichen dieses Handelsvolks zeigen bereits stark reduzierte Haken, wie der Griff eines Stocks, der damaligen Schreibrichtung entsprechend nach links orientiert. Exakt, ihrer pragmatischen Art entsprechend, kopierten die Griechen um 800 v. Chr. auch diesen Buchstaben ins neu übernommene Alphabet. Form, Laut und Position blieben komplett unverändert, allein der Name wurde geändert: Das heute so berühmte, im Vorspann vorgestellte Pi war geboren.

Die gewohnte historische Route über die Etrusker, das „Volk der Bücher", brachte das P schließlich zu den Römern, wo es in einem mehrere Jahrhunderte dauernden Prozess

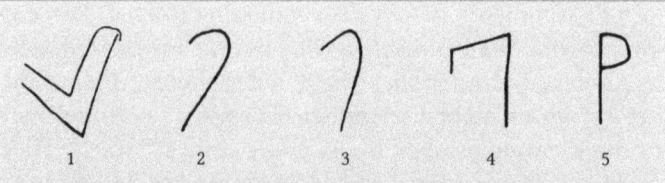

(1) Proto-kanaanäisches Symbol der Wadi el-Hol-Inschrift; um 1800 v.Chr.; Darstellung eines Mundes. (2) Zeichentechnisch stark reduziertes phönizisches Pe, mit dem auch heute noch gültigen Laut; um 1000 v.Chr.; Schreibrichtung rechts-links. (3) Griechische Kopie des phönizischen Vorbilds; Form, Laut und Platz im Alphabet blieben erhalten; doch neuer Name Pi; um 740 v.Chr. (4) Frührömisches P mit kantiger Ausformung; um 520 v.Chr. (5) Römisches P um 200 v.Chr.; die heutige Form ist bereits erreicht.

des „Morphings", um einen modernen Computerausdruck zu verwenden, seine endgültige Form erhalten sollte (Abb. 5). Gleichzeitig befinden wir uns zu dieser Zeit an einer historischen Weggabelung, denn der griechische Buchstabe wurde in der Heimat zum berühmten Pi. Beim römischen P stand höchstwahrscheinlich der Geschwisterbuchstabe B Pate, vielleicht um diesen so ähnlichen Laut leichter memorieren zu können. Wir kennen diese mnemotechnischen Kniffe ja bereits von anderen Buchstaben. Allerdings blieb zunächst eine im Wortsinn zu verstehende „Lücke" offen, an der Kopfschlinge des P (Abb. 6, 7). Erst die handschriftlichen Manuskripte um 500 n.Chr., in römischer Halbunziale verfasst, geben dem P die heutige Form des Druckbuchstabens. Vermutlich war hier wie so oft die erhöhte Schreibgeschwindigkeit beim Notieren des „geschlossenen" P-Kopfs ein entscheidender Faktor.

Doch zurück zur praktischen Verwendung dieses Buchstabens. Seine Verwandtschaft mit dem „weichen B" kann dieser stimmlose Laut jedenfalls nicht verleugnen, egal ob in deutschen oder englischen Wörtern. Lesen Sie einmal laut folgenden Satz: „Robert packt Rupert beim samtenen Hemd." Wie viele [p] oder [b]-Laute hören Sie? Vermutlich ganze sechs – sind dies nun [b] oder [p]-Laute? -, zwei da-

von „stumm" zwischen dem Lippenlaut m und t/d eingeflickt.
Einfach zu bilden sind die Labiale B, P und M, keine Frage,
das wissen wir schon aus der Babysprache, wo „Mama" und
„Papa" zu den ersten verständlichen Wörtern aus „Babys
Mund" gehören, doch lässt die phonetische Unterscheidbar-
keit oft zu wünschen übrig. Sprachhistorisch gesehen stand
in frühen Entlehnungen B überhaupt oft für P. Ein berühmtes
Beispiel ist das Wort Papst, das im Mittelalter zur ehrenden
Anrede von Bischöfen, Patriarchen und Äbten wurde: lat.
pāpa „Vater", splat. *pāpas* (nach Kluge eine gräzisierte Form),
afr. *papes*, ahd. *bābes*, mhd. *bābes(t)* (13. Jh.). Eine weitere
Besonderheit des Deutschen stellt der Doppelkonsonant pf
dar, der im Zuge der Zweiten Lautverschiebung im 6. und 7.
Jh. aus dem p entstand (ebenso wie tz aus t und ch aus k): idg.
aplu, ae. *æppel*, ahd. *apful*.

Was die Häufigkeit anbelangt, rangiert das P sowohl im
Deutschen wie auch im Englischen mit einem Wert von zirka
0,7% weit hinten in den Ranglisten. Doch die Überraschung
folgt auf den Fuß, wenn man mit lockerer Hand ein engli-
sches Wörterbuch „durchrauscht". Gemeinsam schaffen es P,
C und S, die Wortlisten in nahezu unglaublicher Art zu dominieren. Fast jedes dritte englische Wort beginnt mit einem
dieser drei Buchstaben. Dabei führte das P im Altenglischen
ein wahres Schattendasein. Erst der normannische Einfluss
nach 1066 schwappte Wörter mit lateinischem Hintergrund
in das englische Vokabular, vor allem solche, die mit den
Vorsilben pre-, post-, per- und pro- gebildet wurden: Perfect
public press!

π (dt.: π – *System im Chaos*) ist ein experimenteller,
schwarz-weiß gehaltener Science-Fiction-Thriller aus dem
Jahr 1998, in dem ein paranoides Mathematikgenie, Maxi-
millian Cohen, bei seinen Arbeiten zu π auf eine 216-stel-
lige Zahl stößt, mit der er wahnwitzig versucht, die Natur
ausschließlich durch Zahlen zu erklären. Auch ein weiterer
Film aus dem Jahr 2001, eine überraschende Mischung aus
Abenteuerroman und philosophischer Suche nach Weisheit,

trägt im Titel den Namen des griechischen Buchstabens: *Life of Pi* (dt.: *Schiffbruch mit Tiger*). Dieses „Pi" geht jedoch nicht auf den griechischen Buchstaben zurück, sondern ist eine Kurzform des seltsamen Vornamens des Protagonisten aus Ponticherry, Piscine Molitor „Pi" Patel, mit der französischen Bedeutung „Teich". Vermutlich hat das philosophische Prestige dieses griechischen Buchstabens zur Verwendung im Titel animiert. Ein weiteres Pi versteckt sich in der umgangssprachlichen Wendung „Pi mal Daumen", was so viel wie „über den Daumen gepeilt", „grob geschätzt", bedeutet, mit einem leichten Nachklang von eingestandener Ungenauigkeit.

In der Welt der Abkürzungen hat das P/p ebenfalls deutliche Spuren hinterlassen. Der Kleinbuchstabe p (Penny, piano, pico…, Proton) ebenso wie der Großbuchstabe P (Peso, Phosphor, Portugal, Potsdam); pp steht für pianissimo, PP für pankreatisches Polypeptid oder Provisionspauschale, um nur einige eher kuriose Beispiele aus dem Fachjargon zu nennen. Der Hinweis auf Buchseiten erfolgt immer noch oft mit pp. (lat. *paginae*), eine vorweg bezahlte Postwurfsendung kann die Abkürzung p. p. (eng. *postage paid*) tragen. In der Chemie kommen gleich beide Labiallaute in der Abkürzung p. p. b. (*parts per billion*) vor; p. p. m. steht dagegen für *parts per million* oder auch *pages per minute* (Drucker). Das Tripel-p findet sich auf Partituren: ppp (it. *piano pianissimo*) oder es wird als PPP für den Parlamentarisch-Politischen Pressedienst verwendet. Abschließend soll auch noch daran erinnert werden, dass das Konstantinische Kreuz (XP) nicht den Buchstaben P abkürzt, sondern vielmehr ein griechisches R darstellt. Genaueres dazu bei der Charakteristik des Buchstabens X.

Ein bekannter englischer Ausdruck soll das Kapitel über diesen Buchstaben abrunden: „Mind your p's and q's". Gemeint ist damit, dass jemand darauf achten soll, sich richtig zu benehmen und die Etikette zu wahren. Das Interessante an dieser Redewendung ist ihre Beziehung zur Geschichte des Drucks. Bis ins frühe 20. Jahrhundert wurden für den Druck Metalllettern verwendet, die fein säuberlich in Setzkästen gelagert waren. Diese Blocklettern waren spiegelverkehrte Güsse der Druckbuchstaben. Daher gab es vor allem bei p und q, p und d, q und b usw. große Verwechslungsgefahr. Heute erfolgt der Satz eines Textes elektronisch mittels Computer, doch die Buchstabenähnlichkeit hat nach wie vor ihre Auswirkungen. Einerseits leidvoll bei Legasthenikern, andererseits nutzbringend bei modernen Konzentrationstests, wo den Kandidaten Blätter mit zufällig generierten Reihen mit p und b vorgelegt werden, von denen etwa jedes b nach einem Doppel-p zu streichen ist. Um zu bestehen, ist für wenige Minuten höchste Konzentration vonnöten. Wie gesagt: Mind your p's and q's!

Wussten Sie, dass …

… im ersten deutschen Buchstabieralphabet von 1905 ein Paul stand, aus dem ab 1926 eine Paula wurde? Früher Feminismus? Mitnichten! „Paula" ist einfach „über den Draht" besser verständlich.

… das Emoticon :p für „Zunge rausstrecken" steht?

... *Pappplakat* vier Ps in den ersten fünf Buchstaben enthält? Das ist wahrlich kein „Papperlapapp".

PPPPPPPPPPPPPPPPPPPPPPPPPPPPPPPPPPPPPPPPPPPPPPPPPPP

Antiqua	Grotesk	Egyptienne	Fraktur	Schreibschrift	Fremdschrift
Pp	Pp	**Pp**	𝔓p	*Pp*	Пп
Garamond	Arial	Rockwell	Becker Fraktur	Monotype Corsiva	Kyrillisch

PPPPPPPPPPPPPPPPPPPPPPPPPPPPPPPPPPPPPPPPPPPPPPPPPPP

Q Qoph – Affe

Ergonomische und mechanische Gesichtspunkte bewegten 1868 den Buchhalter Christopher Latham Sholes dazu, die Tasten der Schreibmaschine nicht alphabetisch, sondern entsprechend der Buchstabenhäufigkeit aufzuteilen. Die Anordnung von E, T, O, A, N und I erfolgte in einer Art Halbkreis. Kurioserweise sollten die Schreiber durch das Auseinanderlegen häufiger Zweierkombinationen wie etwa TH in ihrer Geschwindigkeit gebremst werden. Der Grund dafür war die Gefahr des Verhakens der Typenhebel beim schnellen Tippen. Statt dem Z steht in Lathams amerikanischer Tastaturbelegung ein Y. Die Vermutung wurde immer wieder angestellt, dass aus Demonstrationszwecken alle Buchstaben des Wortes „typewriter" in die oberste Zeile gelegt wurden. Im Deutschen ersetzt das wesentlich häufigere Z das Y, vor allem, um die Kombination TZ schnell schreiben zu können. Die Umlaute stehen an Stelle diverser Sonderzeichen. Obwohl heute als ineffizient erkannt, erlaubt die Macht der Gewohnheit kaum mehr eine sinnvolle Umstellung. QWERTZ bleibt wohl für ewig eine Spezialvokabel unserer Sprache.

Quer durch die Geschichte hat das Q seinen fast unbeachteten Nischenplatz in unserem Alphabet behauptet, nur um im modernen Werbebusiness aus seinem tausendjährigen Dornröschenschlaf erweckt zu werden. Heute ist dieses Q gerade wegen seiner Seltenheit und damit verbundenen Anziehungskraft für das Auge eine Erfolgsstory sondergleichen, ähnlich wie das auch beim X oder beim Y zu beobachten ist. QBasic von Microsoft, eine abgespeckte Version von Quick-BASIC, wurde 1991 standardmäßig in Bill Gates' Betriebs-

QWERTZ – Deutsche Tastaturbelegung

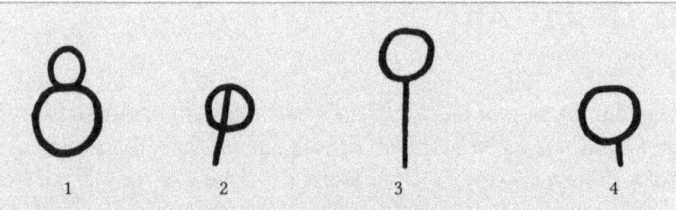

1   2   3   4

(1) Proto-semitisches Zeichen; vielleicht Vorläufer des Qoph; großer Grad an Unsicherheit. (2) Phönizisches Qoph mit der Bedeutung „Affe"; Inschrift um 950 v.Chr.; der Laut war dem K ähnlich; der moderne Buchstabe ist bereits erkennbar. (3) Griechisches Qoppa aus einer Inschrift auf Thira; um 685 v.Chr.; die Form wurde leicht verändert, vermutlich um eine Verwechslung mit dem Buchstaben Phi zu vermeiden. (4) Römisches Q aus der Zeit um 520 v.Chr. mit deutlich verkürztem „Schwanz".

systemen verwendet, Qsound electronics und Q-Phone vermitteln den Eindruck von Tempo und Dynamik (eng.: *quick* „schnell"), und BenQ [benkju:], der High-Tech-Entwickler aus Taiwan, nutzt die Wirkung dieses Buchstabens für seinen eigenwilligen Firmennamen. Q (eine britische Musik- und Unterhaltungszeitschrift) spricht mit dieser Abkürzung das Einstellen der Plattennadel an der richtigen Stelle der Platte an (eng. *to cue* wird gleich ausgesprochen). Eine Verwechslung mit der gleich klingenden Snookerzeitschrift *Cue* wurde elegant mit dem raren Buchstaben umgangen. Immerhin sind nur ganze 0,02% aller in diesem Buch verwendeten Buchstaben ein Q – dieses Kapitel ausgenommen. Würde der Text ins Englische übertragen, wäre eine Zunahme auf 0,95% zu erwarten, im Französischen kämen wir auf 1,32%. Das Q behält jedenfalls seine Exklusivität, die es wie eine exotische Blume inmitten der Buchstabenwiese erscheinen lässt.

Die Geschichte des Q beginnt mit einem großen Fragezeichen, denn es ist unklar, ob ein entsprechendes Symbol bereits im proto-semitischen Alphabet zu finden ist. Manche Linguisten sehen eine um den Unterbauch verdickte „8" als eine Frühform an, nachweisbar ist diese Vermutung allerdings nicht. Dafür ist das Q zu Zeiten der Phönizier um 1000 v.Chr.

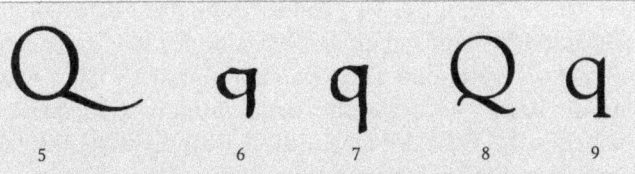

eindeutig belegt, an 19. Stelle im Alphabet stehend. Diese Position hält es bis heute im ehrwürdigen hebräischen Alphabet. Doch schon damals war das Qoph – so nannte sich die Kreis-Strichzeichen-Kombination (Abb. 2) – ein seltener Gast in den überlieferten Texten. Jedenfalls existierte es parallel zum Kaph, dem heutigen K, und wurde wohl durch einen leicht differenzierten Zungen-Gaumen Kontakt gebildet. Die Bedeutung dieses Symbols ist unsicher, es könnte jedoch – mit viel Fantasie – für einen Affen gestanden haben, mit der vereinfacht hingekritzelten Darstellung von Gesicht und Schwanz.

Mit der Übernahme des Konsonant-Alphabets durch die Griechen um 800 v.Chr. wurde der Strich am Kreis angesetzt (Abb. 3) und der Name in das klanglich gut verträgliche Qoppa geändert. Allerdings war den Griechen die feine Unterscheidung der beiden [k]-Laute, die durch Kaph und Qoph repräsentiert wurden, fremd, und so verschwand das Q im Laufe der Jahrhunderte sang- und klanglos aus dem griechischen Alphabet. Die Handelsschiffe waren lange vor der Zeit dieses Verschwindens allerdings bereits mit der vollen „Ladung an Buchstaben" zur Einflussregion der Etrusker unterwegs (700 v.Chr.), und diese fanden sehr wohl Gefallen an den unterschiedlichen [k]-Lauten, kannten sie doch eine klare Unterscheidung. Der Name Qoppa wurde analog zu allen anderen Buchstaben auf ein simples Ku, gesprochen [ku], gekürzt. Hundert Jahre danach (um 600 v. Chr.) waren dann die Römer an der Reihe, den Lauten neues Leben einzuhauchen. Im Falle des Q war diese Reanimation allerdings nur von bescheidener Kraft, denn die Römer kannten eigentlich nur einen einzigen [k]-Laut, und dieser wurde mit dem Buchstaben C besetzt. Das K blieb nahezu komplett ignoriert als „toter" Buchstabe im lateinischen Alphabet stehen, und dem Q wurde eine einzige Verwendung zugeschrieben, nämlich den häufigen römischen Laut [kw] zu repräsentieren, der ohne Ausnahme vor einem Vokal vorkam; also quasi ein lautliches Qualitätsmerkmal. Diese Aufgabe verlangte allerdings eine hundertprozentige Bindung an das U. Für sich allein hörte der Buchstabe Q auf zu existieren. Jedenfalls zeigt die römische Capitalis Monumentalis (Abb. 5) einen überaus eleganten „Affenschwanz" im Q. Dazu eine sprachlich-witzige Erklärung vom berühmten Typenentwerfer Geoffroy Tory (1529): „Das Q ist der einzige Buchstabe, der unter die Grundlinie reicht. ... Ich schließe daraus, dass das Q seinen ‚Schwanz' deshalb hat, um zu verhindern, dass es ohne seinen Gefährten und Bruder U geschrieben wird; das Q umarmt das U gleichsam mit seinem ‚Schwanz'." Ganz anders sieht es im arabischen Alphabet aus, wo dieses Q, der Qāf, mutterseelenallein auf Landkarten zu entdecken ist, etwa im Namen des vorderasiatischen Staates Qatar. Vielleicht noch stärker hat sich der Name des Terrornetzes al-Qaida in das Bewusstsein der Menschen eingeprägt, zumindest seit dem 11. September 2001. Auch in der 1956 beschlossenen Pinyin-Umschrift des Chinesischen ins lateinische Alphabet findet sich dieses alleinstehende Q, jedoch mit komplett ungewohnter Aussprache: [tj] (stark behaucht).

Den Angelsachsen war vor der ersten Jahrtausendwende selbst dieser Doppellaut Qu zu viel des Fremdartigen. Und so schrieben sie ihre „Queen" mit der Ersatzkombination cw als *cwen*. Die Rückkehr des Q in die englische Sprache ist der normannischen Eroberung zu verdanken. Mit den Hunderten von lateinisch-französischen Wörtern wie *quart, quest* oder *require*, um nur einige Beispiele zu nennen, entstand eine Art Vorbildwirkung, in deren Sog auch die Königin zur *Queen* mutierte, pardon: reifte.

Ein letztes Wort zum Namen dieses raren Buchstaben. Im Deutschen heißt es [ku:], im Englischen [kju:]. In Österreich hört man aber auch oft ein [kve:], analog zu vielen anderen Buchstaben, die auf ein [e:] enden. Interessant ist in diesem Zusammenhang, dass sich in der ersten deutschen Synchronisation des 007-Klassikers *Goldfinger* (1964) Major Boothroyd, der Waffenmeister von James Bond, noch mit dem Decknamen K (Aussprache [ka:]) tarnt. Später wurde daraus ein Q. Offensichtlich wollte man unseren Ohren weder ein [ku:] (erinnert zu sehr an den Wiederkäuer) noch das damals unvertraute englische [kju:] zumuten. Daher wurde der James-Bond-Charakter Q letztlich erst mit dem Eindringen vieler Anglizismen in die deutsche Sprache salonfähig.

Wussten Sie, dass …

… *quartzy* mit 28 Punkten das hochkarätigste Scrabble-Wort im Englischen ist? (Q10 U1 A1 R1 T1 Z10 Y4)
… die Redewendung „Qualität statt Quantität" eigentlich eine sehr subjektive, nicht messbare Aussage trifft?
… kein deutsches Wort auf q endet?

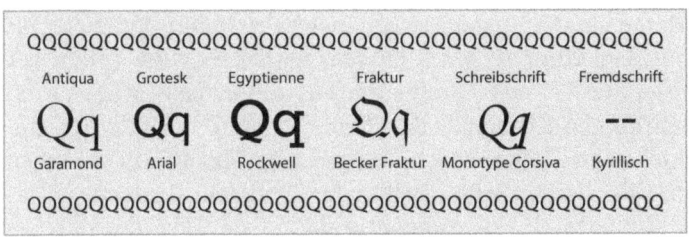

R Resch – Kopf

In den gebrochenen Schriften entstand eine zweite Ausprägung (Fachjargon: Allograf) des „kleinen r", das sogenannte „runde r". Dieses geht auf die römische Ligatur OR zurück, aus der es sich im Laufe des 14. Jahrhunderts verselbstständigte. Hinter runden Buchstaben wurde meist ein „abgetrenntes", doch absolut gleichwertiges r-Zeichen verwendet, parallel zum normalen Kleinbuchstaben. Doch gleich der Ehren mehr: Spanien und Frankreich haben diesen Frakturbuchstaben sogar zu ihrem handschriftlichen r gemacht.

Alte Schwabacher, Computersatz

Rein phonetisch betrachtet sind R und L Geschwister (Sie erinnern sich vielleicht an diese Feststellung aus dem L-Kapitel), auch wenn dies auf den ersten Blick kaum glaubhaft erscheint. Doch ein kleines Experiment wird dies sofort bestätigen: Formen Sie unter Einbeziehung von Kehlkopf, Gaumen und Zunge ein R und heben Sie dann langsam ihre Zunge Richtung Gaumen. Was passiert? Das R mutiert zu einem L. In der Tat sind diese beiden Buchstaben die einzigen Liquide in unserem lateinischen Alphabet. Doch muss die Anmerkung erlaubt sein, dass R ein wesentlich bedrohlicher klingender Laut ist als sein naher Verwandter und daher oft mit dem Knurren eines Hundes assoziiert wird. Schon der römische Dichter Persius nannte diesen Laut Mitte des 1. Jahrhunderts in seinen Schriften despektierlich den „Hundebuchstaben". Phonetisch gesehen zeigt das R im Deutschen und Englischen eine beachtliche Fähigkeit: Es dehnt in geschlossenen Silben vorangehende Vokale: *Hör genau her! Al is on fire!* Mit Endungen wie etwa -ar, -er oder -ir kann das r komplett verschmelzen und damit unhörbar werden: *Wir warten beim Wirt an der Bar!* Übrigens unterscheidet sich dieses *warten* beim schlampigen Sprechen klanglich in keiner Weise von *waten*. Nach langen Vokalen, wie etwa bei *Bier* oder *Uhr*, ist im Deutschen sogar ein a-Laut vernehmbar.

Linguisten haben schon früh erkannt, dass kein Buchstabe befähigter ist, die Herkunft eines Menschen zu verraten, als eben dieses R. Der Grund: Das R kann in verschiedenen Sprachen einen bemerkenswerten klanglichen Reichtum entfalten: Ein Franzose geht mit einem gegurgelten R – für Engländer kaum nachzuahmen – zum Rendezvous. Ein Kroate spricht die Insel Krk mit einem hörbaren Vokal nach dem R aus. In der Fachsprache bildet das R den sogenannten Silbengipfel. Ein Italiener rollt das R unverkennbar an der Zungenspitze, ähnlich wie ein Schotte oder Ire dies weiter hinten im Gaumen tut. Ein Ostasiate wiederum bringt den Laut überhaupt nicht über die Lippen und greift zum Geschwisterbuchstaben L. Allgemein betrachtet, erfordert die Aussprache des R ziemlich viel „Zungenspitzengefühl", sprich: Energie, und wird daher in so manchen Sprachen so weit wie möglich vernachlässigt. Wollen Sie also die Herkunft eines englischsprachigen Menschen halbwegs gut eruieren, müssen Sie sich nur an der R-Aussprache orientieren. Linguisten unterscheiden zwei von diesem Buchstaben geprägte Akzentgruppen. In der einen, rhotisch genannt (abgeleitet vom griechischen Buchstaben Rho), wird das [r] in allen Positionen gesprochen. So ist bei Amerikanern, Schotten, Iren oder Kanadiern das [r] in Wörtern wie *card* oder *water* deutlich hörbar. Bei nicht-rhotischen Aussprachevarianten, etwa durch Briten, Neuseeländer, Südafrikaner oder Australier, verschwindet das [r] dafür komplett, wie auch im schon erwähnten Beispiel der deutschen Sprache. Die Ausnahme bildet ein auslautendes r, auf das ein Vokal folgt (im Englischen als „linking-R" bezeichnet). Lassen Sie einmal Menschen aus verschiedenen Dialektgebieten den folgenden Satz sprechen: *Park your car in Harvard Yard.* Sie werden sofort verstehen, was mit rhotisch bzw. nicht-rhotisch gemeint ist.

Die Genesis des R reicht weit zurück in längst vergangene
Zeiten (um 1800 v. Chr.), bis zu den ältesten Inschriften in
Wadi el-Hol, Mittelägypten (Abb. 1). Alle drei dort entdeckten
Buchstabenbeispiele dürften das Kopfprofil eines Menschen
zeigen, das wiederum eine Nachahmung einer Hieroglyphe,
allerdings mit unterschiedlicher Bedeutung und anderem
Namen, darstellt. Entsprechend der schon hinlänglich bekannten akrofonischen Benennung hieß dieser „Kopf" im
proto-semitischen Alphabet Resch. Dieses Zeichen wieder-
holte sich in der Fundstätte Serabit el-Khadem (1750 v. Chr.),
mit einer um eine Nuance klareren Profilgebung (Abb. 2), die
Experten mit dem dort leichter zu bearbeitenden Sandstein
erklären. Ganz anders präsentiert sich das phönizische Resch
aus der Zeit der ersten Jahrtausendwende. An zwanzigster
Stelle stehend, gleich hinter dem Q, war aus dem klobigen
Kopf ein „verkehrtes P" (Abb. 3) geworden, der Schreibrichtung dieser Zeit entsprechend nach links orientiert. Wer Wert
darauf legte, konnte auch in dieser simplifizierten Form einen
Kopf mit Hals(ansatz) erkennen. Und damit war den bildlich-
sprachlichen Anforderungen Genüge getan. Eine Anmerkung
sei an dieser Stelle erlaubt: Das hebräische Resch stellt bis
heute einen Kopf dar, allerdings in einer nochmals stärker
stilisierten Form (ר). Auch im Arabischen lebt das Resch als
Buchstabe weiter, wie ein Blick auf die Landkarte zeigt: Ra's
al-Chaima („Kopf/Spitze des Zeltes") ist ein Territorium der
Vereinigten Arabischen Emirate.

Wie üblich behielten die Griechen bei ihrer Übernahme
der phönizischen Buchstaben Form, Laut und Stelle im Alphabet bei, allein der Name musste einen heimischeren Klang
bekommen. Aus dem Resch machten die Hellenen ein Rho,
ohne damit irgendein reales Objekt im Sinn zu haben. Von
den Griechen wurde dieser Buchstabe auch ein klein wenig
„behaucht" (man schreibt ihn im Altgriechischen am Wortanfang deshalb mit einem sogenannten „spiritus asper" darüber,
was, wie bei anlautenden Vokalen, einen Hauchlaut anzeigt),
was Jahrhunderte später die Römer dazu animiert haben mag,

(1) Ältestes überliefertes R aus der Fundstätte Wadi el-Hol; um 1800 v. Chr.; das semitische Resch („Kopf") dürfte eine Nachahmung einer Hieroglyphe sein, die das Profil eines Kopfes zeigt; allerdings mit unterschiedlichem Namen und anderer Bedeutung. (2) Resch aus Serabit el-Khadem, ca. 1750 v. Chr. (3) Phönizisches Resch um 1000 v. Chr.; starke Vereinfachung der Form, die entsprechend der damaligen Schreibrichtung nach links zeigt. (4) Griechisches Rho in der frühen Schreibrichtung rechts-links; um 725 v. Chr.; Lautwert, Form und Platz im Alphabet entsprechen komplett dem phönizischen Buchstaben. (5) Im Vergleich behält das moderne, nach rechts gerichtete Rho den Lautwert [r], sieht aber wie das lateinische P aus; im kyrillischen Alphabet ist dieses Zeichen ein R.

in griechischen Wörtern eine RH-Kombination zu schreiben: *Rhetorik, Rhinozeros, Rhythmus.* Der Schreibrichtung folgend, konnte dieses Rho, wie viele andere asymmetrische Buchstaben auch, nach rechts oder nach links (Abb. 4) schauen. Ab zirka 500 v. Chr. setzte sich die links-rechts Schreibrichtung durch, und fortan war ein „P"-Zeichen zu lesen. Doch Achtung, dieser Buchstabe hat nichts mit unserem lateinischen P zu tun, denn hierfür hatten die Griechen ja bereits ein eigenes, einprägsames Zeichen entwickelt, nämlich das Pi (π). Der diagonale Fuß unseres R ist ein Erbe der Römer, denn diese wollten nach der Übernahme der etruskischen Zeichen (um 600 v. Chr.) offensichtlich eine deutliche Unterscheidung vom Buchstaben P erreichen, der ja noch in der frühgriechischen Form seinen Weg auf die Apenninenhalbinsel genommen hatte. Ohne diesen Fußansatz, um 200 v. Chr. noch ein kurzer Stummel, wären die beiden Zeichen – das eine mit offener Schlinge (heutiges P), das andere mit geschlossener (heutiges R) – kaum zu unterscheiden gewesen. Viel spekuliert wurde auch über die Aussprache dieses Buchstabens zur Zeit der Hochblüte Roms. Vermutlich war der Name ein [erre], wie

(6) Etruskisches R aus einer Inschrift um 660 v. Chr.; Kopie des griechischen Buchstabens. (7) Zur Unterscheidung vom P fügten die Römer dem R einen Strich dazu; hier: frühes Beispiel um 200 v. Chr. (8) Das R der Trajansäule (113 n. Chr.) mit der bis heute gültigen Ausformung (inklusive Serifen). (9) Lateinisch verfasste Unzial-Handschrift eines biblischen Textes um 600 n. Chr.; deutliche Imitation der römischen Majuskel. (10) Halb-Unziale einer französischen Handschrift aus der Zeit um 550 n. Chr.; um Zeit und Mühe zu sparen, wurde das r zur heute noch gültigen Form vereinfacht. (11) Das „runde r" (rechts), typisch für gebrochene Schriften, entstand aus der römischen Ligatur *or*.

er noch heute im Spanischen zu hören ist. Spätestens um 500 n. Chr. dürfte jedoch im Altfranzösischen und Altenglischen die kürzere Lautform [er] oder [ar] die Norm gewesen sein.

Der Kleinbuchstabe verdankt seine Entstehung den Schreibern des frühen Mittelalters, die nach Optimierung der Schreibgeschwindigkeit und halbwegs guter Lesbarkeit strebten. Der Schrifttyp der Halbunziale (Abb.10) brachte die frühesten Beispiele eines „kleinen" r hervor. Andere Schriften, wie etwa die Humanistische Minuskel, folgten dieser Idee, und für den Buchdruck am Beginn der Neuzeit war damit eine verbindliche Form geschaffen worden. Wie im Vorspann gezeigt, ist in gebrochenen Schriften seit dem 14. Jahrhundert auch noch ein von einer römischen Ligatur abgetrenntes r in Verwendung, also ein Allograf unseres 18. Buchstabens.

Als Abkürzungszeichen hat dieser Buchstabe einige Prominenz erlangt, wie etwa im Monogramm „ER" für die Monarchin des Britischen Königreichs, Elizabeth Regina, das jüngst beim „Diamond Jubilee" oft zu sehen war. Auch dem ® („R im Kreis") werden Sie schon häufig begegnet sein, steht es doch quasi als Schutzzeichen für „registered trademark" (eingetragenes Warenzeichen). Die Kreis-Formeln $r^2\pi$ und

2rπ sind jedem Sekundarschüler geläufig, mit dem Kleinbuchstaben als Symbol für den Radius. Aber R kann klarerweise auch für Radio, Radix (mathematisch), Raum, Recht, Referat, Regiment, Reich, Religion, Rente, Reserve, Reverend (eng.), Rex (lat.), Risiko, Rückseite oder Ruine stehen. Die Liste ist wie immer nicht erschöpfend.

Abschließend ein amüsanter Gedanke zum Rebus (lat.: *rebus non verbis*, „durch Dinge, nicht mit Worten"). Dieser Begriff für Bilderrätsel beginnt nicht nur mit einem R, der 18. Buchstabe hat besonders in der englischen Sprache auch eine starke Aussagekraft, kann er doch für „are" und „our" stehen. Vielleicht lesen Sie in einer Mail oder Facebook-Nachricht demnächst den „denglischen" (deutsch-englischen) Satz „U R iiiiii!". (Lösung unter „Wussten Sie, dass ..."). Sie dürfen sich geschmeichelt fühlen, so viel sei verraten.

Wussten Sie, dass …

… der *Sperrriegel* des *Geschirrreinigers* mit diesem ein Buchstabentripel gemein hat?
… das Wort „R/rollen" eine unglaubliche „Sinnkette" bilden kann? Ok, bitte lesen Sie folgenden Satz: Wenn hinter Rollen Rollen rollen, rollen Rollen rollen nach.
… Lösung: You are sexy!

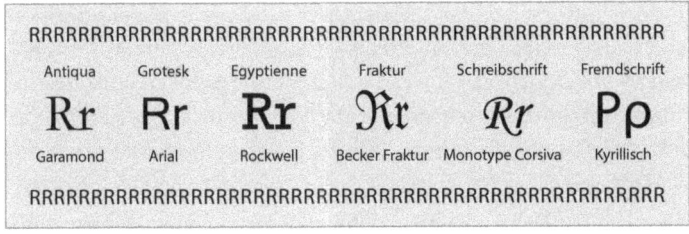

Buchstabiertafeln

Anders als beim normalen Buchstabieren wird zur leichteren Übermittlung schwer verständlicher oder seltener Wörter (Fremdwörter, Fachausdrücke und Eigennamen) jeder einzelne Buchstabe eines Wortes einzeln jeweils als Wort mit dem entsprechenden Anfangsbuchstaben gesprochen. Die Buchstabiertafel legt dabei, nach Konvention, das Codewort für jeden Buchstaben fest. Ziel ist es, Missverständnisse weitgehend auszuschalten.

1890 wurde erstmals eine deutsche Buchstabiertafel im Berliner Telefonbuch abgedruckt, allerdings mit Zuordnung einer Zahl zu jedem Buchstaben, gemäß der alphabetischen Reihenfolge. „Codewörter" im heutigen Sinn wurden 1903 eingeführt, allerdings in den folgenden Jahrzehnten immer wieder ausgetauscht. Dies gilt vor allem für die Zeit des Nationalsozialismus in Deutschland, wo man alles, was jüdisch klang, rigoros verbannte. Manche der Änderungen wurden nach Ende des Krieges rückgängig gemacht.

Das Internationale Buchstabieralphabet und das NATO-Funkalphabet festigten sich erst nach dem Zweiten Weltkrieg, vor allem deshalb, weil die ICAO (International Civil Aviation Organisatzion) im Jahr 1947 feststellen musste, dass die bis dahin im internationalen Flugfunkverkehr verwendete Buchstabiertafel, beginnend mit „Able, Baker, Charlie", für nicht-englische Muttersprachler ungeeignet, weil schwer verständlich war. Daher wurde die University of Montreal in den Jahren 1948 und 1949 beauftragt, eine neue Buchstabiertafel zu entwickeln. Kommunikationsexperten aus aller Welt wurden dazu eingeladen. Im neu entwickelten Alphabet waren zunächst noch die Wörter „Coca" statt „Charlie", „Metro" statt „Mike", „Nectar" statt „November", „Union" statt „Uniform" und „Extra" statt „X-ray" enthalten. Wegen Schwierigkeiten mit diesen Wörtern wurde aber am 1. März 1956 eine Änderung der ursprünglichen ICAO-Buchstabiertafel in Kraft gesetzt und damit das bis heute gültige internationale Buchstabier-Alphabet geschaffen.

	Deutschland DIN 5009	Schweiz	Österreich ONORMA	International	NATO	Europäisch	Englisch	Französisch	Italienisch	Spanisch
A	Anton	Anna	Anton	Amsterdam	Alpha	Amerika	Alfred	Anatole	Ancona	Antonio
Ä	Ärger	Ärger	Ärger							
B	Berta	Berta	Berta	Baltimore	Bravo	Baltimore	Benjamin	Berthe	Bologna	Barcelona
C	Cäsar	Cäsar	Cäsar	Casablanca	Charlie	Canada	Charles	Célestine	Como	Carmen
Ch	Charlotte	Charlotte								Chocolate
D	Dora	Daniel	Dora	Dänemark	Delta	Dänemark	David	Désiré	Domodossola	Dolores
E	Emil	Emil	Emil	Edison	Echo	England	Edward	Eugène	Empoli	Enrique
F	Friedrich	Friedrich	Friedrich	Florida	Foxtrott	Frankreich	Frederick	François	Firenze	Francia
G	Gustav	Gustav	Gustav	Gallipoli	Golf	Guatamala	George	Gaston	Genova	Gerona
H	Heinrich	Heinrich	Heinrich	Havanna	Hotel	Honolulu	Harry	Henri	Hotel	Historia
I	Ida	Ida	Ida	Italia	India	Italien	Isaac	Irma	Imola	Inés
J	Julius	Jakob	Julius	Jerusalem	Juliett	Japan	Jack	Joseph	I lunga	José
K	Kaufmann	Kaiser	Konrad	Kilogramme	Kilo	Kilowatt	King	Kléber	Kappa	Kilo
L	Ludwig	Leopold	Ludwig	Liverpool	Lima	Luxemburg	London	Louis	Livorno	Lorenzo
Ll										Llobregat
M	Martha	Marie	Martha	Madagaskar	Mike	Mexico	Mary	Marcel	Milano	Madrid
N	Nordpol	Niklaus	Norbert	New York	November	Norwegen	Nellie	Nicolas	Napoli	Napoli
Ñ										Ñoño
O	Otto	Otto	Otto	Oslo	Oscar	Ontario	Oliver	Oscar	Otranto	Oviedo
Ö	Ökonom	Ökonom	Österreich							
P	Paula	Peter	Paula	Paris	Papa	Portugal	Peter	Pierre	Padova	París
Q	Quelle	Quelle	Quelle	Québec	Québec	Québec	Queen	Quintal	Quadro	Querido
R	Richard	Rosa	Richard	Roma	Romeo		Robert	Raoul	Roma	Ramón
S	Samuel	Sophie	Samuel	Santiago	Sierra	Santiago	Samuel	Suzanne	Savona	Sábado
Sch	Schule	Schule	Schule							
ß	Eszett		Scharfes S							
T	Theodor	Theodor	Theodor	Tripoli	Tango	Texas	Tommy	Thérèse	Torino	Tarragona
U	Ulrich	Ulrich	Ulrich	Uppsala	Uniform	Uruguay	Uncle	Ursule	Udine	Ulises
Ü	Übermut	Übermut	Übel							
V	Viktor	Viktor	Viktor	Valencia	Victor	Venezuela	Victor	Victor	Venezia	Valencia
W	Wilhelm	Wilhelm	Wilhelm	Washington	Whiskey	Washington	William	William	Washington	Washington
X	Xanthippe	Xaver	Xaver	Xanthippe	X-ray	Xylophon	Xray	Xavier	Ics / Xeres	Xiquena
Y	Ypsilon	Yverdon	Ypsilon	Yokohama	Yankee	Yokohama	Yellow	Yvonne	York, yacht	Yegua
Z	Zacharias	Zürich	Zeppelin	Zürich	Zulu	Zebra	Zebra	Zoé	Zara	Zaragoza
IJ										
Æ										
Ø										
Å										

	Niederlande	Schweden	Norwegisch Dänisch	Finnisch	Türkisch	Deutschland 1905	Deutschland 1926	Deutschland 1934	Deutschland (DIN 5009)
A	Anna	Adam	Alfa	Aarne	Aydın	Albert	Albert	Anton	Anton
Ä		Ärlig		Äiti		Ärger	Änderung	Ärger	Ärger
B	Bernard	Bertil	Bravo	Bertta	Bekir	Berta	Bernhard	Bruno	Berta
C	Cornelis	Caesar	Charlie	Celsius	Cemal	Cäsar	Cäsar	Cäsar	Cäsar
Ch						–	–	Charlotte	Charlotte
D	Dirk	David	Delta	Daavid	Deniz	David	David	Dora	Dora
E	Eduard	Erik	Echo	Eemeli	Engin	Emil	Emil	Emil	Emil
F	Ferdinand	Filip	Foxtrot	Faarao	Fener	Friedrich	Friedrich	Fritz	Friedrich
G	Gerard	Gustav	Golf	Gideon	Gazi	Gustav	Gustav	Gustav	Gustav
H	Hendrik	Helge	Hotel	Heikki	Halat	Heinrich	Heinrich	Heinz	Heinrich
I	Izaäk	Ivar	India	Iivari	İstif	Isidor	Ida	Ida	Ida
J	Jan	Johan	Juliet	Jussi	Jale	Jacob	Jacob	Jot	Julius
K	Karel	Kalle	Kilo	Kalle	Kilo	Karl	Katharina	Kurfürst	Kaufmann
L	Lodewijk	Ludvig	Lima	Lauri	Liman	Ludwig	Ludwig	Ludwig	Ludwig
Ll									
M	Marie	Martin	Mike	Matti	Merih	Marie	Marie	Marie	Martha
N	Nico	Niklas	Niklas	Niilo	Neptün	Nathan	Nathan	Nordpol	Nordpol
Ñ									
O	Otto	Olof	Oscar	Otto	Oruç	Otto	Otto	Otto	Otto
Ö		Östen		Öljy		Ökonom	Ökonom	Öse	Ökonom
P	Pieter	Petter	Papa	Pekka Kuu	Pilot	Paul	Paula	Paula	Paula
Q	Quotiënt	Quintus	Quebec		-	Quelle	Quelle	Quelle	Quelle
R	Roger	Rudolf	Romeo	Risto	Roket	Richard	Richard	Richard	Richard
S	Simon	Sigurd	Sierra	Sakari	Süngü	Samuel	Samuel	Siegfried	Samuel
Sch								Schule	Schule
ß									Eszett
T	Teunis	Tore	Tango	Tyyne	Türk	Theodor	Theodor	Toni	Theodor
U	Utrecht	Urban	Uniform	Urho	Ulu	Ulrich	Ulrich	Ulrich	Ulrich
Ü		Übel				Überfluß	Überfluß	Übel	Übermut
V	Victor	Viktor	Victor	Vihtori	Vatan	Viktor	Viktor	Viktor	Viktor
W	Willem	Wilhelm	Whiskey	Wiski Äksä		Wilhelm	Wilhelm	Wilhelm	Wilhelm
X	Xantippe	Xerxes	X-ray			Xantippe	Xantippe	Xantippe	Xanthippe
Y	Ypsilon	Yngve Zäta	Yankee	Yrjö Tseta	Yavuz	Ypsilon	Ypsilon	Ypern	Ypsilon
Z	Zaandam		Zulu		Zeybek	Zacharias	Zacharias	Zeppelin	Zacharias
IJ	Ijmuiden								
Æ			Ægir/Ærlig						
Ø			Ødis/Østen						
Å		Åke	Åse/Ågot	Åke					

S Schin/Sin – Zahn, Bogen

Wilhelm Busch (1832-1908) war einer der bedeutendsten humoristischen Dichter und Zeichner Deutschlands, der vor allem mit seinen satirischen Bildergeschichten eine ungemein hohe Popularität bei der Leserschaft erreichte. Wilhelm Busch gilt auch als einer der Pioniere des modernen Comics. Wer kennt sie nicht, die Bildergeschichten „Max und Moritz",

Wilhelm Busch: Naturgeschichtliches Alphabet, Münchener Bilderbogen Nro. 405/406

„Die fromme Helene", „Plisch und Plum" oder „Hans Huckebein, der Unglücksrabe". Unsterblich als feste Redewendungen wurden Zweizeiler wie „Dieses war der erste Streich, doch der zweite folgt sogleich". Mit seinen Satiren verspottet Wilhem Busch bestimmte Eigenschaften oder Gesellschaftsgruppen, vor allem mokiert er sich über die Selbstzufriedenheit und heuchlerische Moralauffassung des Spießbürgers und die Frömmelei vieler Menschen der damaligen Zeit. Im „Naturgeschichtlichen Alphabet" schafft Wilhelm Busch eine wunderbare Symbiose zwischen Wort und Bild, wie im Beispiel des S zu sehen: „Der Steinbock lange Hörner hat, auch gibt es Schweine in der Stadt."

S erpent letter [Schlangenbuchstabe], so nennt Ben Jonson (1572-1637) das S in seiner *English Grammar* aus dem Jahr 1640. Und niemand kann die „zischende" Assoziation bei der Bildung dieses Sibilanten leugnen. Der große französische Gelehrte und Buchdrucker Geoffroy Tory (1480-1533) drückt sich ebenso unmissverständlich aus: ... [um das S zu bilden, muss man] einen pfeifenden Ton machen, der so scharf ist wie heißes Eisen, das ins Wasser geworfen wird." Nun, dieses S ist ein wahrlich vielseitiger Zischlaut (Sibilant), stimmhaft

[z] oder stimmlos [s] gesprochen, bei dem die Luft eine enge Stelle im Bereich der Zähne passieren muss. In bestimmten Buchstabenkombinationen wie Sch, Sp oder St übernimmt das S die Funktion des Phonems [ʃ], für das ja im Deutschen kein eigener Buchstabe existiert. Und in Fremdwörtern wie *Jean* oder *Rouge* wird ein [ʒ] gesprochen. Ganz exakt ist der Begriff Zischlaut eigentlich gar nicht zu definieren, da gerade bei stimmhaften Lauten wie im Wort „Reise" das Zischen kaum zu hören ist, es sei denn, Sie sprechen lispelnd durch eine Zahnlücke.

Jedenfalls kommt dem S gewaltige Bedeutung in unserer Sprache zu, denn mit 7,27% ist dieser Buchstabe der viert-häufigste nach E, N und A. Am Wortanfang hält das S sogar den Top-Rang, mit nahezu 12%. Nehmen Sie einfach einmal ein Wörterbuch zur Hand und werfen Sie einen Blick auf den S-Block, schon wird dieser hohe Prozentwert bestätigt. Auch im Englischen, Spanischen, Französischen oder Portugiesi-schen pendelt das S in der Häufigkeit um den Prozentwert 7. Allerdings muss an dieser Stelle betont werden, dass Sibilan-ten gerade mit ihrer Aussprachevielfalt eine ganz typische Schattierung zeigen, unterschiedlich von Land zu Land, und bisweilen sogar von Sprecher zu Sprecher. Diese sprachliche Eigentümlichkeit, die es erlaubt, einen Sprecher einer sozialen Gruppe oder einer betimmten Region zuzuordnen, wird mit einem Fachausdruck Shibboleth (hebr. שבולת „Getreideähre") genannt, im Sinne von „Codewort". Der Begriff geht auf eine Stelle im Buch der Richter (12,5-6) zurück, wo einem Volk die Differenzierung zwischen [s] und [ʃ] nicht möglich war: „Und die Gileaditer nahmen ein die Furten des Jordans vor Efraim. Wenn nun die Flüchtige Efraims sprachen: Lass mich hin-übergehen! so sprachen die Männer von Gilead zu ihm: Bist du ein Efraimiter? Wenn er dann antwortete: Nein! hießen sie ihn sprechen: Schiboleth; so sprach er: Siboleth und konnte es nicht recht reden; alsdann griffen sie ihn und schlugen ihn an den Furten des Jordans, dass zu der Zeit von Efraim fielen 42.000." Arme Efraimiter, die das [ʃ] nicht kannten. Einfach

1   2   3

(1) Der Urahne unseres S, das semitische Zeichen aus Serabit el-Khadem (1750 v. Chr.), dürfte einen „Bogen" symbolisieren. (2) Phönizisches Schin; auf einer Inschrift um 800 v. Chr.; die „Bogen-Form" bleibt erhalten, doch bedeutet Schin wortwörtlich „Zahn"; dem akrofonischen Prinzip entsprechend war der Lautwert [ʃ] [sprich: sch]. (3) Griechisches Sigma aus der Zeit um 600 v. Chr.; Schreibrichtung links-rechts; ähnelt unserem Z, mit „Blick" auf den vorangehenden Buchstaben; der Lautwert war nunmehr ein [s].

dürfte es in der Tat nicht sein, ein [ʃ] zu formen, denn auch Babys tun sich enorm schwer, finden aber dennoch vieles einfach „sön", wie etwa ein neues Paar „Sue". Viele bekannte Shibboleths der deutschen Sprache, gleichsam Sprachtests für Nicht-Einheimische, drehen sich um den Buchstaben S bzw. um eine Abfolge von Rachen-, Reibe- und Zischlauten. Versuchen Sie sich mal schnell an *Oachkatzlschwoaf* (Eichhörnchenschwanz), oder *Streichholzschächtelchen* und lassen Sie einen Ausländer mit guten Deutschkenntnissen Wörter wie *Fachhochschule, Nacktschnecke, Quietschentchen* oder *Strickstrumpf* nachsprechen. Sie werden sofort sehen, was mit Shibboleth gemeint ist.

Nun aber endlich zur „schwungvollen" Geschichte dieses Buchstabens. Schon der Urahne unseres S, das semitische Zeichen aus der Fundstätte Serabit el-Khadem (1750 v. Chr.), zeigt ein „bogenförmiges" Aussehen, ähnlich einem lustvoll geschwungenen „W". Heute sehen die meisten Linguisten darin das Bild eines Bogens, der vermutlich aus Tierhörnern geformt war. Unklar bleiben jedoch sowohl Bezeichnung wie auch Aussprache dieses frühen S-Vorfahren. Wesentlich deutlichere Aussagen können wir zu den phönizischen Reibelauten aus der Zeit um 900 v. Chr. machen, von denen es immerhin vier gab: Zayin, Samek, Tsade und Schin. Da aufgrund des inzwischen wohlbekannten akrofonischen Prinzips der Anfangsbuchstabe den Laut repräsentierte, haben wir heute eine gute Vorstellung davon, wie die Phönizier ihre Buchstaben aussprachen: Zajin [z], Samek [s], Tsade [ts] und Schin [ʃ]. Letzteres Symbol ist überraschenderweise der Urahn unseres S – und lief damit dem „natürlichen" Laut [s], also dem Samek, den Rang ab. Dazu mehr weiter unten. Zudem hatte das Schin eine verblüffende optische Ähnlichkeit mit unserem W, mit dem es – abgesehen von der Form – absolut nichts teilt, und trug im Phönizischen die Bedeutung „Zahn". Ungeklärt bleibt bis heute, wie es zu dieser „Umbenennung" kam, doch steht das Schin auch im Hebräischen bis heute an der angestammten 21. Stelle im Alphabet. Und hier wird die Form des Buchstabens als ein „dreifaches Waw" interpretiert, also ein zusammengesetztes Zeichen. Vielleicht liegt darin das Geheimnis des Namenwechsels? Im Mystischen repräsentiert das Schin, einer der drei hebräischen Mutterbuchstaben (A und M sind die anderen beiden), die Urkraft Feuer, gleichzeitig aber Stabilität und Harmonie. Sinnbildliche Wörter wie *schalom* (Friede) und *schira* (Gesang) beginnen ebenso mit diesem Buchstaben wie der wichtige Vers „Schema Jisrael" (dt.: Höre Israel).

Doch zurück zur historischen Zeitleiste. Warum Schin und nicht Samek? Diese Frage drängt sich jedem Sprachforscher auf. Offensichtlich war den sonst so peniblen Griechen beim Kopieren des Alphabets ein Fehler unterlaufen. Das Schin, der 21. Buchstabe, bekam statt [ʃ] den Lautwert [s] und den Namen Sigma (an Samek anklingend), ohne Notwendigkeit im höheren Sinn, sozusagen. Da dieser Fehler alle vier Zischlaute betraf, bietet sich den Sprachexperten viel Raum für faszinierende Spekulationen über den Hintergrund dieser griechischen Alphabet-Übernahme. Details zur Theorie habe ich mir für den letzten Absatz des Z aufgehoben, denn die Gedankenspielereien betreffs Alphabetübernahme sind in der Tat sensationell anregend. Den Griechen missfiel offensichtlich auch die horizontale Ausrichtung dieses Buchstabens, und fortan schrieb

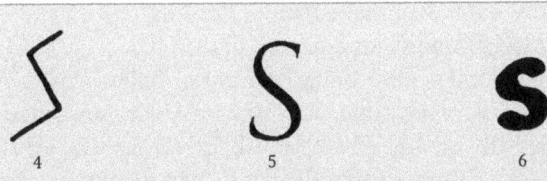

4   5   6

(4) Frührömisches S aus der Zeit um 500 v. Chr.; zeigt bereits in die heute übliche Schreibrichtung. (5) Capitalis Monumentalis aus der Trajansäule; 113 n. Chr.; die Enden wurden mit Serifen ausgeschmückt. (6) Humanistische Minuskel aus einem in Neapel 1477 verfassten Buch; Jahrhunderte später verdrängte dieses kleine s seinen ewigen Rivalen, das mit Ober- und Unterlänge geschriebene „lange s".

man ein in Schreibrichtung zeigendes Zick-Zack-Zeichen (Abb. 3). Etrusker und Römer übernahmen um 700 bzw. 600 v. Chr. noch dieses sehr eckige Symbol, machten daraus aber noch weit vor Christi Geburt einen schön geschwungenen Buchstaben, der spätestens im Sockel der Trajansäule (113. n. Chr.) seine heutige Form erreichte, bereits komplett durchgestylt mit Serifen an den Strichenden und einem verdickten Mittelteil (Abb. 5). Irgendwie ähnelt dieser Buchstabe damit wieder entfernt dem alten proto-semitischen „Bogen".

Schon sehr früh, zwischen 300 und 800 n. Chr., zeigten erste Handschriften zwei rivalisierende Ausformungen (Allografe) dieses Kleinbuchstabens: das „runde s" am Wortende und das eher einem f ähnelnde „lange s" am Wortbeginn und in der Wortmitte. In manchen Schriften, vor allem den gebrochenen Typen der Fraktur, hat sich dieses Symbol bis heute erhalten. Auch der wohl seltsamste Buchstabe im deutschen Alphabet, den es in keiner anderen Sprache gibt und der zudem nur als Kleinbuchstabe sein Dasein fristet, das „scharfe S", auch Eszett genannt, ist ein Erbe dieser „s-Variationen". Niemals darf dieser Buchstabe den Anfang eines Wortes zieren, und er sollte auch nicht in Versalschrift verwendet werden. Ausnahmen letzterer Vorschrift bestätigen die Regel. So hat sich der bekannte Leipziger Verlag in seiner Ausgabe von 1963 als „DER GROßE DUDEN" bezeichnet. Üblich ist diese Mixtur aus Klein- und Großbuchstaben allerdings nicht, und das ß in Versalschrift wird im Normalfall durch SS oder SZ (ältere Form) wiedergegeben. Beide Varianten haben eine gewisse historische Berechtigung, wie wir im Weiteren sehen werden. Die Schweiz hat diesem ß schrittweise sogar schon seit 1906 abgeschworen, endgültig seit 2006 auch für amtliche Schriftwerke. Zurück zum einleitend verwendeten Adjektiv „seltsam". Schon die Namen „scharfes S" oder „Eszett", daneben „Buckel-S", „Rucksack-S", „Dreierles-S" – allesamt Bezeichnungen, die auf die Form des Buchstabens abzielen – können nur mit der verworrenen Geschichte der Schrift erklärt werden. Bislang ist es jedenfalls noch nicht gelungen, die Herkunft dieses orthografischen Unikums mit absoluter Sicherheit zu klären. Die Theorie reicht von einer Rückführung auf die sogenannten Tironischen Noten, eine Art römischer Stenografie mit zahlreichen Abbreviaturen oder Abkürzungszeichen, der Wiedergabe unterschiedlicher Laute in der Wortmitte im Zuge einer germanischen Lautverschiebung im 7. und 8. Jahrhundert ([t] wurde durch sz, [t:] durch tz wiedergegeben), bis zur Umformung der in gebrochenen Schriften häufig verwendeten Ligatur aus langem s und z: ſʒ.

Das erstmalige Auftreten des Schriftzeichens ß in gotischen Buchschriften des 13. Jahrhunderts lässt es als am wahrscheinlichsten erscheinen, dass die damals üblichen stimmhaften von den stimmlosen [s]-Lauten unterschieden werden sollten, eben durch diese neu geformte Ligatur aus langem s und ʒ (eigentlich ein eigener s-Buchstabe: z mit „Unterschlinge"). Dieses zweite s wiederum ähnelte in vielen Schriften einem „verkehrten Dreier" und sah zudem dem Buchstaben z zum Verwechseln ähnlich. Selbst nach Wandlung des z zur modernen Form blieb der „verkehrte Dreier" erhalten. Jedenfalls lässt sich mit dieser Theorie die in Deutschland übliche Buchstabenbezeichnung Eszett erklären. Der vermutlich sprachgeschichtlich richtige Name „scharfes S" für diesen stimmlosen Laut blieb dagegen in südlichen deutschen Landen erhalten. Sicher ist, dass lateinische Texte kein Eszett kannten und daher die Kenntlichmachung des stimmlosen S in deutschen Antiquaschriften nur eine Ligatur aus langem S und rundem S gewesen sein konnte. Nun, die neuesten Normen erlauben seit 4. 4. 2008 sogar einen Großbuchstaben ß. In der alphabetischen Sortierung steht das ß gleich hinter dem ss, also *Masse* vor Maße, doch bleibt weiterhin ein gewisses Unbehagen bei der Anwendung dieses Buchstabens. Es macht eben einen Unterschied, ob Alkohol in Maßen oder in Massen genossen wird. Auch wollen wohl nur die wenigsten Leute ein Model am Laufsteg sehen, dessen Körpermaße sich durch allzu füllige Körpermasse auszeichnen. Und zuletzt schafft dieses scharfe S im englischsprachigen Raum große visuelle Probleme, da Verwechslungen mit dem B bzw. dem β an der Tagesordnung sind. Somit entstand dort ein weiterer Name für diesen Buchstaben: German B. Letzte Anmerkung: Mit der jüngsten Rechtschreibreform wurde der Anwendungsraum für das ß weiter eingeschränkt, und es lässt sich heute nicht wirklich beurteilen, ob sich dieser Buchstabe überhaupt in unserem deutschen Alphabet wird halten können.

Themenwechsel. Vielleicht haben Sie sich während der Lektüre dieses Buches schon die Frage gestellt, warum im Deutschen die Kombinationen Sp [ʃp] und St [ʃt] am Wortbeginn so häufig vorkommen, alle anderen [ʃ]-Schöpfungen dagegen mit Sch gebildet werden. Die Antwort liegt in der Wortästhetik unserer deutschen Sprache. Außer in Zusammensetzungen werden vier Konsonanten am Stück als unschön empfunden. Und es kann eben nur bei Sp und St ein weiterer Konsonant folgen: *Sprache, Sprung, Streich.* Nach l wie in *Schlange* oder *Schlucht* oder nach [v] wie in *Schweigen* muss ein Vokal folgen – und damit wird die Zahl „vier" nicht überschritten. Bleiben wir noch kurz bei der vielfältigen Ausprägung dieses Buchstabens. Im Slawischen und Baltischen stoßen wir häufig auf ein Š („S mit Hatschek"), das wie unsere Buchstabenkombination Sch gesprochen wird. Im Tschechischen etwa gibt es dieses Zeichen seit den Reformen des Johannes Hus im 15. Jahrhundert. Nach ISO 9 (1995) wird das Š auch für die Transliteration des kyrillischen Buchstabens Щ [ʃtʃ] herangezogen, sodass die bekannte, aus Rote Bete zubereitete Suppe *Borschtsch* auch als *Boršč* transkribiert werden darf. Turksprachen kennen ein ş („s mit Cedille"), südslawische Sprachen ein ś („s mit Akzent").

Das S hat auch im Buchstabieralphabet eine zweimalige Umwandlung erfahren. Aus dem seit 1906 üblichen Samuel wurde während der nationalsozialistischen Herrschaft ein teutonischer „Siegfried", nur um nach Untergang des Dritten Reichs wieder zu Samuel zurückzukehren. Politik mit Buchstaben also, und das S ist hier kein Einzelgänger. Noch düsterer ist die Symbolik der Doppelrune „SS", die für Hitlers entmenschte Schutzstaffel herhalten musste. Der eigentliche Name für dieses Runenzeichen lautet „Sowilo" und steht als Symbol für die Sonne. Bereits in der *Edda* wird Odin in die Zauberkraft dieses Zeichens eingeweiht.

Eine der grundlegenden Einheiten der Zeit, die Sekunde, wird mit „s" abgekürzt. Der Großbuchstabe kann für vieles stehen, unter anderem für Salzburg, Schnellstraße, Schweden, Schwefel (lat. *sulfur*), small (Kleidergröße), Süden. Mit einem Punkt versehen, als S., wird oft Seite, Senat, Sohn, Solo, Summe oder Symmetrie abgekürzt, s. s. kann die lateinischen Phrasen *summa summarum* (dt.: alles in allem) oder *supra scriptum* (dt. oben angegeben) bedeuten. Dennoch hat ein ganz anderes S-Symbol Wirtschaft und Gesellschaft des 20. Jahrhunderts entscheidend geprägt: das $ für den US-Dollar. Doch die in katholisch geprägten Regionen der Erde wohl häufigst zu sehenden Abkürzungen S. bzw. SS. finden sich im Zusammenhang mit dem Begriff „heilig". Hunderte Ortsnamen tragen den spirituellen Beinamen San, Sankt, Sant', Santa, Santo oder São (abgekürzt S.), in tausenden Schriftstücken findet sich ein SS. für Sanctae/Sancti, Sanctissimum, Sanctissimus, Sante oder Santi. Ob diese typische Verwendung schon für die Heiligspechung dieses Buchstabens reicht? Nun, dem S wird es egal sein, denn es ist nur eines der sechsundzwanzig Symbole, die wir als Seele unserer Sprache bezeichnen müssen.

Wussten Sie, dass …

… ein *Schulgemeinschaftsausschuss* sehr s-lastig ist?
… der folgende Zungenbrecher für Deutschlernende kaum auszusprechen ist? (1) Zwischen zwei Zwetschgenzweigen sitzen zwei zwitschernde Schwalben (öst.: –zweigerln … Zeiserl). (2) Der fiese friesische Fliesenleger fliest mit fiesem, friesischem Fliesenkleber.
… *Bassstimme, Fresssack, Imbissstand* und *Schlussspurt* mit Dreifach-s geschrieben werden?
… der mittlere Buchstabe im Namen des US-Präsidenten Harry S. Truman eigentlich ohne Punkt stehen sollte? Unschlüssig, ob das Kind den Namen des mütterlichen Großvaters (Solomon) oder des väterlichen (Shipp) tragen sollte, entschieden sich die Eltern für „S". Truman selbst unterschrieb als Präsident jedoch mit einem „S." Ende der Diskussion – Punkt!

SSSSSSSSSSSSSSSSSSSSSSSSSSSSSSSSSSSSSSSSSSSSSSSSSSSSSSSSS

Antiqua	Grotesk	Egyptienne	Fraktur	Schreibschrift	Fremdschrift
Ss	Ss	Ss	Ss	*Ss*	Cc
Garamond	Arial	Rockwell	Becker Fraktur	Monotype Corsiva	Kyrillisch

SSSSSSSSSSSSSSSSSSSSSSSSSSSSSSSSSSSSSSSSSSSSSSSSSSSSSSSSS

T Taw – Kreuz, Zeichen

Das T-Puzzle aus den hier ab-
gebildeten vier Teilen hat seit
dem Beginn des 20. Jahrhun-
derts unzählige Rätselfreunde
vor knifflige Probleme gestellt.
Ohne Überlappung soll durch
simples Aneinanderlegen ein
schnörkelloses T gebildet wer-
den. Vielleicht führt bisweilen
der Zufall zu einer schnellen
Lösung. Vielleicht sind es aber

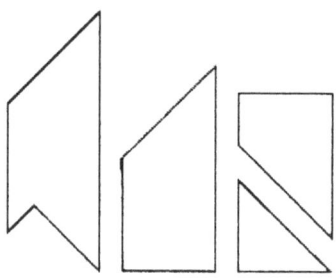

T-Puzzle. Die Lösung finden Sie weiter unten.

auch hohe Kreativität und bildhaftes Vorstellungsvermögen
der Problemfreunde, die das makellose T auf den Tisch zau-
bern. In jedem Fall ist mit keinem Buchstaben des Alphabets
ein schwieriger zu lösendes Puzzle bekannt, vor allem wegen
der einen unregelmäßigen Figur ganz links in der Abbildung.
Im übertragenen Sinn könnte man mit der ursprünglichen Be-
deutung dieses Buchstabens auch sagen: „Es ist ein Kreuz (mit
diesem T-Puzzle).“

Trauer und Triumph des Heilands, dies ist der mögliche Symbolgehalt von Albrecht Dürers Kupferstichpassion *Die Kreuzigung Christi* (Nr. 11) aus dem Jahr 1511, ein gutes Beispiel für die im Spätmittelalter und der Renaissance oft verwendete Darstellung des Kreuzes als großes T. Schon früh, in griechisch-römischen Zeiten, zeigte das T die heutige Gestalt. Und da die Kreuzigung eine im Altertum sehr gebräuchliche Form der Hinrichtung darstellte, ist dieser assoziative Zusammenhang sehr einfach zu erklären. Dem T haftete schon früh eine sinistre, bedrohliche Note an. Dies dürfte den griechischen Autor Lukian zu einem um 100 n. Chr. verfassten, humorvollen Aufsatz mit dem Titel „Konsonanten vor Gericht" inspiriert haben. Die Buchstabennachbarn S (Sigma) und T (Tau) stehen vor dem Richter, wobei das S dem T Repression und diktatorisches Verhalten vorwirft. Als Beweis für diese Anklage wird die Form des T vorgebracht, die Tyrannen als Modell des Kreuzes diente. „Und selbst im griechischen Wort für dieses Kreuz, Stauros, verbirgt sich der böse Nachbar Tau", so Lukian in freier Interpretation.

Phonetisch handelt es sich beim T um den Zwillingsbruder des D, werden doch beide Buchstaben durch den Luftstrom gebil-

Albrecht Dürers Kupferstichpassion Die Kreuzigung Christi (Nr. 11) aus dem Jahr 1511

det, der an der gegen die Oberreihe der Zähne gepressten Zungenspitze vorbeiströmt. Doch D bringt dabei auch die Stimmbänder ins Lautspiel ein, T dagegen nicht. Daher wird Letzteres in der Fachsprache der Linguisten als stimmloser Verschlusslaut (lat. *fortis* „kräftig", „energisch") bezeichnet, im Volksmund als „hartes T". Doch so einfach wie in der Theorie ist die Unterscheidung im Sprachfluss oft gar nicht zu hören. Sagen Sie mal schnell: „Ich habe mein Auto neben dem Markt geparkt?" Welchen Laut hören Sie am Ende der letzten beiden Wörter? Oder achten Sie bei der nächsten CD mit Country Music auf das amerikanische Wort *cattle* (Rinder), das der Cowboy, fröhlich singend, ganz ungeniert auf seinen *saddle* (Sattel) reimt. Das t in der Wortmitte hat sich generell als überaus fragiler Geselle erwiesen. In deutschen Wörtern lateinischer Herkunft wie *Mutation, Nation* oder *Ratio* entwickelte es sich zu einem [ts]. In englischen

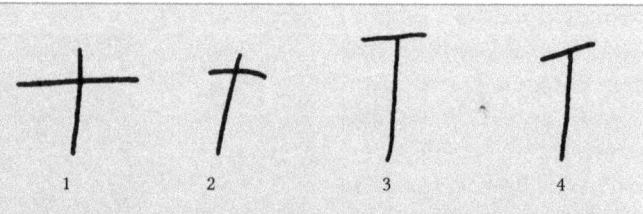

1 2 3 4

(1) Dieses früheste „Kreuzzeichen" für das T wurde um 1800 v.Chr. auf einer
semitischen Steininschrift in Wadi el-Hol entdeckt. (2) Das phönizische Taw
sieht unserem heutigen Kleinbuchstaben schon zum Verwechseln ähnlich;
Beispiel aus Zypern um 800 v.Chr. (3) Tau, der letzte griechische Buchstabe
zur Zeit der Übernahme vom Phönizischen; um 740 v.Chr. (4) Frührömisches
T; um 520 v.Chr.

Begriffen, in denen das T einer Vokalkombination mit i beginnend vorangeht, wurde es zum [ʃ] umfunktioniert (z.B.
nation, patience), in Wörtern wie *listen* oder *castle* dagegen
verstummte es vollends zur phonetischen Bedeutungslo-
sigkeit. Noch weiter in Richtung [s] bzw. [z] hin ging die
Entwicklung im Spanischen und Italienischen. Auf der Iberischen Halbinsel werden Begriffe wie *nación* und *gracia*
mit einem „weichen c", einem Mittelding zwischen [c] und
[s], gesprochen, in Italien dagegen hört und sieht man bei
der *nazione* ein [z]. Grazia! Der stolze Fortis-Laut wurde
während der Sprachgeschichte ganz schön gebeutelt, keine
Frage.

Nun aber wagen wir den Sprung in die Frühzeit, zur
„Wiege" unseres Alphabets. Hier spielt das T die allerpro-
minenteste Rolle, gehört es doch zu den drei Buchstaben,
deren Entzifferung am weitesten in die Vergangenheit blicken lässt. Erinnern Sie sich bitte an die im Kapitel „Wiege
des Alphabets" besprochene Deutung der Zeichen in Serabit
el-Khadem. In der proto-kanaanäischen Buchstabenkombination „ba'alat", dem ältesten bislang lesbaren Wort einer
Alphabetschrift, verbirgt sich eine „Dame", die Göttin Hathor, mit einem t am Ende. Und auch im „Tal des Schreckens",
in Wadi el-Hol, unweit des Nils, ist das uralte T-Zeichen

(5) T der „Capitalis Monumentalis" auf der Trajansäule, 113 n. Chr.; elegante Balance der Balkenstrichstärke mit Serifenenden. (6) Karolingische Minuskel, mit Tinte geschrieben, aus einem frühen Dokument, datiert 1018; der Querbalken kreuzt die senkrechte Linie noch nicht. (7) Gotische Minuskel, um 1200; später in italienischen Handschriften kopiert; Vorbild für das um 1470 von Druckern verwendete t.

zweimal unter den nur 28 Zeichen zu erkennen, vor 3800 Jahren entschlossen in den Fels gekratzt. Im bahnbrechenden phönizischen Alphabet stellt das T den letzten Buchstaben dar, die Nummer 22, mit dem Namen Taw. Und wie fast durchwegs im ersten bekannten Alphabet, galt auch hier das akrofonische Prinzip, nämlich den Namen so zu wählen, dass der erste Buchstabe dessen Bedeutung reflektiert. Ins Deutsche übersetzt kann man beim T von „Zeichen" oder dergleichen sprechen, womit vielleicht ein Rinderbrandmal oder ein Markierungsfleck für Schafe gemeint gewesen sein mag. Visuell variierte dieses frühe T von einem + bis zu einem x. Da letzterer Buchstabe im Phönizischen unbekannt war, ist diese grafische Bandbreite wenig erstaunlich. Bis heute ist übrigens der Name im Hebräischen gleich geblieben (Taw), allein die Ausformung des Zeichens hat sich stark, ja bis zur Unkenntlichkeit gewandelt. Randnotiz: Hartnäckig hält sich die Legende, dass das in der Genesis beschriebene Kainsmal, das Gott nach dem Meuchelmord an Abel setzte, nichts anderes war als dieser letzte Buchstabe Taw. „Sinister und bedrohlich", hieß es an anderer Stelle, und Geschichten dieser Art haben dem Buchstaben T seit je her schwer zugesetzt.

Doch weiter in der Geschichte. Unbekümmert wie gewohnt, kopierten die Griechen zu Beginn des achten Jahrhunderts vor Christus auch das – ab sofort Tau genannte – Zeichen in ihr neues Alphabet, zunächst an der 22. und somit letzten Stelle. Doch zeitlich fast unmittelbar darauf folgten diverse Erweiterungsbuchstaben, offensichtlich ganz pragmatische Anpassungen an die Lautsprache der Hellenen. Den Beginn machte die geistige Neuschöpfung des Vokals U, der seit damals ganz monolithisch an der Seite des T in unserem Alphabet ausharrt. Dabei schien den Griechen, vermutlich wegen der visuellen Verwechslungsgefahr mit dem ebenfalls neu geschaffenen Chi (X), der Querbalken am Ende des senkrechten Pfeilers eine wunderbare grafische Lösung zu sein. Und in der Tat hat sich die Schreibung dieses „griechischen Zeichens" für die nächsten 2000 Jahre vollkommen durchgesetzt. Erst die hochmittelalterlichen Handschriften um 1200 n. Chr. ließen, wohl aus Gründen der leichteren Strichsetzung für die ungemein belasteten Schreiber, die Form des heutigen „kleinen t" entstehen, wie man am Beispiel der Abbildung der Gotischen Minuskel sieht (Abb. 7). Damit war dieser Buchstabe eher ein Spätzünder, wurden doch nahezu sämtliche Kleinbuchstaben wie a, b, d, e, f, g, h, i, m, n, p, q, r, u und y schon Jahrhunderte früher, zwischen 300 und 800 v. Chr. in ihrer Ausformung der notwendigen Schreibgeschwindigkeit und der Leichtigkeit der Federführung angepasst. Allein o und x waren immun gegen Veränderungen, wohl aufgrund ihrer ohnehin einfachen Struktur. Ein, zwei Striche genügten, um diese handschriftlichen Zeichen aufs Pergament zu setzen. Das t ist damit mit Ausnahme des i, das erst im 14. Jahrhundert eine eigens geformte Minuskel kannte, formal der jüngste der heutigen Kleinbuchstaben. Ironie am Rande: Es war zu Beginn des 12. Jahrhunderts vermutlich kaum jemandem bewusst, dass mit diesem Schriftbild des letzten Buchstabens im Alphabet die überkreuzte Form des alten phönizischen Taw nach zwei vollen Millennien wieder neu zum Leben erweckt wurde. Zufall oder eine stilistisch-ästhetische Notwendigkeit?

A	B	C	D

(A) Angelsächsischer Thorn, ein stimmloses th. (B) Angelsächsischer Buchstabe Eth, das stimmhafte Gegenstück zum Thorn. (C) Wyn, vor der normannischen Invasion 1066 als [w]-Laut im Altenglischen verwendet. (4) Yogh, phonetisch ist dieser altenglische Laut ein Mittelding zwischen einem [j] und einem [g].

Wie gewohnt führte der Weg zunächst über das Etruskische (ca. 700 v. Chr.). Dann ein Jahrhundert später, ganz direkt, ohne jede Abänderung des Lautes, wurde dieser Buchstabe ins römische Alphabet übernommen. Die Aussprache dürfte bereits früh zu einem [tei] verändert worden sein – ein erster Fingerzeig auf die bei später entwickelten Sprachen übliche Benennung. Durch die Vokalverschiebung im Englischen zwischen dem 14. und 15. Jahrhundert kam es dort zum [ti:], im Deutschen bildete sich analog zu anderen Buchstaben die Namensendung mit dem „langen e" [te:]. Das Französische blieb dagegen dem lateinischen Vorbild mehr oder weniger treu.

In einer Nebenlinie kennt das t zwei phonetische Cousins, die allerdings nur im eisigen Norden Europas, auf Island, als eigene Buchstaben überlebt haben: Thorn und Eth (Abb. A u. B). Beide Zeichen, ein stimmloses und ein stimmhaftes th, wurden immer wieder nach Belieben ausgetauscht, doch hat letztlich der Thorn, ein dem Runenalphabet entnommenes Zeichen (Bedeutung: *þuriak* „Riese"), in der Häufigkeit seines Auftretens die Oberhand behalten. Zusammen mit zwei weiteren Lautzeichen, Wyn und Yogh, bildeten diese Buchstaben eine willkommene Ergänzung des aus dem römischen übernommenen angelsächsischen Alphabets. Die grafische Formgebung des Eth als „durchgestrichenes d" (ð) war sicherlich kein Zufall, sondern vielmehr eine bewusste Anlehnung an die phonetische Nähe zum Buchstaben d. Unter dem Druck des normannischen Klerus, dem Schriftbild ein mehr franko-römisches Aussehen zu geben, verschwanden alle diese altenglischen Zeichen nach der Invasion durch die Normannen 1066 mehr und mehr aus der englischen Sprache. Eth, Wyn und Yogh galten bereits um 1300 als ausgestorben. Allein der Thorn konnte sich in manchen Texten bis ins 19. Jahrhundert behaupten. Getreu dem römischen Vorbild jedoch wurde die ehemals griechische th-Kombination ab dann wieder ausschließlich mit dem so „typisch englischen [ti:eitʃ] geschrieben. Heute ist der Thorn allein noch im Isländischen fester Bestandteil des Alphabets, doch aufgrund der wenigen Schriftstücke, die in dieser Sprache abgedruckt werden, ein überaus seltener Gast in Büchern oder Magazinen.

Das T ist jedenfalls in mehrerer Hinsicht zu einem sprechenden Buchstaben geworden. Kaum jemand, der nicht in seiner Freizeit bisweilen ein T-Shirt trägt. Der Name geht übrigens auf die Baumwollunterwäsche der amerikanischen Servicecrews im Zweiten Weltkrieg zurück. Gleichfalls nicht zu verachten ist ein saftiges T-Bone-Steak, das übrigens an die englische Bezeichnung für den T-förmigen Knochen erinnert. Die Abschlagstütze beim Modesport Golf ist ein in den Rasen gestecktes Tee, sprich: [ti:], das Abschläge bis zu mehr als 300 Meter zulässt. Und ein T-Träger ist aus dem Bauwesen nicht wegzudenken, bildet er doch eine ungemein verlässliche Stütze.

Überraschend ist beim Betrachten der Häufigkeitstabellen, dass gerade bei diesem Buchstaben zwischen Deutsch und Englisch eine riesige Diskrepanz herrscht. Im Deutschen steht das T mit 6,15% an siebenter Stelle, im Englischen mit 9,06% gleich hinter dem E auf dem zweiten Platz. Beim schnellen Blick in das Wörterbuch fällt diese Gewichtung kaum auf, da das T viel häufiger in der Wortmitte und am Wortende vorkommt. Doch nicht vergessen darf man den englischen Artikel „the", der mit dem th eigentlich einen

weiteren Buchstaben enthält, wie
bereits weiter oben beschrieben. Das
deutsche Fingeralphabet lässt das T
als „Pistole" erscheinen, mit hochge-
strecktem Daumen und ausgestreck-
tem Zeigefinger. Die Schnelligkeit
und Einfachheit dieser Buchstaben-
simulation ist das entscheidende
Element für dieses Gebärdenspra-
chezeichen.

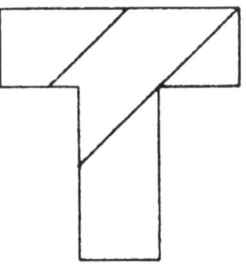

Lösung des T-Puzzles

Wie stark wirkt doch dieses Zeichen bis heute als Symbol
in unserer assoziativen Wahrnehmung nach! Eine komplette
Liste aller Abkürzungen mit „kleinem" oder „großem" t/T, mit
oder ohne Punkt, würde eine halbe Buchseite füllen. Doch als
schneller Impuls seien ein paar Begriffe genannt: (t) Tonne,
tempo (Musik), time; (T) Tara, Telefon, Tera, Thailand, Tief-
druck, Tirol, Tritium, Typus; (t.) täglich, technisch, tutti; (T.)
Tag, Teil, Testament, Titel, Tochter, Torpedo.

Abschließend darf ich die Leserinnen und Leser dieses
Buches auf einen selten zu sehenden Buchstaben aufmerk-
sam machen, nämlich die sogenannte ästhetische Ligatur ꜩ,
die bisweilen zumindest bei Straßenschildern Verwendung
findet. Laut Wikipedia wurde dieses Zeichen von spanischen
Missionaren als Hilfe zur lateinischen Niederschrift der lo-
kalen Maya-Sprachen Mittelamerikas eingeführt. Ein unge-
wolltes Geschenk also der indigenen Bevölkerung der Neuen
Welt an unser Alphabet!

Wussten Sie, dass …

… China drei „verbotene T" kennt: *Tian'anmen Platz*, *Tibet*
und *Taiwan*?
… das T als Rebus-Wort beliebt ist. Was bedeutet also TT?
T an Te = Tante. Und wofür steht Tt? Klar, Groß T an te =
Großtante.

... *Fetttropfen, Schritttempo* und *Wettturnern* ein T-Tripel gemeinsam haben?

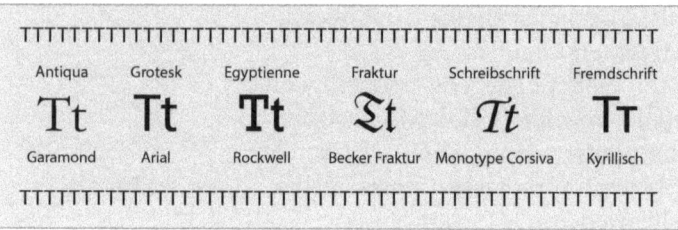

U Waw – Haken, Keule

Ganz spannend liest sich der Hintergrund zum sprichwörtlichen Ausdruck „jemandem ein X für ein U vormachen", also „jemanden täuschen". Diese Wendung geht nämlich auf die römischen Rechensymbole zurück, wobei für die „Zehn" ein X und für die „Fünf" ein V benutzt wurde. Das V war, wie wir in diesem Kapitel erfahren werden, noch nicht vom U unterschieden. Ließ man daher in einem Gasthaus mit Kreide die Schulden anschreiben, so konnte der

Schmuckbuchstabe: Fragment einer mittelalterlichen Handschrift, „De Speculo Caritatis", um 1140

Wirt leicht durch das Verlängern der beiden Unterstriche statt einem V ein X anschreiben, also „ein X für ein V(=U) vormachen".

Unerwartet voll von Absonderlichkeiten ist die Geschichte des U, denn dieser Buchstabe gebar gleich zwei Kinder, das V und das W. In der römischen Epoche zur Zeit eines Julius Cäsar und Mark Aurel erfüllte das U zudem eine Zwitterfunktion, konnte es doch sowohl den Vokal [u] wie auch den Konsonanten [w] darstellen. In der deutschen und englischen Sprache sind bis heute Reste dieser letzteren Doppelfunktion erhalten, etwa wenn das U zwischen einem Q und einem Vokal steht, wie in *quer*, *Quart* oder *require*, bzw. zwischen S und Vokal, wie bei *language* oder *persuade*. Vor der Geburt hatte die fruchtbare „Mutter" allerdings noch eine schlankere Figur. Sie sah ziemlich exakt aus wie die spätere Tochter V – eine ähnliche Entwicklung, wie wir

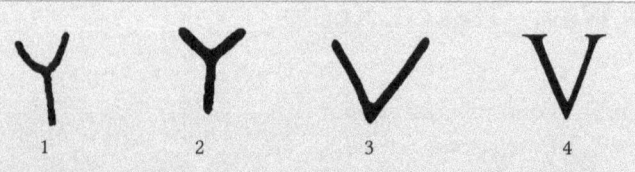

(1) Das phönizische Waw, „Keule" oder „Haken", war der 6. Buchstabe im Alphabet; um 1000 v.Chr.; gesprochen: [w]. (2) Aus der Zeit um 700 v.Chr. stammt dieses griechische Ypsilon; der Lautwert war nunmehr ein [u]; 23. und damit letzter Buchstabe im Alphabet. (3) Der „Stamm" fiel im etruskischen U erstmals weg; ca. 500 v.Chr. (4) Das U der Capitalis Monumentalis, wie es die Trajansäule zeigt (113 n.Chr.); aus ästhetischen Gründen sind ein „Arm" verdickt und die Enden durch Serifen geschmückt; der Buchstabe wurde vor Konsonanten als [u] gesprochen, vor Vokalen als [w].

sie schon vom Buchstaben I und dem daraus hervorgegangenen J kennen. Auf römischen Inschriften werden Sie den Namen des oben erwähnten berühmten Feldherrn, Autors und Staatsmanns daher wie folgt finden: GAIVS IVLIVS CAESAR. Doch mit den beiden Töchtern ist die „Familie" dieses Buchstabens keinesfalls komplett erfasst. Es gibt da auch noch den Halbbruder Y, einen wahrlich Spätgeborenen – mehr dazu im Buchstabenporträt –, der wie das U einen gemeinsamen griechischen Vater im Stammbaum nachweisen kann. Doch die größte Überraschung ist zweifellos die enge Verwandtschaft des U mit dem F. Ja, U und F sind aus einem einzigen phönizischen Buchstaben, dem Waw, entstanden. Das U wurde um 800 v.Chr. von den Griechen als Vokal neu „erfunden", mit dem angestammten Zeichen Y, dem Namen u psilon / Ypsilon („nacktes U"), und an die vorerst letzte, die 23. Stelle des Alphabets gesetzt, gleich nach dem T. Und dieser Nachbar ist auch bis heute der gleiche geblieben. Das F, quasi der Cousin, war ein Konsonant und bekam ein neues, klar definiertes Zeichen, wiederum angelehnt an seinen Nachbarn E. Beim ersten Lesen dieser seltsamen Familienbande kann man ein Erstaunen kaum unterdrücken, doch bei näherer Betrachtung wird die lautliche Verwandtschaft von F, V und W ganz deutlich. Schon Kinder lernen – zumindest in Österreich

– zwischen „Fahnen-F" und „Vogel-V" zu unterscheiden: also *Fahne, Feuer, Fuchs,* aber *Vogel, Vater* und *Veilchen.* Details dazu folgen bei der Charakterisierung der Tochter V.

Jedenfalls wird mit dem Hintergrundwissen dieser Familiengeschichte die Position des U deutlich klarer. Selbst als „Laut" ein Spätgeborener, entstand das Ypsilon/Upsilon also aus dem phönizischen Waw (Abb. 1), einer Keule oder einem Haken, einem Zeichen, das an der 6. Stelle im Alphabet platziert war. Dieser Laut war eindeutig konsonantisch, nämlich ein [w], und damit wie bei den Phöniziern üblich dem ersten Buchstaben im Namen entsprechend. Warum wurde gerade dieses Waw als Vorbild für den im Griechischen so notwendigen [u]-Laut genommen? Hier können selbst Sprachforscher nur Vermutungen anstellen, doch lässt die lautliche Ähnlichkeit von [w] und [u] den Schluss zu, dass diese Wahl ganz bewusst vorgenommen wurde. Doch ein Problem musste noch gelöst werden. Das Zeichen für Waw war ja bereits als konsonantischer Laut in Verwendung, an seiner angestammten Position, und als [w] gesprochen. Und jetzt wurde es gleichsam vom neuen Buchstaben gestohlen. Nun, wie immer gingen die Griechen dieses Problem ganz pragmatisch an: Für den sechsten Buchstaben wurde einfach ein neues Zeichen erfunden. Die exponierte Stelle der Neukreation als letzter Buchstabe hinter dem T sollte allerdings nicht lange halten, denn mit Phi, Chi, Psi und Omega wurde das griechische Alphabet um 660 v.Chr. am unteren Ende endgültig komplettiert.

Die Geburt des U fand also in Griechenland statt. Doch erst über den weiteren Lebensweg via Etrusker (700 v.Chr.) und Römer (600 v.Chr.) nahm das U seine heutige Form an. Eine erste Änderung brachten die Etrusker ein, die den Stamm des Y kappten und daraus ein V machten, wahrscheinlich um die Klarheit des Buchstabens zu erhöhen. Von den frühen Römern dürfte dieser letzte Vokal im Alphabet bereits als langer und kurzer Laut, also [u:] oder [u], verwendet worden sein. Jedenfalls hatte dieser Vokal für römische Ohren

5   6

(5) Lateinisches Manuskript um 600 n. Chr.; Stil: Unzial-Handschrift; für ca. 1000 Jahre wurden u und v parallel als u geschrieben; Vorbild für den späteren Druckbuchstaben. (6) Klassisches Design – Centaur genannt – von Bruce Rogers aus dem Jahr 1914; stark angelehnt an die römische Capitalis Monumentalis.

einen klagenden, den Urschmerz verkörpernden Klang, sind doch zahlreiche schriftstellerische Formulierungen bekannt, die bei der Wortwahl über die Kürze des Daseins und die Vergänglichkeit des Glücks auf das U setzen. Berühmt die vier Worte des Dichters Horaz (Ode 4.7, um 15 v. Chr.): *Pulvis et umbra sumus* („Wir sind [nur] Staub und Schatten"). Über tausend Jahre, von ca. 500 v. Chr. bis 500 n. Chr., trug das U bei allen öffentlichen Auftritten seinen „V-Schnitt", so etwa auf der berühmten Trajansäule (Abb. 4). Da Gravuren in Stein mühsame Plackerei waren, ist diese kantige Formgebung durchaus verständlich. Private Schriftstücke auf Papyrus und Pergament oder an die Wand gekritzelte Graffiti-Kunst zeigen allerdings bereits im Jahrhundert vor Christi Geburt erste Tendenzen zu einem unten gerundeten Zeichen. In der spätrömischen Unzial-Schrift, einer wegweisenden Handschrift, wurden wegen der leichteren Federführung bereits ab ca. 300 n. Chr. durchgehend runde Formen, wie etwa das U, bevorzugt. Das ursprüngliche, griechische Y entwickelte sich zu einem Mittelding zwischen [u] und [i], was, wie wir bei der Charakterisierung des Y sehen werden, zu einer zweiten Geburt führte.

Doch dem Laut [u] stand noch während des ganzen Mittelalters, ja sogar in der frühen Neuzeit als Druckletter, eine „körperliche" Doppelexistenz bevor, mit Groß- und Anfangsbuchstaben als V, Kleinbuchstaben als u geschrieben, vor allem in lateinischen Texten. Ein Ende dieses Zustands wurde durch die neu entstehenden Sprachen wie Italienisch, Altfranzösisch oder Altenglisch forciert. Hier gab es einen prononcierten [v]-Laut, der sich bald auf die Suche nach einem geeigneten Zeichen machte. Dazu mehr im Abschnitt über das V. Dies ist verständlich, da das System mit zwei Lauten und zwei Symbolen, die ganz willkürlich nebeneinander existierten, seine historischen Fesseln einfach loswerden musste. Bis ca. 1600 entstanden Texte mit in der Schreibung schwankenden [u]-Lauten wie *vunder, vpon, vndo* oder *full* neben [v]-Lauten wie *vain, loue, euer* oder *saue*. Selbst frühe gedruckte Folios von Shakespeares Werken lassen noch diese Parallelexistenz erkennen.

Anders als so mancher Vokal zeigt das U als Laut in allen europäischen Hauptsprachen eine sehr einfache Ausprägung. Es wird entweder lang oder kurz gesprochen, jedenfalls weiter hinten im Gaumen gebildet als die hellen Vokale. Klar: Nuancen wie eine stärkere Rundung im Deutschen im Vergleich zum Englischen – vergleichen Sie einmal *rude* mit *Rute* – sind unübersehbar, ebenso die Aussprache als hoher oder mittelhoher Vokal: *good* und *Gummi*. Im Deutschen Wörterbuch der Brüder Grimm hört sich das wie folgt an: *U, der 20. Buchstabe unseres Alphabets (i und j als einen Buchstaben gerechnet), der 2. des Runenalphabets, stellt den Endpunkt unserer Vokalreihe dar. Um U hervorzubringen, wird die Zunge nach hinten gezogen und in ihrem hinteren Teile zum weichen Gaumen gehoben, während sich die Lippen vorschieben und zu einer kleinen kreisrunden Öffnung zusammenziehen, sodass im Vordermunde ein ziemlich großer Resonanzraum entsteht, der die dumpfe Klangfarbe dieses Vokales bedingt. Diese Lippenrundung wird auch schon früh als Hauptmerkmal dieses Vokals erkannt: Das U ist ein Laut gemacht mit spitzigen Lefzen und zusammengezogenem Mund.* Jedenfalls fehlt die lautliche Komplexität etwa eines O. Dafür konkurrieren gerade diese beiden letzten Vokale im Englischen ganz gewaltig, was zu verwirrenden Homonymen wie etwa *son* neben *sun* geführt hat. Überhaupt stellt die Schreibung des u (kurz oder lang) im Englischen eine gewaltige Herausforderung dar, gibt es doch immerhin 17 Buchstabenkombinationen dafür: *maneuver, queue, stew, ewe, ghoul, to, shoe, pool, Worcester, soup, through, should, put, blues, ugh, uhlan, fruit, two*. Wehe dem Lernenden, darf man hier hinzufügen!

Wie schon bei den Umlauten ä und ö erwähnt, ist auch das ü ein Kind der Zweiten oder Hochdeutschen Lautverschiebung des Frühmittelalters. Dabei wurde ein langes [u:] dann wie [ü] ausgesprochen, wenn die Folgesilbe ein i, i: oder j enthielt (Beispiel: ahd. *kussen*, g. **kussjan*, mhd. *küssen*). Die Betonung liegt auf „ausgesprochen", denn in der Schreibung wurde diese Verschiebung erst wirksam, als die bedeutungstragenden Endungen (mit i und j) wegfielen. Die neuen Umlaut-Zeichen entstanden daher erst mit Verspätung im 11. und 12. Jahrhundert. Wie bei den Geschwister-Umlauten darf auch das Ü bei Bedarf als „UE" geschrieben werden. Anmerkung: Es gibt auch im Spanischen ein ü, etwa beim Wort *Lingüista* (Linguist). Allerdings handelt es sich hier nur um ein Trema, das die beiden Vokale sprachlich voneinander trennt. Daneben ist in manchen Wörtern, wie etwa *Suisse*, ein konsonantisches ü [ɥ] zu hören, das eine starke Lautverwandtschaft mit dem [w] aufweist.

In einigen Begriffen und Abkürzungen hat dieser Vokal U weltweite Bekanntheit erfahren. So wird der Traum des Menschen, lange unter Wasser bleiben zu können, durch eine erstmals im 14. Jahrhundert von Guido de Vigevano entworfene technische Zeichnung eines U-Boots (Unterseeboot) belegt. Eine modernere, für die Stadtplanung unumgängliche Erfindung ist die U-Bahn. Die 1976 gegründete irische Rockband U2 trägt einen im Englischen mehrdeutigen Namen, der das Publikum ganz persönlich anspricht: „You too", verehrte Leserin und geschätzter Leser. Der Psychothriller *U-Turn – Kein Weg zurück* von Oliver Stone aus dem Jahr 1997 nutzt die plakative Signalwirkung des U im Titel. In den angelsächsischen Ländern wird dieses Symbol schon seit Jahrzehnten als Hinweiszeichen im Verkehr verwendet. Heute steht der Begriff „U-Turn" im übertragenen Sinn auch in deutschsprachigen Ländern für „Umdenken", „neue Bahnen einschlagen". So findet sich bei „Bild" am 4. Oktober 2011 die Schlagzeile: „U-Turn beim ADAC. MotoGP am Sachsenring gerettet?" Nachwuchsmannschaften im Sport werden in Altersklassen eingeteilt: U10, U12, U14, usw. Chemiker verwenden die Abkürzung u für die atomare Masse des Urans, das seinerseits als U im Periodensystem verewigt ist. Und beim heutigen Aufklärungsbedarf im politischen Sinn gibt es massenhaft U[ntersuchungs]-Ausschüsse, dafür umso weniger Fälle von U[ntersuchungs]-Haft. Wie bei vielen Buchstaben ist die Beispielkette an Abkürzungen ziemlich lang u. [und] u. U. [unter Umständen] für Leserinnen und Leser wenig aufregend.

Eine Anekdote zum U, die ganz charakteristisch ist für den genialen österreichischen Schauspieler, Kabarettist und Schriftsteller Helmut Qualtinger (1928-1986), soll diesen Buchstaben abrunden. Um seine Sichtweise im erbittert geführten Kampf gegen „Schmutz und Schund" – wir sind in den Fünfzigerjahren (!) – Ausdruck zu verleihen, montierte Qualtinger in einer Nacht- und Nebelaktion ein überdimensionales U von einer Plakatwand ab und schickte den Buchstaben mit einer Petition des selbst gegründeten „Vereins zur Abschaffung des Buchstaben U" an den damaligen Unterrichtsminister. Der ironische Begleittext: „Im Buchstaben U, Herr Unterrichtsminister Hurdes, erblicken wir fortschrittlichen Schriftsteller das Symbol für Schmutz und Schund, beinhalten doch alle Wörter mit unsittlicher, unseriöser und unschöner Bedeutung diesen schon in seiner Form anstößigen Vokal. Wir fordern Sie, Herr Unterrichtsminister Hurdes, daher auf, energische Maßnahmen gegen das Überhandnehmen dieses Buchstabens in die Wege zu leiten." Nach dieser in Österreich mit Humor aufgenommen Aktion Qualtingers konnte der Minister (mit dem U im Familiennamen) sein Schmutz- und Schundgesetz nicht mehr durchbringen. Ein dankbares Küsschen (mit u) für den Schauspieler!

Die Charakterisierung dieses Buchstabens sei nun mit der Hoffnung abgeschlossen, dass Ihnen in Zukunft zumindest in sprachgeschichtlicher Hinsicht niemand mehr ein X für ein U vormachen kann.

Wussten Sie, dass ...

... die englischen Wörter *cue* (Billardgerät) und *queue* (Schlange stehen) exakt gleich ausgesprochen werden [kju:]?

... in den Wörtern *Untersuchungsausschuss* und *Blutgruppenuntersuchung* je fünfmal ein u vorkommt?

... *hupfen* (süddeutsch) neben *hüpfen* (norddeutsch) steht? Umgekehrt wird *nützen* im Süden, *nutzen* im Norden verwendet.

... die *Bruderschaft* nicht unbedingt dazu führen muss, dass Mönche *Brüderschaft* trinken?

... *tatendurstige* Menschen keinesfalls *blutdürstig* sein müssen?

... U mit 4,35 % der im Deutschen am zweitwenigsten verwendete Vokal ist?

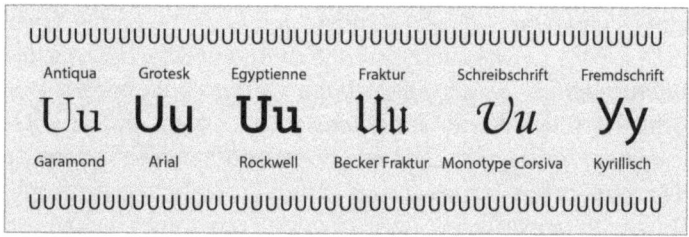

V Waw* – aus U

Eine schöne Legende führt das V-Zeichen (Zeige- und Mittelfinger ausgestreckt, die übrigen Finger zur Faust geballt) auf die berühmten Langbogenschützen in der Schlacht von Agincourt (1415) zurück. Damals soll die französische Seite geplant haben, dem Feind im Falle eines Sieges die „Bogenfinger" abzuschneiden. Diese Geschichte ist allerdings vermutlich bei einer Propagandarede des englischen Königs Heinrich V. entstanden. Die beleidigende Form des V-Zeichens (Handfläche nach innen) wurde erstmals 1901 von einem Arbeiter aus Rotherham gezeigt. Berühmt wurde die Siegesgeste durch den englischen Premierminister Winston Churchill, der am 20. Juli 1941 via BBC mit dem V-Zeichen – eine Empfehlung seines Beraters Aleister Crowley – die Moral seiner Truppen zu heben wusste. Allerdings wandte Churchill zunächst die falsche Form an, oft mit einer Zigarre zwischen den Fingern. Erst als ihm die „verheerende" Wirkung auf die unteren Gesellschaftsklassen bewusst wurde, änderte Churchill die Richtung des V-Zeichens, mit der Handfläche zum Volk hin. Die Belgier sahen im V sowohl „victoire" (Sieg) als auch „vrijheid" (Freiheit), und auch der verbündete französische General Charles de Gaulle verwendete dieses Symbol in fast jeder seiner Reden. Das V war zu Weltruhm gekommen!

Winston Churchill zeigt das Victory-Zeichen; Downing Street, 5. Juni 1943

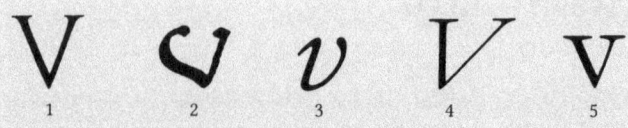

(1) Der römische Buchstabe aus dem Jahr 113 n. Chr. wurde zunächst als [u] gesprochen, später dann auch als [v]. (2) Handschrift aus ca. 1100 n. Chr.; dieses mit Tinte verfasste v nimmt bereits die Form des späteren Konsonanten vorweg. (3) Der Franzose Jean Jannon entwarf um 1615 diesen Kleinbuchstaben. (4) Im Gegensatz dazu zeigt der Jannon-Großbuchstabe eine gewisse Ähnlichkeit mit dem (5) römischen Kleinbuchstaben v.

V und J haben einen Eintrag in die Rekordbücher verdient. Diese beiden Buchstaben sind die letzten, die es geschafft haben, in unsere Wörterbücher aufgenommen zu werden. Im Englischen wurde ihnen diese Anerkennung sogar erst im 19. Jahrhundert zuteil. Obwohl beide Spätlinge schon viele Jahrhunderte in Handschriften wie Druckwerken zu finden sind, galten sie lange Zeit als rein konsonantische Varianten von U und I und als solche nicht einer eigenen Buchstabenliste für würdig. In der Tat ist die Geschichte des V untrennbar mit der des U und des W verbunden; daneben besteht eine enge Verwandtschaft zu Y und F. Pathetisch ausgedrückt kann man sagen: „Das V ist aus dem U geboren."

Um 100 n. Chr. kannten die Römer 23 unserer Buchstaben. Was dem Alphabet fehlte, waren das J, das V und das W. Die historisch interessierten Leserinnen werden dies vielleicht mit einigem Erstaunen vernehmen, fallen ihnen doch sofort Namen wie *Venus, Vesuvius* oder *Vespasian* ein, oder Begriffe wie *Villa* und *Verbum*. Und hatte nicht Cäsar nach der Schlacht bei Zela seine berühmten Worte *veni, vidi, vici* (ich kam, ich sah, ich siegte) formuliert? Ein römisches V scheint allgegenwärtig. Doch dies ist eben nur bedingt richtig, denn Schreibung und Aussprache sind zwei Paar Schuhe. In römischen Zeiten wurde das V (Abb. 1), ähnlich gesprochen wie das englische [w] in *window*. Der Laut [v] dagegen war, wie linguistische Analysen zeigen, zu dieser

Zeit völlig unbekannt. Um die Verwirrung noch ein wenig zu erhöhen, sei hier gleich gesagt, dass auch das u diesen konsonantischen [w]-Laut repräsentieren, also neben seiner vokalischen Funktion einen zweiten Job übernehmen konnte, wenn es vor einem Vokal platziert war: *quercus* (Eiche) wurde [kwerkus] gesprochen (mit beiden Aufgaben des u in einem Wort vereint). Überhaupt stand dieses Q, wie schon an anderer Stelle erklärt, niemals allein, sondern stets mit dem konsonantischen u gepaart. Auch die berühmte *Venus* verdankt ihre Schönheit mit den beiden grafischen Zeichen nur der modernen Druckkonvention. Die Römer schrieben die Göttin als *Venvs*, einmal mit konsonantischem, einmal mit vokalischem U. Bei genauem Hinhören muss man zugeben, dass diese Doppelgesichtigkeit einer gewissen Logik folgt.

Bis circa 300 n. Chr. war der typisch konsonantische Laut zu einem [b] verschlampt, was mit der im Vergleich entspannten Aussprache einer „villa nova" (oder „uilla noua") als [billa noba] zu tun hat. Im modernen Spanisch, einer Sprache, die dem Lateinischen nahe verwandt ist, wird der Buchstabe V bis heute als [b] gesprochen. Die meisten anderen romanischen Sprachen erlebten eine weitere „Verwaschung" dieses konsonantischen Lauts zum [v] hin, ein Prozess, der im Französischen und Italienischen bis 900 n. Chr. ziemlich abgeschlossen war. Im Deutschen und Englischen dagegen war das lateinische „phonetische" Vermächtnis weniger stark ausgeprägt. Hier hatte in vielen Wörtern, die heute mit V geschrieben werden, das F die Funktion des Lautträgers: ahd. *fater*, mhd. *vater*, ae. *lufu*, eng. *love*, um nur ein paar Beispiele zu nennen. Im Englischen ist – wie bei vielen Lauten – die Eroberung durch die Normannen für diesen „Zeichenwechsel" entscheidend gewesen. Viele neue französische Wörter wie *victorie* oder *village* machten das v salonfähig, altenglische Vokabel wie *lufu* ahmten diese Schreibung nach. Fast wie in Reminiszenz an das längst untergegangene Römische Imperium hört man aber in man-

chen modernen Wörtern mit zwei aneinander stoßenden
Vokalen immer noch ein konsonantisches [w] bzw [ɥ] statt
des zu erwartenden [u]-Lauts: dt.: *Ruanda* (auch: *Rwanda*),
eng.: *fluent, suite*, frz.: *huit*, sp.: *agua*. Meist aber wurde dieser halb-vokalische Laut zu einem [v] verwischt, wie etwa
in lateinischen Begriffen wie *victoria, visitare* oder *volumen*.
Nochmals zusammenfassend gesagt: Für die Römer waren
die Zeichen U und V die natürliche Wahl für [u] und [w], I
und J die eleganten Pendants für die Laute [i] und [j]. Und
in anderen Sprachen verwendete man ein f statt dem heute
üblichen v.

Wir machen hier einen Sprung bis ins beginnende 15.
Jahrhundert. Zu dieser Zeit hatte sich eine stillschweigende
Konvention durchgesetzt. Die über Jahrhunderte völlig erratische Schreibung von U und V für die ebenso willkürliche
Lautung [u] und [v] mündete in eine relativ klare Regel: v
stand am Anfang eines Worts, u in der Mitte (ae. *vpon, vse,
euer, rule*). Doch immer noch konnten beide Symbole für
beide Laute stehen. Um ca. 1650, mit den schon hohe Auflagenzahlen erreichenden Druckwerken, war der Drang zur
Regulierung bereits sehr stark. Noch dazu, wo in italienischen
und französischen Wörtern der [v]-Laut am Wortbeginn generell als „natürlich" empfunden wurde. Zwei Jahrhunderte
später bekam das V, ebenso wie das J, auch in den großen
Wörterbüchern seine Anerkennung als eigener Buchstabe,
zunächst in Noah Websters bahnbrechendem Werk *New
Dictionary of the English Language* (1828). Anmerkung: Samuel Johnsons berühmtes Wörterbuch aus dem Jahr 1755,
Dictionary of the English Language, führt nur 24 Buchstaben
im lateinischen Alphabet. Er selbst mag dies bedauert haben,
schreibt Johnson doch im Vorwort, dass ihn „the old custom"
(„Tradition") daran hindert, dem J und dem V die gebührende
Eigenständigkeit zuzusprechen.

Wie schon erwähnt, sind die Laute [v] und [f] überaus
eng miteinander verwandt, beide werden in der Fachsprache
als labio-dentale Frikative bezeichnet. Und kennzeichnend

für diese Reibelaute ist es, dass Luft zwischen Unterlippe und Zähnen durchgepresst wird, beim [v] mit zusätzlichem Einsatz der Stimmbänder. Tückisch ist jedenfalls die Aussprache dieses Buchstabens, und in manchen Fällen abhängig vom Lokalkolorit. Fremdwörter mit V werden meist mit [v] gesprochen, zum Beispiel *Vanille, Vase, Viola, violett* oder *vulgär*. Bei Namen gibt es beide Varianten, denken Sie nur an die Urmutter *Eva* ([v] oder [f]), an *Viktor*, oder die in der Völkerwanderung über Europa herfallenden *Vandalen/ Wandalen*. Dazu eine kleine Anekdote: Als der Münchener Komiker Karl Valentin, der für seinen Familiennamen die [f]-Aussprache wünschte, von einem Norddeutschen mit „Bitte ein Autogramm, Herr Walentin" angesprochen wurde, antwortete er schlagfertig: „Sagen's zu Ihrem Vater auch Water?" Wörter deutschen Ursprungs dagegen, wie *Vater, Veilchen* oder *Volk*, werden fast durchgehend mit v geschrieben, jedoch mit [f] gesprochen. Die Erklärung liegt in der mittelalterlichen Schreibung dieser Wörter, wie etwa *folch für Volk. Vers* lässt in Deutschland ein [f], in Österreich aber ein [v] hören; *Kurve* und *brav* zeigen beide Varianten. Bei Ortsnamen sind spezielle Kenntnisse zur Aussprache notwendig, da hier [v] und [f] ziemlich sprunghaft wechseln. Einige Beispiele mögen dies illustrieren: *Bremerhaven, Hannover, Velden, Villach, Villingen, Vintschgau* (alle mit [f]); *Greven* (mit [v]); *Vaduz*, Hauptstadt Liechtensteins, oder *Veltlin* nehmen eine Zwitterstellung ein (beide Aussprachevarianten sind möglich). Im Grimm'schen Wörterbuch wird diese Schwankung wie folgt beschrieben: ... *v ist heute im Hd. dem f lautlich vollkommen gleich, was auch grafisch darin seinen Ausdruck findet, dass Wörter desselben Stammes bald mit f, bald mit v geschrieben sind (voll, Fülle). Der heutige Laut ist ein tonloser Labiodental; Versuche, die zwei Buchstaben nach heutiger Schreibung auch lautlich zu trennen, setzen Unterschiede voraus, die in der Volkssprache nicht begründet sind.* Jedenfalls bleibt das V in den Häufigkeitstabellen in der deutschen (0,67 %) und englischen

Sprache (knapp über 1 %) am unteren Ende der Skala, im Französischen dagegen nimmt es mit 1,6 % einen Platz im hinteren Mittelfeld ein.

Auch das V hat in unserer Kultur seine Spuren hinterlassen. Für Motorsportfreunde interessant ist vor allem einer der meist verbreiteten Motoren, nämlich der V-Motor (V6, V8, V10), dessen Name bildhaft die zwei Zylinderbänke, die in einem Winkel in der Form dieses Buchstabens zueinander stehen, beschreibt. Thomas Pynchons 1963 erschienener, preisgekrönter Roman „V" beschreibt die Suche nach einer mysteriösen Frau, die mit diesem Buchstaben in Tagebucheintragungen erwähnt wird. Assoziationen mit dem V für die göttliche Venus werden ebenso wach wie Anspielungen auf das frühe 20. Jahrhundert (frz. *vingtième siècle*).

Als Abkürzung repräsentiert das V eine ganze Reihe von Begriffen, wie eine kleine Auswahl zeigt: *velocitas* (v); *Vakuum, Vanadium, Volt, Volumen* (V); *versus, vertikal, vokal, vormittags* (v.); *Verb, Verfasser, Verordnung* (V.). Auch der kleinste Zwergstaat der Welt, die innerhalb Roms liegende Enklave Vatikanstadt, mit 0,44 km² und weniger als tausend Einwohnern ein völkerrechtliches Kuriosum, verwendet als Hoheitskennzeichen diesen Buchstaben. Dienstfahrzeuge sind mit den schwarzen Buchstaben SCV (*Stato della Città del Vaticano* bzw. *Status Civitatis Vaticanae*; dt.: Staat der Vatikanstadt) gekennzeichnet, wobei dem Papamobil die Nummer SCV 1 vorbehalten ist. Im Volkswitz kursiert für dieses offiziöse SCV folgende Erklärung: „Si Christus vidisset"/„Se Cristo vedesse" (dt.: „wenn Christus das sähe"); mit umgekehrten Buchstaben: „vi caccerebbe subito" (dt.: „würde er euch sogleich zum Teufel jagen"). Staatsbürger und Angestellte des Vatikan führen zur Identifikation ein CV (Città del Vaticano). Und das international gebräuchliche, äußerst selten zu sehende Nationalitätenkennzeichen ist ein simples V.

Wussten Sie, dass …

… *brav* das einzige deutsche Wort ist, das auf den Buchstaben v endet?

… das römische Zahlzeichen V für 5 nicht diesen Buchstaben repräsentiert? Es stellt vielmehr entweder ein „halbes X" dar oder eine geöffnete Hand.

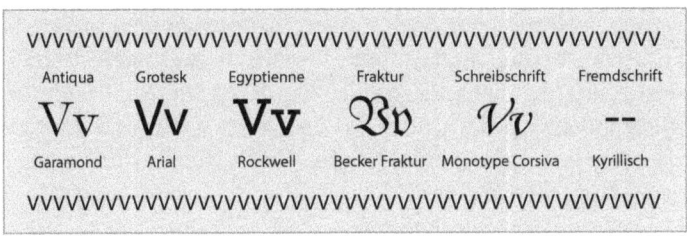

Das Fingeralphabet

Für das einwandfreie Funktionieren der Gebärdensprache ist es unumgänglich, jeden einzelnen Buchstaben des Alphabets durch unverkennbare Fingerzeichen formen zu können. Im Deutschen dienen hierfür die in der Abbildung gezeigten „Zeichen". Andere Alphabete, wie etwa das Kyrillische, verwenden selbstverständlich für ihre Anforderungen passende Fingerbewegungen. Nationale Varianten sind auch deshalb notwendig, da manche besonders häufigen Laute, die mehrere Buchstaben erfordern, etwa das deutsche „sch", das ß oder die Umlaute ä, ü, und ö, durch eigene Zeichen schneller „ausgedrückt" werden können.

Die erste Veröffentlichung eines Fingeralphabets aus dem Jahr 1620 dürfte vom Spanier Juan Pablo Bonet stammen, wenn auch ebendieses Alphabet vermutlich bereits damals von Benediktiner-Mönchen unter sich gebraucht wurde.

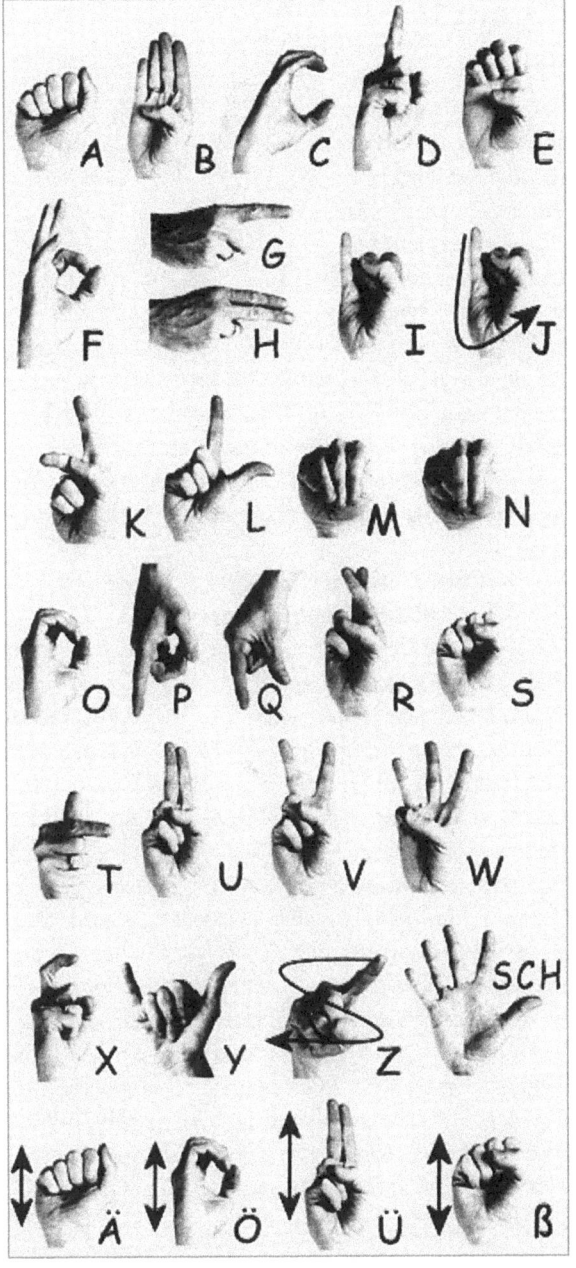

Das Finger-
alphabet

W Waw* – aus U

„Wir Wiener Wäscheweiber wollen weiße Wäsche waschen, wenn wir wüssten wo weiches, warmes Wasser wäre." So und ähnlich wurden Kinder in Österreich bis vor einigen Jahrzehnten mit den Geheimnissen der Alliteration vertraut gemacht, wenn auch dieses Fremdwort selbst von der El-

Historisches Logo des World Wide Web aus dem Jahr 1989; Entwurf: Robert Caillaud

terngeneration nie in den Mund genommen wurde. Und in der Tat eignet sich im Deutschen kaum ein Buchstabe so gut für diese Art von „Unsinnsatz" wie das erst spät ins Alphabet aufgenommene W.

Nun folgt mit „Witches & watches" ein tückischer Zungenbrecher auf Englisch (in drei Lektionen; zunächst der ins Deutsche übersetzte Text): (1) Drei Hexen schauen sich drei Swatch Uhren an. Welche Hexe schaut welche Swatch Uhr an? – Three witches watch three Swatch watches. Which witch watches which Swatch watch? (2) Drei geschlechtsumgewandelte Hexen schauen sich drei Swatch Uhrenknöpfe an. Welche geschlechtsumgewandelte Hexe schaut sich welchen Swatch Uhrenknopf an? – Three switched witches watch three Swatch watch switches. Which switched witch watches which Swatch watch switch? (3) Drei Schweizer Hexen-Schlampen, die sich wünschen, geschlechtsumgewandelt zu sein, wünschen sich, Schweizer Swatch Uhrenknöpfe anzuschauen. Welche Schweizer Hexen-Schlampe, die sich wünscht, geschlechtsumgewandelt zu sein, wünscht sich, welchen Schweizer Swatch Uhrenknopf anzuschauen? – Three Swiss witch-bitches which wish to be switched Swiss witch-bitches wish to watch three Swiss Swatch watch switches. Which Swiss witch-bitch which wishes to be a switched Swiss witch-bitch wishes to watch which Swiss Swatch watch switch?

Wie schon die Form des klassischen W, etwa im Font Times New Roman (Abb. 4), zeigt, war die Kindheit dieses Buchstabens ein simples „doppeltes V". Ebenso ist die Aussprache an das Vorbild angelehnt. Im Deutschen etwa spricht der Linguist von einem stimmhaften, labiodentalen Frikativ, der klanglich exakt sein Original kopiert. Die schöne Stadt Wien und die römische Siedlung auf eben diesem Boden, Vindobona, werden beide mit „Zähnen und Lippen" gebildet, durch die die Luft hörbar durchströmt. Die phonetische Wiedergabe ist ein [v], deutlich zu unterscheiden vom englischen „Double-U" [w], das mithilfe eines durch die Lippen geformten Schmollmunds gebildet wird. Für Deutsch sprechende ist diese Unterscheidung zunächst gar nicht so einfach zu bewerkstelligen. Ganz anders sehen dies die kleinen Engländer, die schon im Babyalter ein „wa-wa" brabbeln und später das viel komplexere R durch den Laut [w] ersetzen: „Wudolph the wed-nosed weindeeh" aus vollen Kinderherzen gesungen, bleibt dennoch ein tolles, beschwingtes Weihnachtslied.

Die Geschichte des W lässt sich bis in die Anfänge zurückverfolgen, kam dieser interessante Buchstabe doch erst als 24. in das lateinische Alphabet, nur von den Nachzüglern J und V gefolgt. Vom V? Gerade war ja zu lesen, dass das W ein „doppeltes V" darstellt, also aus dem V entstanden ist. Mitnichten, das V repräsentierte zur Zeit der Aufnahme des W ins Alphabet seinen Bruderbuchstaben U, von eigenständiger Existenz war damals noch keine Rede. Irgendwann im Laufe des ersten Jahrtausends nach Christus, vermutlich um das 6. Jahrhundert, schrie der Laut [v] bzw. [w] sein Verlangen nach einem eigenen Symbol in die frühmittelalterliche Welt hinaus, und prompt wurde er auch erhört. Über viele Jahrhunderte waren die Zeichen U, V und W in gewisser Weise durchaus austauschbar, doch spätestens mit dem Aufkommen des Buchdrucks im 15. Jahrhundert änderte sich die Situation schlagartig. Alles verlangte nach Normen, nach Regeln, nach Gleichförmigkeit im Druckbild.

(1) Der römische Buchstabe aus dem Jahr 113 n. Chr., ein klassisches U, konnte sowohl als [u] als auch als [w] gelesen werden, hatte also eine unübliche Zwitterstellung. (2) Das „doppelte u" der karolingischen Minuskel deutete im Spätlatein, Normannisch und Althochdeutsch einen [w]-Laut an. (3) Eine interessante Kombination der beiden Vorläufer ist das „doppelte V", wie es auf frühen Ausgaben von Shakespeares Hamlet zu finden ist (hier: 1604); zu dieser Zeit war bereits die „zusammengezogene" Form des W üblich. (4) Der historischen Entwicklung Tribut zollt der für die Times 1932 geschaffene Font Times New Roman, heute eine der weltweit bekanntesten Schriften.

Doch zurück zu den Ursprüngen. In römischen Zeiten hatte das U den ehrenwerten Job, beide Aufgaben, eine vokalische und eine konsonantische, auszuüben. Betrachten Sie einfach das Wort *equus* (dt.: Pferd), und sofort werden Sie diese Doppelfunktion erkennen. Die Notwendigkeit für ein eigenes Zeichen schien damals nicht gegeben, denn ein konsonantisches [w] konnte ohnehin nur vor einem Vokal stehen. Jedem römischen Schulkind war damit die Aussprache klar. Doch am [w]-Laut nagte buchstäblich der Zahn der Zeit. Immer mehr wurde die Aussprache am Silbenbeginn verwaschen, zu einem deutlich vernehmbaren [b] hin, das um 300 n. Chr. bereits allgegenwärtig war. Wieder zwei Jahrhunderte später war daraus in frühen französischen und italienischen Wortschöpfungen durch weiteres „Abschleifen" ein [v]-Laut geworden. Wie wir schon erahnen können, wurde hiermit der Weg für den Zwillingsbuchstaben V geebnet. Allein der Laut [w] inmitten einer Silbe konnte unverändert überleben, wie etwa bei den starren qu-Kombinationen. Doch eine zweite Nische blieb ebenfalls offen: Ortsnamen. In diesen wurde das tradierte [w] einfach durch die Buchstabenkombination uu wiedergegeben (Abb. 2). Und, Sie ahnen es schon, dies war der Vorläufer des später standardisierten W-Symbols. In romanischen Sprachen blieb diesem „neuen" Buchstaben jedoch kein Raum, denn der Laut [w] wurde generell durch ein [u] wiedergegeben (it.: *Guido*, sp.: *iguana*) oder aber durch ein ou kenntlich gemacht (frz.: *oui, ouest*). Eine Anmerkung dazu: Erst im späten 19. Jahrhundert bekam der Buchstabe W, das „double vé", überhaupt seinen Platz im französischen Alphabet. Vergleichen Sie dazu das englische, auf Handschriften zurückgehende „double U"! Übrigens ist das W der einzige Buchstabe des Alphabets, in dem die englische Sprache der französischen als Namensinspiration diente.

Außerhalb der Grenzen des lateinischen bzw. romanischen Sprachraums hatte der Laut [w] ein pralles Leben: *Waffe* (ahd. *wāfan*), *Wald* (ahd. *wald*) oder *Wasser* (ahd. *wazzar*) sind nur einige wenige Beispiele. Auch die Mythologie und Sagenwelt bereichert mit Wörtern wie *Walhalla* (anord. *Valholl*) oder *Wotan* (ahd. *Wuotan*) unsere Sprache. Alle diese Wörter wurden mit den Angeln und Sachsen auch auf die Britischen Inseln gebracht, und damit war ein weiterer Raum für den [w]-Laut erobert. Ganz entscheidenden Einfluss bei der Ausprägung der lautlichen Landkarte Europas kommt den *Wikingern* (anord. *Vikingr*, dt. „Seekrieger fern der Heimat") zu, die über das mittelalterliche normannische Französisch ihr W letztlich auch auf die Britischen Inseln trugen. Der Raum Paris blieb dagegen unberührt, und so haben wir heute eine faszinierende Lautgrenze zwischen einem „warden William's wages in war" und einem „gardien Guillaume's gage en guerre" (dt.: Wächter Wilhelms Lohn im Krieg). Sichtbar gemacht wurde dieses normannische [w] durch das bereits erwähnte uu. Nicht jedoch sah man dieses Zeichen zu dieser Zeit auf den Britischen Inseln, so viel sei angemerkt. Eigenwillig wie die frühen Angeln und Sachsen nun waren, verwendeten sie für den Laut [w] einen eigenen Buchstaben: das Wyn (oder Wen), ein Zeichen, das unserem p zum Verwechseln ähnlich sieht (siehe Buchstabe T). Erst nach der Battle of Hastings (1066) wurde dieses Wyn wie auch alle anderen altenglischen Buchstaben allmählich aus dem Alphabet verdrängt. Das uu war nun Standard, und dieses Doppelsymbol bekam kurzfristig mit dem Beginn des Buchdrucks auf den Britischen Inseln (1476) sogar einen eigenen Typensatz, wurde also in die Liste des Alphabets aufgenommen. Seine Stellung vor oder nach dem U war fluktuierend, je nach Geschmack. Auch bei den Evangelien-Handschriften des ersten namentlich bekannten deutschen Dichtergelehrten und Mönchs Otfried von Weißenburg (ca.790–875) wurde dieses [w] durch ein uu dargestellt. Der Laut dürfte jedoch im germanischen Sprachraum bereits zu dieser Zeit zu einem [v] mutiert sein. Der Schritt vom handschriftlich bevorzugten uu zum späteren Druckzeichen vv ist bereits in vielen Manuskripten aus der Zeit zwischen dem 11. und 15. Jahrhundert erkennbar. Mit dem Buchdruck wurde das Symbol dann letztlich standardisiert, meist durch ein überlappendes W. Schnell erfolgte dieser Übergang in den deutschen Landen, denn hier war das Frakturzeichen, das Schwabacher-W (siehe Kapitel *Meilensteine der Typografie*), ohnehin in der Form sehr ähnlich. In anderen Regionen findet sich selbst Anfang des 17. Jahrhunderts noch ein VV, wie etwa in den frühen Shakespeare-Ausgaben (Abb. 3).

In der Aussprache moderner Wörter zeigt dieses W auch so seine kleinen Eigentümlichkeiten. So gibt es im Deutschen, abgesehen von Eigennamen, Fremdwörtern oder Lehnwörtern, keine Wörter mit w am Ende. Und in den wenigen Beispielen dieser Gruppe wird das w nicht gesprochen: *Chow-Chow, Bungalow, Interview, Show, Squaw*. Diese Regel gilt auch für Ortsnamen wie *Pankow* oder Bü*tzow*, (Ausnahme: *Calw*). Im Englischen finden sich zahlreiche häufige Wörter, bei denen das w verstummt ist, beispielsweise *sword* oder *two*. Die Buchstabenkombination wh weist auf altenglischen Ursprung hin, wo diese noch umgekehrt hw geschrieben wurde. Unter normannischem Einfluss erfolgte im 13. Jahrhundert eine Transposition, aus nicht näher bekanntem Grund. Meist ist die moderne Aussprache ein [w], doch Ausnahmen bestätigen die Regel: *whom, whole* und *whore*.

W steht für Watt, Wechselstrom, Westen, Wien, aber auch für das ungemein dichte Element Wolfram, das für Schäfte von Dartpfeilen von höchster Qualität verwendet wird. Der Kleinbuchstabe w. kann unter anderem westlich, wöchentlich oder wörtlich bedeuten. Die berühmtesten Abkürzungen mit diesem Buchstaben sind jedoch ohne Zweifel das „www" des World Wide Web (siehe Schmuckzeichen), als Nebenprodukt eines Projekts an der Forschungseinrichtung CERN am Genfer See 1989 entstanden, sowie das „W" für Wikipedia (haw.: *wiki* = „schnell"), der freien und zugleich größten Enzyklopädie der Menschheitsgeschichte.

Wie wäre wohl weltoffenes Wahrheitsstreben, wenn wir womöglich wider Willen w-los wären? Wahnsinn, wie wir wegen weit wuchernder Widerwärtigkeiten willfähriger Wort-Wüstlinge wohl wissen.

Wussten Sie, dass …

… im Duden mehr als drei Dutzend Fragewörter zu finden sind, von denen nur zwei – inwiefern und inwieweit – nicht mit w beginnen?
… das W in Schweden erst im Jahr 2006 von der *Svenska Akademien* als selbstständiger Buchstabe (der 29.) in die 13. Ausgabe ihres Wörterbuchs aufgenommen wurde? Der Grund: V und W werden exakt gleich gesprochen, und daher wurde das W lange nur als Variation empfunden.

X Samech* – Griechisch: Chi

Die Symbole X, Y und Z für unbekannte Variablen in geometrischen Gleichungen wurden 1637 durch den großen Philosophen und Mathematiker René Descartes in seiner Abhandlung „La Géométrie" eingeführt, zusammen mit A, B und C für Konstanten. Er selbst favorisierte das X, doch wollte Descartes ursprünglich der Symmetrie halber das Z als erste Unbekannte, das Y als zweite und das X als dritte verstanden wissen. Der Legende nach gingen dem

Schmuckzeichen: Chambers Twentieth Century Dictionary 1908

Setzer allerdings für die massenhaft auftretenden Gleichungen im Manuskript die Blocksätze für Y und Z aus, da diese Buchstaben wesentlich häufiger in der französischen Sprache vorkommen als das X. So wandte sich schließlich der Setzer an Descartes, um ihn zu fragen, ob es einen Unterschied machte, welchen der Buchstaben er in Gleichungen mit einer und zwei Unbekannten setzte. Das X wäre drucktechnisch einfacher, da genügend Blöcke zur Verfügung stünden. Nun, Descartes war dies nur Recht, und so wurde das X – besonders im hinteren Teil des Werkes – zur großen Unbekannten Nummer 1.

X-beliebig darf die konkrete Verwendung dieses seltensten aller Buchstaben keinesfalls geschehen, wenn auch das X/x seine semantische Symbolhaftigkeit scheinbar ganz nach Belieben ändern kann, fast so vielseitig wie ein Chamäleon seine Farbe. Als römisches Zahlzeichen steht der drittletzte, extrem seltene Buchstabe, für die „10", als mathematisches Zeichen repräsentiert x eine unbekannte Variable oder das Multiplikationssymbol. Auch bei „Aktenzeichen XY" – der beliebten Fernsehkriminalshow – setzt sich dieser Hang zum Ausdruck des Unbekannten fort. Dreimal hintereinander gesetzt können gleich mehrere Gedanken und Wünsche ausgedrückt werden, je nach Situation: ein Kuss zur Briefunterschrift ebenso wie die Warnung vor pornografischem Inhalt. Mit einem oft in Rot gehaltenen X wird ein Bildsymbol durchgestrichen und damit ein Verbot ausgedrückt oder aber eine falsche Antwort in einer Prüfungsarbeit angezeigt, wie jede Schülerin und jeder Schüler leidvoll erfahren muss. Auch das Kreuz auf dem Wahlzettel oder einem Multiple-Choice-Testbogen ist ein simples, gleichzeitig markantes x. Vergrabene Schätze werden auf Landkarten durch das „Kreuzzeichen" markiert, meist in gefährlicher oder einsamer Umgebung. Und ein des Lesens und Schreibens Unkundiger setzt zur Bekräftigung eines Vertrags sein XXX unter das Dokument. Vielleicht hat Ihnen auch jemand schon x-mal etwas gesagt, was Sie wieder vergessen haben. XL, XXL, XXXL wiederum kennt jeder nur zu gut, der sich je in einem Kleidergeschäft umgesehen hat. Und für Toto-Spieler bedeutet Tipp X eine Wette auf ein Unentschieden. Als phonetisches Symbol kann dieser Buchstabe für [ks] wie in Axt stehen, als [gz] wie im englischen exist, als [kris] wie in der Schreibform Xmas für Weihnachten, als [cross] wie in Xing (Kreuzung), als [dis] Xe (dixième) im Französischen und als [ten] im englischen Xth (tenth). Fremdenfeindlichkeit (Xenophobia) kennt das X nur im „Wortsinn", denn es passt sich wunderbar an, egal wie die Buchstaben-Umgebung auch aussehen mag. Und selbst in der englischen Übernahme des griechischen Begriffs selbst zeigt es seine unerwartete Vielseitigkeit: Es mutierte zum [eks].

Mehr als kompliziert ist die Lautgeschichte dieses in unserem Alphabet so raren Buchstabens X. Im Phönizischen muss der Anlaut des Samech (oder Samek), so hieß dieser Buchstabe, ein [s] gewesen sein, denn es galt ja das Prinzip, einen Begriff zu finden, dessen Anfangsbuchstabe mit dem Lautwert korreliert. Und dieses [s] wurde bis heute

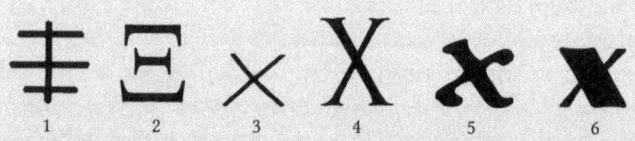

(1) Phönizisches Samech, ca. 1000 v. Chr. (2) Ostgriechisches Xi; um 400 v. Chr.
(3) Westgriechisch Chi trug zur Zeit der Übernahme durch die Etrusker den Laut
[ks] um 700 v. Chr; später wurde dieser Buchstabe im Etruskischen als [eks]
gesprochen. (4) Analog zu vielen anderen Buchstaben wurde auf der Trajansäule
ein Balken des X aus ästhetischen Gründen verstärkt und der Buchstabe mit Serifen ausgestattet; der Lautwert am Ende eines Wortes war wie im Griechischen
[ks]. (5) Der Unzial-Buchstabe entstand um 600 n. Chr. in starker Anlehnung an
das römische Vorbild. (6) Der 1925 geschaffene Font Broadway erinnert stark an
den nahezu zweitausend Jahre alten römischen Entwurf.

im hebräischen Alphabet für diesen raren Buchstaben beibehalten. Was bis dato nicht vollständig geklärt ist, ist die
Bedeutung dieses komplizierten Zeichens. Manche Sprachforscher interpretieren das Samech als eine Stütze, wieder
im Einklang mit dem hebräischen Buchstaben, andere als
ein Fischgerippe. Eine Anmerkung sei hier erlaubt: Der hebräische Buchstabe zeigt eine völlig andere Form, nämlich
einen „Ring“, und wird demzufolge auch gern als ein Zeichen der Vereinigung verwandter Seelen vor Gott, also als
Symbol der Ehe, interpretiert. Dem griechischen Alphabet
dürfte dieses Samech ausnahmsweise zwei Nachkommen geschenkt haben, die sich noch dazu in ihrer Lautentwicklung
emanzipierten. Zunächst einmal stand das Chi im Alphabet
(als 22. Buchstabe), mit dem anfänglichen Lautwert [ks]
und dem bei uns gebräuchlichen X-Symbol. Offensichtlich
war dieser Laut bei den Phöniziern nicht prominent genug
gewesen, um einen eigenen Buchstaben zu schaffen. Bis zur
klassischen Antike war aus diesem Chi dann ein behauchtes
[kh] geworden, und heute trägt der Buchstabe im Neugriechischen den Laut [x], unserem [ch] ähnlich. Wegen dieser
„Verwandlung“ des Chi zum [kh] hin sah man es im antiken
Griechenland wohl als notwendig an, für den [ks]-Laut ein

weiteres Zeichen zu schaffen. Und so griff man zu diesem Zweck einfach auf das alte Symbol für das Samech zurück und setzte dieses Xi (griechisch Ξ; gesprochen [ksi]) an die 14. Stelle des Alphabets. Hier war wegen der Vielfalt der [s]- bzw. [z]-Laute ohnehin ein überflüssiger Platz frei. Der ursprünglich senkrechte Balken dieses Buchstabens wurde im Laufe der Jahrhunderte weggelassen, ob durch Nachlässigkeit oder aus ästhetischen Gründen, kann man heute nicht mehr sagen.

Das berühmte Christusmonogramm (XP oder Chi-Rho), oft als Konstantinisches Kreuz bezeichnet, ist seit der Spätantike neben dem Kreuz und dem Fisch das am meisten verwendete Symbol für Jesus Christus (griechisch: ΧΡΙΣΤΟΣ). Der 324 zum Christentum konvertierte Kaiser Konstantin der Große soll seinen Truppen vor der Schlacht bei der Milvischen Brücke 312 befohlen haben, diese Ligatur im Schild zu führen und als Feldzeichen zu tragen. Das Symbol setzt sich aus den beiden griechischen Zeichen Chi und Rho zusammen, den Anfangsbuchstaben des Wortes „Christos" (dt.: der Gesalbte). Das Chi (Zeichen X) trug zur Entstehungszeit des Christogramms (ein weiterer Name für dieses Symbol) den Lautwert [kh], das Rho war ein [r]. Angemerkt muss auch werden, dass manche Gelehrte, wie etwa Arthur Toynbee, die Ligatur Chi-Rho als heidnisches Zeichen für den Sonnengott sehen. Auch im berühmten, um 800 n. Chr. auf der Insel Iona verfassten Evangeliar, dem *Book of Kells*, das vier Handschriften der Evangelien des Neuen Testaments nach Matthäus, Markus, Lukas und Johannes enthält, nimmt dieses Zeichen einen prominenten Platz ein. Der in der sogenannten insularen Halbunziale mit Eisengallustinte geschriebene lateinische Text ist durch überaus elegante Rieseninitialen mit fantastischen Randbildern ausgeschmückt. Immer wieder wird dabei das Christusmonogramm in den Blickpunkt gerückt, allerdings mit der Abkürzung XPI, also den ersten drei Buchstaben des Namens. Heute hat das X (für Christus) vor allem vor Weihnachten Hochblüte, schwappt doch die englische Kurzform Xmas (erstmals 1551 belegt) auch in unsere Adventszeit über. Mag der Verein Deutsche Sprache auch befunden haben, Xmas sei „das überflüssigste Wort des Jahres 2008", so kann dieser Abkürzung zumindest der christliche Hintergrund nicht abgesprochen werden, ganz im Gegensatz zu den heidnischen „heiligen Nächten" (mhd.: *wihen nahten*).

Als die Etrusker um 600 v. Chr. in den Handelsniederlassungen der südlichen Apenninen das Alphabet übernahmen, beinhaltete es nur das westgriechische Chi, also das X-Zeichen, mit der damals noch gängigen Aussprache [ksi]. Die Stellung am Ende des Alphabets war ebenfalls vorgezeichnet. Eine kleine, doch nachhaltige Kosmetik dürfte die etruskische Sprache jedoch gefordert haben: die Lautänderung von [ksi] zu [eks]. Vermutlich liegt der banale Grund darin, dass es im Etruskischen kaum Wörter und Silben gab, die mit dem [ksi]-Laut begannen, wohl jedoch bestand ein großer Bedarf für ein auslautendes [eks]. Diese Erklärung bleibt freilich Spekulation, da es sich ja bei den vielen tausenden etruskischen Fragmenten nahezu ausschließlich um Grabinschriften handelt. Doch Ähnliches galt für die römische Wortstruktur und später für das Altenglische, daher ist obiger Rückschluss durchaus wahrscheinlich. Bei der Übernahme des Alphabets kannten die Römer exakt 21 Buchstaben, mit dem X am Ende der Kette. Später, um 100 v. Chr., wurde das römische Alphabet um die Neulinge Y und Z erweitert. Die römische Aussprache war ein klares [ks] wie im bekannten Wort „rex" (dt.: „König") belegt ist. Nach Untergang des Römisches Imperiums lebte das X in alten angelsächsischen Wörtern wie „Saxon", „ox" oder „mix" weiter, in später aufgenommenen französischen Lehnwörtern, wie etwa „luxury", entstand dagegen ein „weiches" [kʃ]. Bei jüngeren griechischen Lehnwörtern wurde im Anlaut ein [s] gesprochen, wie etwa bei „xenophobia". Im Deutschen wandelte sich dieser Buchstabe meist zu einem ch, was für die ungeheure Seltenheit des X sorgt. Eine Ausnahme bilden direkt aus dem Griechischen übernommene Lehnwörter wie „Xenophobie", „Xerox" (griechisch: *xeros* = „trocken"), „Xylophon", „Lexikon", „Exodus" oder „Oxygen", um nur einige Beispiele zu nennen, immer mit der Lautung [ks]. Mit 0,03% ist das X neben dem Q der zweitseltenste Buchstabe unseres Alphabets, anders als im Englischen: 0,15%. Noblesse oblige! Entsprechend der Kommentar zum X aus dem Deutschen Wörterbuch der Brüder Grimm: *... am häufigsten steht es ahd. in Geheimschriftglossen durch Buchstabenvertauschung u. auch im Mhd. bleiben x-Schreibungen (Lautwert ks) außer in unanverwandelten Fremdwörtern im Gegensatz etwa (bei anderer lautlicher Geltung) zum Mnl. und auch Mnd. ganz vereinzelt; ...*

Doch wie schon im Eingangsabsatz erwähnt, ist das X ein Chamäleon, auch was die phonetische Seite anbelangt. In manchen Sprachen, etwa dem Portugiesischen, kann es gleich vier Laute annehmen, [ʃ], [ks], [s] und [z], im Baskischen ist es immer ein [tʃ] – denken Sie an die ehemalige „unaussprechliche" Tennisspielerin Arantxa Sanchez oder den genialen Fußballer Xavi Hernández -, im Albanischen mutiert es zum [dz], während der Digraf xh stimmhaft [ʤ] gesprochen wird. Hier darf der frühere stalinistische Diktator Enver Hoxha als Beispiel dienen. Die Liste ließe sich durchaus noch erweitern. Ein Füllhorn unserem Ohr völlig ungewohnter Schnalzlaute bringen die Xhosa in Südafrika hervor. Je nachdem, wie diese Schnalzlaute gebildet werden, verwendet die IPA (International Phonetic Association) in der 1998 auf den letzten Stand gebrachten Codierung [c]-, [x]- oder [q]-Kombinationen. Der laterale, dem Schnalzen mit der Zunge beim Ansprechen eines Pferdes ähnliche Laut ist bei einfacher Bildung ein [x], aspiriert ein [xh], stark behaucht [gx], nasal [nx] und stark behaucht bei gleichzeitiger Nasalierung [ngx]. Klingt höchst kompliziert, und ist es auch, denn in der Sprache !Xóõ (kein Druckfehler; aber bitte nicht nachfragen, wie dieses Wort gesprochen wird) gibt es an die achtzig dieser Schnalzlaute. Sie sind wahrlich ein Studium für sich. Ja, und dann bleibt noch eine kleine Frage zur Rechtschreibung offen. Warum verdoppeln wir das x in „Hexe" nicht, wo doch normalerweise im Deutschen nach kurzem Vokal ein einzelner Konsonant der Regel nach verdoppelt werden müsste? Sie ahnen es nach Lesen dieses Artikels vielleicht schon. Es kommt darauf an, was man hört. Und das ist wohl eindeutig ein [ks], also ein Doppelkonsonant. Der frühgriechische Lautwert zeigt also noch nach Jahrtausenden seine sprachlichen Auswirkungen.

Zweieinhalb Jahrhunderte nach Descartes' Kreation dieser „Unbekannten" entdeckte der deutsche Physiker Wilhelm Konrad Röntgen im Jahr 1895 eine seltsame neue Strahlung, die er X-ray nannte, da er nicht wusste, was exakt diese Wirkung erzeugte. Auch das erste Flugzeug, das 1947 die Schallgeschwindigkeit brach, trug diesen Buchstaben im Namen: U.S. X-1 (hier für „experimental"). Um die Werbewirksamkeit dieser technischen Bravourleistung zu nutzen, brachte die britische Automobilfirma Jaguar im darauf folgenden Jahr den ersten Sportwagen, einen XK 120, auf den Markt. X stand auch hier für „experimental", K für die Testserie Nummer 11 und die Zahl 120 für die Höchstgeschwindigkeit in Meilen pro Stunde. Der Hang zum Geheimnisvollen kommt auch im angenommenen Namen des schwarzen Freiheitskämpfers Malcolm Little zum Ausdruck, der sich seit 1952 Malcolm X nannte. 1968 wurde von der Motion Picture Association of America das X-Symbol für „extreme" eingeführt – eine Anzeige von pornografischem, gewalttätigem und sehr vulgärem Inhalt in einem Film. Für einige Jahre hielt sich im amerikanischen Denken eine negative Assoziation mit diesem Buchstaben: „dirty, explicit sex". Der große Umschwung kam in den 90er-Jahren des letzten Jahrhunderts, mit der Explosion auf dem Computermarkt und der damit verbundenen Suche nach immer werbewirksameren Marketingsymbolen. Zusammen mit dem Q, dem e und dem i stieg das X in lichte Höhen der Aufmerksamkeit: Xbox, Generation X, QuarkXPress, Terra X, Xpert, Xdream wurden zu semantischen wie grafischen Neuschaffungen, die besonders die Jugend in ihren Bann zog. Nicht zuletzt gelten die X-Games als Veranstaltungshöhepunkt der Extremsportarten als überaus „trendig" und „modern". Und dann folgte 1993 mit den X-Files, einer TV-Serie über zwei FBI-Agenten, die eine Verschwörung von Aliens mit dem Ziel der Übernahme der Welt aufzudecken versuchen, ein weltweiter Blockbuster. Seit dem Ende dieses TV-Spektakels 2002 hat das X sein Image des „bösen Buben" weitgehend abgelegt.

Abschließen möchte ich dieses Kapitel mit einem kleinen Kuss! Seit dem Mittelalter wurden mit dem X-Zeichen, das in dieser Verwendung zweifellos ein Kreuz symbolisierte, Dokumente der damals praktisch durchwegs des Lesens und Schreibens unkundigen Bevölkerung signiert. Um das Versprechen, die Vereinbarungen einzuhalten, zu bekräftigen, pflegte der Unterzeichner das Kreuzzeichen zu küssen. Über die Jahrhunderte verschwand jedoch die ursprüngliche Bedeutung des Kreuzes, nämlich die einer Unterschrift, und das X stand von nun an für den Kuss selbst. XXX

Wussten Sie, dass …

… *X-Men* in amerikanischen Marvel Comics durchwegs Mutanten und Superhelden sind?

… *Xanthippe* seit jeher das deutsche Buchstabieralphabet bestimmt hat, Österreich dagegen auf den Xaver setzt?

… X/x sowohl als Groß- als auch als Kleinbuchstabe vertikal und horizontal symmetrisch ist?

… die Minuskelhöhe (Höhe der Kleinbuchstaben) im typometrischen System der Antiqua-Schrift x-Linie genannt wird?

… folgender Satz schwer schnell zu sprechen ist? *Der Whiskeymixer mixt den Whiskey; den Whiskey mixt der Whiskeymixer.*

… der x-Laut sieben verschiedene Schreibweisen kennt? Hexe, Klecks, sechs, flugs, Paralympics, briggsche (Logarithmen; nach dem Mathematiker Briggs), Kickxia (Kautschukbaum; nach dem Botaniker Kickx)

XXXXXXXXXXXXXXXXXXXXXXXXXXXXXXXXXXXXXXXXXXXXXXXXXXXXXXX

Antiqua	Grotesk	Egyptienne	Fraktur	Schreibschrift	Fremdschrift
Xx	Xx	**Xx**	Xx	Xx	--
Garamond	Arial	Rockwell	Becker Fraktur	Monotype Corsiva	Kyrillisch

XXXXXXXXXXXXXXXXXXXXXXXXXXXXXXXXXXXXXXXXXXXXXXXXXXXXXXX

Y Waw* – Griechisch: Ypsilon

Ein kleiner Exkurs in die Gebärdensprache soll diesem vorletzten Buchstaben voranstehen: Wenn Sie zum ausgestreckten Daumen sowie kleinen Finger – symbolisch für das Y – noch den Zeigefinger aufstellen, erhalten Sie gleich drei Buchstaben in Kombination: I-L-Y. Mit nur wenig Vorstellungskraft lässt sich damit die im Fingeral-

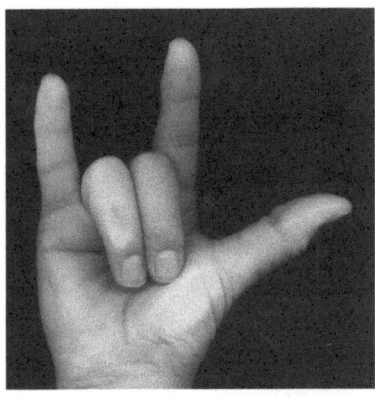

I Love You: Darstellung in der Gebärdensprache

phabet exakt so ausgedrückte Botschaft „I Love You" erahnen. Denken Sie bei einer Ihrer nächsten Begegnungen daran – Liebe ohne Worte!

Yes we can! Die Signalwirkung dieses Slogans dürfte Barack Obama zum Präsidentenamt verholfen haben, so zumindest empfinden es viele politische Beobachter. Erstmals am 8. Januar 2008 nach der gewonnenen Vorwahl in New Hampshire in die Fangemeinde geschmettert, war Obama in der Folge nicht mehr aufzuhalten. Die betont optimistische Botschaft rührte die Herzen der Menschen diesseits und jenseits des Ozeans. Psychologen sehen nicht zuletzt dieses kraftvoll-positive Buchstabensymbol Y (siehe: Initiale) als Einflussfaktor, zierte es doch im Wahlkampf als Großbuchstabe tausende T-Shirts. Und das Y steht nun mal im Englischen für „Ja", für Zustimmung, für Gemeinschaft, für Bestätigung.

Das Y reiht sich nicht nur an vorletzter Stelle im lateinischen Alphabet ein, es wurde zusammen mit dem Z auch erst relativ spät durch die Römer als eigenständiger Buchstabe etabliert. Bei der Geburt des Zeichens Ypsilon (Abb.

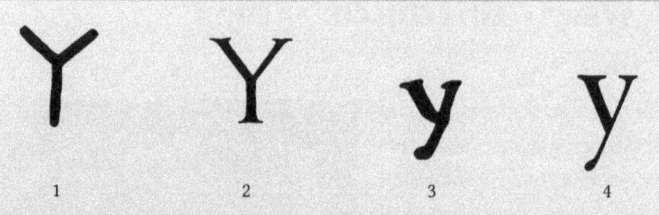

(1) Das ehrwürdige griechische Ypsilon wurde zur Vorlage zweier Buchstaben: U und Y; ca. 600 v. Chr. (2) Ypsilon aus einer römischen Inschrift um ca. 100 n. Chr.; der Laut stand zwischen unserem U und I. (3) Der Unzial-Kleinbuchstabe ahmt die Form des Ypsilons nach, benötigt allerdings nur zwei Tintenstriche; 600 n. Chr. (4) Kleinbuchstabe des Baskerville Font; um 1768 von John Baskerville entwickelt.

1) im antiken Griechenland repräsentierte dieses Y lautlich ein kurzes [u]. Sie erinnern sich an die Charakterisierung dieses letzten Vokals im Alphabet? Während der Epoche der Etrusker (ab ca. 700 v. Chr.) war der „Stamm" des Buchstabens gekürzt worden, und die Römer (600 v. Chr.) erbten ein grafisch gleichsam runderneuertes Zeichen. Jedenfalls darf das griechische Ypsilon als legitime Großmutter unseres U betrachtet werden. Das Seltsame an der Geschichte ist aber die Wiedergeburt des griechischen Ypsilons als neuer Buchstabe, diesmal als Y, um 100 v. Chr. (Abb. 2). Die Römer sahen sich genötigt, ihr Alphabet um zwei Zeichen, Y und Z, zu erweitern, vor allem um die zahlreichen, in Mode gekommenen griechischen Fremdwörter lautgerecht übertragen zu können. Im Raum Athen war nämlich das Ypsilon zu dieser Zeit ein zwischen [u] und [i] schwebender Laut, vergleichbar dem geschlossenen Vokal im deutschen Wort süß [sys]. Gerade für technische und kulturelle Vokabeln griechischen Ursprungs wie *symphonia*, *symmetria* oder *stylus* war mit dieser Alphabet-Erweiterung eine wesentlich authentischere Transliteration möglich. Einige Jahrhunderte später, um 300 n. Chr., hatte sich dieses [y] in der lateinischen Sprache fast vollständig zu einem [i] abgeschliffen, womit auch die heutigen französischen und spanischen Namen für den Buch-

staben Y verständlich werden: „i grec" und „i griega" (dt.: griechisches I).

Im Frühmittelalter, zwischen 500 und 1000 n. Chr., wurden I und Y überhaupt sehr willkürlich austauschbar in Textzeilen eingefügt. Der Unzial-Kleinbuchstabe y bestand inzwischen aus Gründen der Schreibgeschwindigkeit aus nur zwei Tintenstrichen (Abb. 3) und konnte jederzeit die Funktion eines i übernehmen. Wichtig war es, die Zeilenführung für das Auge angenehmer zu machen und die Lesbarkeit zu erhöhen. Einmal mehr gewann die Ästhetik die Oberhand über die Etymologie. Sogar der beim kleinen i verwendete Markierungsstrich zierte bisweilen den leichter lesbaren Ersatzbuchstaben y. Im Englischen erklärt sich mit dieser eigenartigen Parallelexistenz vermutlich auch die seltsame Aussprache des Ypsilons, nämlich [wai], reimend auf [ai] für I.

Heute ist das Y im Deutschen zwar extrem rar (0,04%), ähnlich wie Q und X, doch dafür zeigt es eine atypische, historisch übernommene Ausspracheflexibilität. So kann es für [i] (*Baby, Kohlendioxyd*) stehen, aber auch für [y] (*Typ, Hymne, Symbol*); oder gar für beides, wie im Wort *Zylinder* ([i] oder [y]). Ein Spezialfall ist das phonetisch dem Arabischen nachempfundene Libyen, das korrekt als [lybjen] gesprochen wird. Ganz anders sieht die Situation im Englischen aus. Hier behauptet sich das Y mit 2% im unteren Mittelfeld der Häufigkeitstabellen und hält so nebenbei einen Sprachrekord. Y ist der einzige Buchstabe, der sowohl in die Haut eines reinen Vokals als auch in die eines vollen Konsonanten schlüpfen kann. Dabei schwankt die Aussprache als Vokal ganz gewaltig: *myth* [i], *myrtle* [ɜ:], *fly* [ai], *say* [ei], *boy* [ɔi]. Beständig ist dagegen das konsonantische Y, wird es doch immer [j] gesprochen: *yes, year*. Die erwähnten 2% Häufigkeit haben auch mit der englischen Vorliebe für ein y am Wortende zu tun: *my, empathy, dummy*. Selbst in Namen, vor allem Koseformen, zeigt sich diese Eigenheit: *Betty, Henry, Johnny, Nelly*. In kontinentaleuropäischen Sprachen hat der Buchstabe Y für den [j]-Laut allerdings keineswegs sein historisch zu erwartendes Monopol behaupten können, wie man im Deutschen, Tschechischen oder Schwedischen sieht, wo fast durchgehend das erst spät etablierte J verwendet wird. Eine Anmerkung am Rand: Oft wird für Y und W der Begriff „semivowels" (Halbvokale) verwendet, und dies ganz zu Recht, schwanken diese beiden Nachzügler im Alphabet doch ziemlich stark zwischen ihren phonetischen Existenzen hin und her.

Nun ein überaus interessanter historischer Exkurs: Gerade das Englische kannte in den ersten sechshundert Jahren seiner Existenz diesen Buchstaben Y überhaupt nicht. Der [j]-Laut wurde vielmehr durch das längst ausgestorbene Yogh repräsentiert, einem Symbol, das dem Fraktur-Kleinbuchstaben z ähnlich sieht (Abb. siehe Bustabe T). Mit dem französischen Einfluss nach der Schlacht von Hastings wurden die „Karten", pardon: Buchstaben, neu gemischt. Nun eroberte das konsonantische Ypsilon [j] immer mehr an Boden und festigte seine Stellung als doppelfunktionaler Laut, das traditionelle Yogh dagegen geriet ab 1400 in England fast vollkommen in Vergessenheit. Anders sieht die Sache in Schottland aus. Hier lebte das Yogh sogar noch als Druckbuchstabe bis zum Ende des 16. Jahrhunderts weiter, allerdings nicht durch einen eigenen Bleiguss verkörpert, sondern vielmehr durch einen Buchstaben, der im Aussehen eine gewisse Ähnlichkeit zeigte: das Z. *Jahr, year*, findet man also in schottischen Druckwerken durchaus als *zer* verkörpert. Namen wie *McKenzie* oder *Menzies* zeigen ebenfalls noch in der Schreibung dieses schottische [j]. Doch damit sind wir noch nicht am Ende der seltsamen „Y-Geschichten". Auch der Thorn (Abb. siehe Buchstabe T), der langlebigste altenglische Buchstabe, mutierte in handschriftlichen Texten immer mehr zu einem Y, behielt jedoch stets die Aussprache [ð]. Einige wenige auch heute noch in Verwendung befindliche Namensschilder haben eine seltsame, archaisch anmutende Wirkung: „Ye Olde English Pub" (The

Old English Pub). Auf Grabsteinen und in Handschriften ist dieses *ye* (the), *yem* (them) oder *yat* (that) sogar bis ins 18. Jahrhundert zu finden. Nochmals sei also betont: Der Laut [j/] konnte auf den Britischen Inseln durch rekordverdächtige vier Buchstaben dargestellt werden: Yogh, Y, J und Z. Und der Buchstabe Y kann immerhin für zwei weitere altenglische Symbole stehen: Yogh und Thorn. Das nennt man perfekte Verwandlungskunst!

Heute ist dieses Y nur relativ selten als Abkürzungszeichen zu sehen, steht dafür jedoch für so markante Symbole wie Yen (¥) oder Yard (auch: Yd). Und natürlich bewirkt das Y-Chromosom die Ausprägung des männlichen Phänotyps, wie dies Biologen definieren würden. Was chemische Elemente betrifft, gilt die Grube Ytterby in Schweden als Rekordfundort, wurden nach dieser Fundstätte doch gleich vier chemische Elemente benannt: Yttrium (Y), Ytterbium, Erbium und Terbium. Ja, und vielleicht sollten Rätselfreunde auch das Rebus-Wort „Y" nicht außer Acht lassen. Warum? Es ist eine praktische Kurzform für das englische Fragewort „Why".

Lassen wir zuletzt Victor Hugo zu Wort kommen, der 1838 in seinem *Reisebericht aus dem alten Worms* für das Y folgende Beschreibung gibt: „Haben Sie jemals bemerkt, dass das Y ein pittoresker Buchstabe ist, offen für zahlreiche Interpretationen? Ein Baum hat die Form eines Y; eine Weggabelung bildet ein Y; zwei ineinander mündende Flüsse formen ein Y; der Kopf eines Esels oder der eines Ochsen sieht wie ein Y aus; der Stiel eines Glases ist Y-förmig; eine Lilie am Stengel zeigt ein wohlgeformtes Y; und ein Mensch, der den Himmel anruft, erhebt seine Hände zu einem Y." Ja, dieser Buchstabe hat Dichter und Denker durch die Jahrhunderte zu bildhaften Assoziationen inspiriert. Und er tut dies auch in der Gebärdensprache: ILY.

Wussten Sie, dass ...

... der französische Ortsname Y einer der fünf kürzesten der Welt ist?

... Yota (10^{24}) die größte Zahl ist, für die man in der Wissenschaft ein Präfix verwendet:

1 000 000 000 000 000 000 000 000? Drei Nullen weniger hat das Zeta (10^{21}). Am anderen Ende der Skala steht mit Yocto (10^{-24}) das kleinste wissenschaftlich ausgedrückte Präfix. Zepto (10^{-21}) hat wieder drei Nullen weniger.

... die *Bayern bairisch* sprechen? Das y im Landesnamen, eine hellenisierte Schreibweise, wurde von König Ludwig I. aus ästhetischen Gründen im 19. Jahrhundert autorisiert.

... der *Playboy* immerhin zwei dieser seltenen Zeichen enthält?

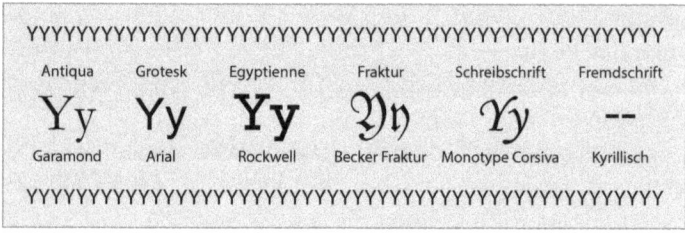

Z Zajin – Stichwaffe, Axt

Constantin Costa-Gavras berühmter französisch-algerischer Politthriller „Z – Anatomie eines politischen Mordes" wurde sofort nach seiner Uraufführung 1969 zum Klassiker des politischen Kinos. Gezeigt wird die konsequent durchgesetzte Unterdrückung der Demokratie in einem imaginären Staat (Hinter-

Französisches Originalplakat zum Film „Z"

grund: Griechenland vor der Militärdiktatur). Am Ende wird im Abspann erwähnt, was alles von den Militärs verboten ist: ... Männern das Tragen langer Haare, Miniröcke, Sophokles, Tolstoi, Euripides, das Gläserwerfen nach Trinksprüchen, Arbeitskämpfe bzw. Streiks, Aristophanes, Ionesco, Sartre, Albee, Pinter, Pressefreiheit, Soziologie, Beckett, Dostojewski, moderne Musik (Popmusik), Volksmusik, moderne Mathematik und der [Gebrauch des] Buchstaben[s] „Z". Im Altgriechischen bedeutet Zεί bzw. Zi „er lebt". Diese Protestbotschaft wurde zu „Z" verkürzt und nach dem ersten Morden als Losung benutzt.

Zweifellos führt das Z trotz prominenter „Randlage" an 26. und letzter Stelle im lateinischen Alphabet in vielen Sprachen ein wahres Schattendasein. Denn das Z ist ein seltener Buchstabe in deutschen Texten (knapp über 1%) und ein kaum gesehener Gast in englischen Schriften (weniger als 1 Promille). Es darf daher nicht verwundern, dass so mancher Kritiker dem Z die Daseinsberechtigung komplett absprechen möchte. Kein Geringerer als William Shakespeare lässt in seinem *King Lear* den Earl of Kent zu folgender Schimpftirade ansetzen, bei der ein Höfling als Z verunglimpft wird:

„Thou whoreson zed, thou unnecessary letter!" Wie aber lässt sich dieses Mauerblümchendasein des Z im Wörterkanon erklären? Ein Grund für dieses Zurückdrängen dürfte mit der praktischen Arbeit der mittelalterlichen Schreiber zu tun gehabt haben. Das S war einfacher mit den damaligen Schreibwerkzeugen zu Papier zu bringen, und es hatte zudem den Vorteil, leichter lesbar zu sein. Der frühe Buchdruck hätte dieses Dilemma beseitigen können, doch gab es – vor allem im England der frühen Neuzeit – auch emotionale Vorbehalte gegen diesen „fremd" aussehenden Buchstaben. Ein weiterer Grund für die Seltenheit des Z liegt zweifellos darin, dass dieser Buchstabe im Lateinischen und Altenglischen praktisch nicht existent war und daher ganz natürlich fast ausschließlich für französische und griechische Lehnwörter reserviert wurde. Diese Einschränkung seiner Verwendung im Lateinischen macht das Z auch im Deutschen zu einem relativ seltenen Gast. Der Rettungsanker, der dem Z dieses eine Prozent in den Häufigkeitstabellen unserer Sprache sichert, war die Hochdeutsche (auch: Zweite) Lautverschiebung im 7. und 8. Jahrhundert, die generell die Verschlusslaute p, t und k betraf. In einer ersten Phase verschob sich intervokalisch p > ff, t > zz und k > hh (später: ch), sowie im Auslaut p > f, und t > z. Beispiel: ae. stræt > ahd. strazza. Hier haben wir es auch schon, das „ein-prozentige" z in der deutschen Sprache. Eine zweite Phase verschob diese Verschlusslaute im Anlaut, in der Verdopplung und nach einem Liquid (l, r) oder Nasal (m, n): [p] > [pf], [t] > [ts] (geschrieben: z oder tz) und [k] zu [kx] (geschrieben: ch oder kch). Beispiele: ae. catt > ahd. kazza > dt. Katze; ae. tīð > ahd. zīt > dt. Zeit.

Beide Buchstaben, S und Z, repräsentieren Zischlaute, Sibilanten, allerdings mit kleinen Unterschieden im Einsatz der Zunge. Wo das Z eine Vibration des Zungenrückens verlangt, im Zusammenspiel mit den Stimmbändern, drückt das S bloß die Zungenspitze gegen die Zähne. So war es zumindest während der längst vergangenen Jugendjahre dieser beiden Buchstaben. Im Deutschen Wörterbuch der Brüder

Grimm, das 1838 begonnen und erst unfassbare 123 Jahre
später, also 1961 vollendet wurde, wird das Z noch wie folgt
vorgestellt: *..., der letzte Buchstabe unseres Alphabets, mit der
Benennung: zett, die dentale affricata = t + s, früher = t mit
eng angeschlossenem ʒ, einer von s wohl durch die weiter vorn
liegende Artikulationsstelle unterschiedenen dentalen Spirans.*

In seiner Jugend, im phönizischen Alphabet, war dieser
Buchstabe von einem Schattendasein weit entfernt, selbst
was die Position im alphabetischen Setzkasten anbelangte.
Der Buchstabe Zajin (Abb. 1) stand an 7. Stelle im Alphabet
und wurde mit einem stimmhaften [z] gesprochen. Im Aus-
sehen ähnelte dieses Z einem heutigen, großen I mit Serifen.
Vermutlich wurde darin ein Symbol für eine Streitaxt oder eine
Stichwaffe gesehen.

Die Übernahme durch die Griechen um 800 v. Chr. führte
zur üblichen Umbenennung in einen griechisch klingenden
Namen, Zeta, der jedoch keinen Wortsinn mehr trug. Zwar
blieben Position und Aussehen erhalten, allein die Aussprache
war nunmehr ein Doppellaut, nämlich [ts]. Und dieser Laut
stammt ganz offensichtlich von einem weiteren phönizischen
Zischlaut, dem an 18. Stelle stehenden Tsade. Wie schon beim
S schlichen sich auch beim Z Kopierfehler ein, beabsichtigt
oder nicht. In den folgenden drei Jahrhunderten nahm dieser
Buchstabe allmählich seine heutige Form an. Viel verwendet,
war das Z jedenfalls ein durchaus präsenter Buchstabe im
Attischen Bund.

Doch nun, um 700 v. Chr., mit der Übernahme des Alphabets durch die Etrusker, kam es zur großen Bruchstelle im
Leben des Z. Weder dieses mysteriöse Volk noch die weiteren
Träger der Buchstabenfackel, die Römer, hatten Verwendung
für einen [z]- bzw. [ts]-Laut. Das Z war plötzlich überflüssig
geworden und verschwand somit für einige Jahrhunderte
gänzlich aus dem römischen Buchstabenkanon. Um 250
v. Chr. umfasste das Alphabet daher exakt 21 Buchstaben,
der letzte in dieser Reihe war das X, wie schon im entsprechenden Kapitel erwähnt. Doch um 100 v. Chr. kam es zu

(1) Phönizisches Zajin um 1000 v. Chr.; die Bedeutung dieses damals an siebenter Stelle des Alphabets stehenden Buchstabens war „Axt", die Lautung [z]. (2) Griechisches Zeta ca. 700 v. Chr.; wie meist war auch dieser Buchstabe in Laut und Form ein reines Duplikat der phönizischen Vorlage. (3) Um 400 v. Chr. hatte das Zeta bereits die uns bis heute vertraute Form angenommen, ohne allerdings die Stellung am Alphabetende zu beziehen. (4) Römisches Z als 23. und damit letzter Buchstabe des damaligen Alphabets, um 120 n. Chr.; dieser Buchstabe wurde erst spät eingeführt, um griechische Lehnwörter in entsprechend korrekter Lautung wiedergeben zu können.

einem dramatischen Umdenken in Rom. Um wissenschaftliche und kulturelle Lehnwörter aus dem Griechischen (*Amazone, Zenit, Zodiak*) möglichst exakt in die eigene Sprache übertragen zu können, wurden zwei bereits „ausgestorbene" Buchstaben, das Y und das Z, wieder zum Leben erweckt und der Buchstabenkette einfach nahtlos angefügt. Und da dieser griechische Buchstabe mittlerweile ein reiner [z]-Laut war, ein stimmhafter Zischlaut also, bekam der damit letzte Buchstabe in manchen Alphabeten endgültig seinen heutigen Klang. „Klein, aber fein", könnte man mit einem geflügelten Wort behaupten.

Hier am Ende des Alphabets dümpelte dieser Buchstabe fortan durch die Jahrhunderte. Erst im frühen Mittelalter, als das Entstehen der romanischen Sprachen neue Laute wie [ts] und [tz] hervorbrachte und im Deutschen die Zweite Lautverschiebung eine Tenuesverschiebung vom [t] zum [tz] förderte, kam dem Z wieder etwas mehr Bedeutung zu. Nach der Eroberung Englands durch die Normannen wurde die große Rivalität zwischen Z und dem allgegenwärtigen S, das die Arbeit seines Gegenstücks ungeniert für sich reklamierte, deutlich sichtbar. Denken Sie nur an Wörter wie *rose, rise* oder *phase,* allesamt stimmhaft gesprochen. Das Z konnte sich nur dort behaupten, wo Verwechslungsgefahr drohte. Wie viele Schüler haben nicht den feinen Unterschied in Rechtschreibung und Bedeutung der englischen Vokabeln *price, prize* und *surprise* zu verstehen versucht? Und in Resten hat sich dieses Ringen um Anerkennung erhalten: *analyse* (eng.) steht neben *analyze* (am.). Doch bereits zu Shakespeares Zeiten musste das S zum klaren Sieger in diesem Duell erklärt werden. Und so blieb es bis heute, mit der bereits erwähnten Seltenheit dieses letzten Buchstabens im Alphabet. Schon früh, 1582, kommentierte der englische Sprachwissenschaftler Robert Mulcaster daher diese Diskrepanz zwischen lautlicher Existenz und visuellem Schattendasein wie folgt: „Z ist ein Konsonant, den man viel hört, aber selten sieht."

Das Z war fortan mit einer Aura der Fremdartigkeit umgeben, was diesen Buchstaben für den Ausdruck starker Symbolhaftigkeit wunderbar qualifizierte. Schon im Vorspann wurde Costa-Gavras Politthriller „Z" vorgestellt. Hier möchte ich noch an den Helden der 1920er-Jahre, *Zorro*, erinnern. Als Rächer der Armen überzeugt Zorro (sp.: Fuchs) mit schwarzer Maske und einer mit dem Degen signierten Unterschrift, einem schwungvollen „Z". Auch der 1991 in Cannes prämierte Film über amerikanische Banden, *Boyz n the Hood,* nutzt diese gerade bei Jugendlichen in unseren Tagen starke Wirkung des Buchstaben-Nachzüglers Z. Die falsche Rechtschreibung mit z wurde geradezu zu einem Symbol der schwarzen Hip-Hop-Kultur. Sehr konservativ dagegen nehmen sich die mit Z (KfZ-Kennzeichen Sambia, Zenit, Zero, Zone), z. (zu, zum, zur) und Z. (Zahl, Zeit, Ziffer, Zimmer, Zitat) gebildeten Abkürzungen aus, eine keinesfalls erschöpfende Liste.

Ganz interessant ist auch der Name für diesen Buchstaben im angelsächsischen Raum. Ähnelt das englische oder kanadische [zed] stark dem deutschen Zett [Zet], so sprechen die Amerikaner ein deutlich gedehntes [ziː], analog zu vielen anderen Konsonanten. Etymologisch korrekt ist freilich die deutsch-englische Version, die weit ins Griechische zurückgreift, also eine Kurzform des Zeta darstellt. Im Altfranzösischen jedoch stand am Ende der Entwicklung ein [zè], und so gab es nach der Eroberung Englands durch die Normannen zwei, wenn man [izzard] bzw. [izard], vermutlich abgeleitet von afrz. *et zède* (und Zet), hinzuzählt, sogar drei Varianten. Die Konkurrenten [zed] und [zi:] machten ihren Weg nach Amerika, wo sie bis ins 19. Jahrhundert gleichermaßen ihre Anhänger fanden. Doch 1828 entschied das berühmte Wörterbuch von Noah Webster, *American Dictionary of the English Language*, die Sache kategorisch: „Dieser Buchstabe wird [zi:] ausgesprochen."

Abschließen möchte ich die Geschichte der Buchstaben mit einer durchaus spektakulären Theorie, zu der das Z einen beachtlichen Beitrag leistet. Ganz konträr zur peniblen Übernahme aller phönizischen Buchstaben passierten den Griechen bei den vier Zischlauten Zajin, Samek, Schin und Tsade unerwartete Kopierfehler. Laut und Name (bzw. Position) wurden bei Samek und Schin ebenso vermischt wie bei Zajin und Tsade. Dass diese Ungenauigkeit mehreren Schreibern über den Zeitraum einer Generation unterlaufen würde, ist höchst unwahrscheinlich. Ebenso, dass diese Mixturen aus Laut und Zeichen unkommentiert ins Alphabet einfließen könnten. Daher liegt die überraschende Vermutung nahe, dass das griechische Alphabet von einer Einzelperson entworfen wurde, vermutlich in einer Hafenstadt des östlichen Mittelmeers. Vielleicht hatte dieses Genie einen phönizischen Helfer, vielleicht war diese Schöpfung von Mischbuchstaben sogar beabsichtigt, doch wahrscheinlich unterlief ein simpler Kopierfehler, da gerade die Sibilanten in fremden Sprachen nur schwer auseinanderzuhalten sind. Wie dem auch sei, das Gesamtwerk wurde mit nahezu hundert Prozent Präzision vollendet und ist, um nochmals Thomas Carlyle zu zitieren, das „Wunderbarste, was der Mensch je erschaffen hat."

Wussten Sie, dass …

… es im Deutschen Worte mit „drei z" gibt? Beispiel: *Zusatz-zahl*.

… Z der einzige Buchstabe mit 10 Scrabble-Punkten im englischen Original ist? Vergleich: Die deutsche Ausgabe enthält ein Z mit dem Wert 3.

… *Zacharias* in den deutschen Buchstabiertafeln während der Nazi-Zeit durch *Zeppelin* ersetzt werden musste?

… der Ausdruck „bis zum TZ", der nichts anderes als „vollständig" oder „bis zum Ende" bedeutet, in alten Kinderfibeln zu finden ist? Dort endete das Abc nicht mit dem Z, sondern mit einem „Buchstaben", der nach der Lautverschiebung im 7./8. Jahrhundert für ein [t] im Auslaut stand, dem heute längst vergessenen TZ.

ZZZZZZZZZZZZZZZZZZZZZZZZZZZZZZZZZZZZZZZZZZZZZZZZZZZZZZ

Antiqua	Grotesk	Egyptienne	Fraktur	Schreibschrift	Fremdschrift
Zz	Zz	Zz	Zʒ	Zz	Цц
Garamond	Arial	Rockwell	Becker Fraktur	Monotype Corsiva	Kyrillisch

ZZZZZZZZZZZZZZZZZZZZZZZZZZZZZZZZZZZZZZZZZZZZZZZZZZZZZZ

Glossar

Abbreviatur:	Abkürzungszeichen.
Allograf:	Unterschiedliche Buchstabenformen, die einem Schriftzeichen (↑ Graphem) zugeordnet werden können – wie a oder **a**.
Allofon:	Unterschiedliche Laute, die einem Lautwert (↑ Phonem) zugeordnet werden können – wie r als Zungen- oder Zäpfchen-r.
Antiqua:	Schrift des lateinischen Alphabets mit unterschiedlicher Schriftstärke und ↑ Serifen.

Binnenmajuskel/-versalie: Großbuchstabe inmitten eines Wortes – wie iMac.

Blocksatz:	Satzart, bei der mithilfe erweiterter Wortzwischenräume eine gleiche Zeilenbreite erreicht wird.
Bold:	Halbfette oder fette Schrift.
Bustrophedon:	(gr. *bous* „Ochse", *strephein* „wenden") Abwechselnde Schreibrichtung von rechts nach links und von links nach rechts („wie beim Pflügen", „ochsenwendig").

Diakritische Zeichen: Punkte, Striche, Häkchen oder Kreise zur Markierung einer besonderen Aussprache oder Betonung eines Lauts. Sie können über oder unter dem Buchstaben stehen, aber auch durch diesen hindurchgehen. Ein und dasselbe diakritische Zeichen kann in verschiedenen Sprachen ganz unterschiedliche Funktion haben.

Akut:	(accent aigu, acute accent, Kreska) [aus lat. „scharf"] – wie in é, siehe auch: Óó
Apostroph	(im Tschechischen Variante des Hatscheks) – wie in ď
Breve	(Brevis) [aus lat. „kurz"] Halbkreis (kann auch darunter stehen) – wie in ă (runde Form)
Cédille	(Zedille, Zedilla, Cedille, Cedilla) [aus span. „kleines z"] – wie in ç oder ģ (übergesetztes Komma)
Doppelakut	– wie in ő
Gravis	(Grave, accent grave) [aus lat. „schwer"] – wie in è
Hatschek	(Háček, Caron, Häkchen) – wie in č (spitze Form)
Horn	– wie in ơ
Komma	(untergesetztes; im Rumänischen und Lettischen ähnlich der Cédille) – wie in ş
Kroužek	(Ring, Kringel, Kreisakzent, Bolle) – wie in å
Makron	(Macron, Querstrich, Balken, Längestrich) – wie in ā (kann auch darunter stehen; Unterstrich)
Mittelpunkt	– wie in l·l

Ogonek	(Nasalhaken, Krummhaken) – wie in ę
Punkt	– wie in i, ż (kann auch darunter stehen)
Schrägstrich	(Slash, Kreska ukośna) – wie in ø, ł
Tilde	– wie in ñ
Trema	[aus griech. „Loch, Punkt"] / Diärese / Umlautzeichen – wie in ä, ë
Umlaut	– wie in ä, ö, ü
Zirkumflex	(circumflex accent, Circonflexe) [aus lat.: „Wölbung"] – wie in ê

Digraf:	Zwei Buchstaben, die für eine Lautung stehen – wie eu, au
Diphthong:	Doppelvokal – wie ei, eu
Egyptienne:	Ein Mittelding aus ↑ Antiqua und ↑ Grotesk. Die Buchstaben haben gleichmäßige Strichstärke sowie auch Serifen.
Flattersatz:	Satzart mit unterschiedlicher Zeilenbreite, aber gleichbleibendem Wortabstand.
Futhark:	Name für das Runen-Alphabet; nach den Anfangsbuchstaben

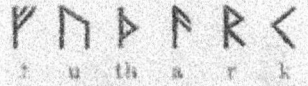

Graphem:	Ein Schriftzeichen mit Bedeutungsunterscheidung.
Grotesk:	Kennzeichnend sind Buchstaben mit gleichmäßiger Strichstärke ohne ↑ Serifen.
Homonym:	Wörter unterschiedlicher Schreibung mit gleicher Aussprache – wie eng. son, sun.
Initiale:	Hervorgehobener Anfangsbuchstabe eines Kapitels.
Italic:	Englischer Begriff für ↑ Kursive, der häufig in der Computersprache verwendet wird.
Kalligrafie:	Schreiben als Kunstform; im Arabischen und Chinesischen von großer Bedeutung.
Kapitälchen:	Buchstaben in Form von Großbuchstaben, jedoch mit Größe, Strichstärke und Funktion von Kleinbuchstaben; sie können mit und ohne ↑ Versalien gesetzt werden.
Kursive:	Schräg gestellte Schrift, die heute passend zur gerade stehenden Schrift geschnitten wird.
Ligatur:	Verbindungen von Buchstaben zu einer optischen und formalen Einheit – wie æ, œ
Majuskel:	Großbuchstaben, ↑ Versalien.
Minuskel:	Kleinbuchstaben.
Monospace-Schriften:	Schriften, bei denen alle Buchstaben die gleiche Breite haben; wie früher bei der Schreibmaschine.
Paläografie:	Lehre von der Erforschung der Handschriften des Altertums und Mittelalters.
Phonem:	Kleinste bedeutungsunterscheidende Einheit der Sprache.

Punzen:	Kleine Binnenformen der Buchstaben – wie e, a
Rhotisch:	Aussprache des „r" in allen Positionen. (Gegenstück: Nicht-rhotisch)
Sans Serif:	Schriften ohne ↑ Serifen.
Schwa:	ein Laut, der auch mittlerer Zentralvokal genannt wird. Als IPA-Zeichen wird er durch ein „verkehrtes e" [ə] wiedergegeben.
Serifen:	Füßchen bei ↑ Antiqua- und ↑ Egpytienne-Schriften.
Transkription:	Wiedergabe der Aussprache eines Textes.
Transliteration:	Wiedergabe jedes ↑ Graphems eines Textes mit lateinischen Buchstaben.
Versalien:	Großbuchstabe, ↑ Majuskeln.

Ausgewählte Literatur

Bodmer, Frederick: *Die Sprachen der Welt*. Parkland, Köln 1997

Bollwage, Max: *Buchstabengeschichte(n)*. Akademische Druck- und Verlagsanstalt, Graz 2010

Bryson, Bill: *Made in America*. QPD, London 1994

—: *Mother Tongue*. Penguin Books, London 1990

Ceram, C. W.: *Enge Schlucht und Schwarzer Berg*. Rowohlt, Reinbek 1966

—: *Götter, Gräber und Gelehrte*. Rowohlt, Reinbek 1967

Claiborne, Robert: *Die Erfindung der Schrift*. Rowohlt, Reinbek 1978

Crystal, David: *The English Language*. Penguin, London 2002

—: *The Stories of English*. Penguin, London 2005

CUS: *Das sonderbare Lexikon der deutschen Sprache*. Eichborn, Frankfurt 2009

—: *Der Coup, die Kuh, das Q*. Eichborn, Frankfurt 2007

Davis, Courtney: *101 Celtic Illuminated Letters*. David & Charles, London 2005

Deutscher, Guy: *Warum die Welt in anderen Sprachen anders aussieht*. C. H. Beck. München 2011

Duden – Das Wörterbuch der Abkürzungen. Duden, Mannheim 2005

Faber, Olaus: *Das babylonische Handbuch der Sprache*. Eichborn, Frankfurt 2008

Fazzioli, Edoardo: *Gemalte Wörter*. Marix, Wiesbaden 2004

Faulmann, Carl: *Schriftzeichen und Alphabete aller Zeiten und Völker*. [Reprint von 1880] Augustus, Augsburg 1992

Flon, Christine (Hrsg.): *Der große Bildatlas der Archäologie*. Orbis, München 1991

Gutknecht, Christoph: *Lauter blühender Unsinn*. Beck, München 2001

—: *Lauter böhmische Dörfer*. Beck, München 2004

—: *Lauter spitze Zungen*. Beck, München 2001

Jansen, Tore: *Eine kurze Geschichte der Sprachen*. Spektrum, Heidelberg 2006

Jean, Georges: *Writing – The Story of Alphabets and Scripts*. Thames & Hudson, London 2004

Haarmann, Harald: *Geschichte der Schrift*. Beck, München 2007

—: *Weltgeschichte der Sprachen*. Beck, München 2006

Handbook of the International Phonetic Association. Cambridge University Press, New York 2007

Hauschild, Stephanie: *Mönche / Maler / Miniaturen*. Thorbecke, Ostfildern 2005

Janson, Tore: *Eine kurze Geschichte der Sprachen.* Spektrum Akademischer Verlag, Heidelberg 2006

Kastner, Hugo: *Von Aachen bis Zypern.* Humboldt, Baden-Baden 2007

König, Werner: *dtv-Atlas Deutsche Sprache.* Dtv, München 1998

Mandel, Gabriele: *Gemalte Gottesworte.* Marix, Wiesbaden 2004

—: *Gezeichnete Schöpfung.* Marix, Wiesbaden 2004

Mitterauer, Michael: *Traditionen der Namengebung.* Böhlau, Wien-Köln-Weimar 2011

Robinson, Andrew: *Die Geschichte der Schrift.* Albatros, Düsseldorf 2004

Rogers, Henry: *Writing Systems.* Blackwell, Oxford 2005

Sacks, David: *The Alphabet.* Arrow, London 2004

Sauthoff / Wendt / Willberg: *Schriften erkennen.* Hermann Schmidt, Mainz 2005

Seebold, Elmar: *Kluge – Etymologisches Wörterbuch der deutschen Sprache.* De Gruyter, Berlin 2002

Spektrum der Wissenschaft. Dossier 1/2000

Spiekermann, Erik: *Spiekermann über Schrift.* Hermann Schmidt, Mainz 2004

Viereck, Wolfgang u. Karin / Ramisch, Heinrich: *dtv-Atlas Englische Sprache.* Dtv, München 2002

Weeber, Karl-Wilhelm: *Romdeutsch.* Eichborn, Frankfurt 2006

Willberg, Hans Peter: *Wegweiser Schrift.* Hermann Schmidt, Mainz 2001

Willberg, Hans Peter / Forssman, Friedrich: *Erste Hilfe in Typografie.* Hermann Schmidt, Mainz 2000

Bibliografische Information der Deutschen Nationalbibliothek
Die Deutsche Nationalbibliothek verzeichnet diese Publikation in der Deutschen
Nationalbibliografie; detaillierte bibliografische Daten sind im Internet über
http://dnb.d-nb.de abrufbar.

2. Auflage 2018

© by marixverlag in der Verlagshaus Römerweg GmbH, Wiesbaden
Lektorat: Dr. Bruno Kern, Mainz
Covergestaltung: Nicole Ehlers, marixverlag GmbH
Bildnachweis: mauritius-images GmbH, Mittenwald/Steve Vidler
Satz und Bearbeitung: Medienservice Feiß, Burgwitz
Gesetzt in der Libertine
Gesamtherstellung: CPI books GmbH, Leck – Germany

ISBN: 978-3-86539-967-0

www.verlagshaus-roemerweg.de